中国人民公安大学基本科研业务费后期资助项目

犯罪学的发展与中国犯罪学学科建设

靳高风　著

中国人民公安大学出版社
·北　京·

图书在版编目（CIP）数据

犯罪学的发展与中国犯罪学学科建设 / 靳高风著. —北京：中国人民公安大学出版社，2013.8

中国人民公安大学基本科研业务费后期资助项目

ISBN 978-7-5653-1441-4

Ⅰ. ①犯… Ⅱ. ①靳… Ⅲ. ①犯罪学—学科建设—研究—中国 Ⅳ. ①D917

中国版本图书馆 CIP 数据核字（2013）第 205799 号

犯罪学的发展与中国犯罪学学科建设

靳高风 著

出版发行：中国人民公安大学出版社
地　　址：北京市西城区木樨地南里
邮政编码：100038
经　　销：新华书店
印　　刷：北京泰锐印刷有限责任公司

版　　次：2013 年 8 月第 1 版
印　　次：2013 年 8 月第 1 次
印　　张：8.75
开　　本：880 毫米×1230 毫米　1/32
字　　数：238 千字

书　　号：ISBN 978-7-5653-1441-4
定　　价：39.00 元

网　　址：www.cppsup.com.cn　www.porclub.com.cn
电子邮箱：zbs@cppsup.com　zbs@cppsu.edu.cn

营销中心电话：010-83903254
读者服务部电话（门市）：010-83903257
警官读者俱乐部电话（网购、邮购）：010-83903253
教材分社电话：010-83903259

内容摘要

本书从社会科学发展史和人类对犯罪现象认识过程的角度分析了犯罪学作为一门学科的形成、产生和发展，运用学科制度化理论对中国犯罪学学科建设和发展的方向及路径进行了探讨。通过对犯罪学形成、产生和发展路径的考察，总结了西方犯罪学发展的经验、规律和发展趋势，并对中国犯罪学学科建设的现状、特点及存在的问题进行了研究。最后，本书探讨了如何利用西方犯罪学发展的经验促进中国犯罪学学科建设与发展、如何在刑事立法司法和刑事政策制定中充分发挥犯罪学基础学科的作用以及在当前中国社会犯罪学如何充分发挥其治理犯罪的功能等问题进行了探讨。

序

由于各种原因，与西方相比较而言，我国犯罪学的实证研究是很不够的。为了推动和加强我国犯罪学的实证研究，中国犯罪学学会曾多年连续把实证研究方法作为年会研讨的基本理论之一，将来仍需要继续加强。然而，就犯罪学理论现状和未来发展看，犯罪学作为一门科学，其基础理论研究永远都不应忽视。

1998 年我在《学科建设与犯罪学的完善》一文中认为，犯罪学作为学科存在着理论体系不严整、理论内容不严密、缺少必要的范畴、理论抽象不够等四大问题。今天看来，这个现状还是没有大的改变。犯罪学还远远不能算作是一个比较成熟的学科。从这个角度说，它最欠缺的还是基础理论。我深知，解决犯罪学所存在的这些问题绝不是轻而易举的事情，需要更多从事犯罪学研究的人的共同努力。我期待着中国犯罪学人能够有自己应有的贡献。所以，多年来，我一直鼓励在这方面有兴趣、有能力的学生能够有所作为，即使贡献可能不大，也应当受到鼓励。

多年的犯罪学研究，使我体会最深的一个问题就是：有分量的犯罪学理论的概括或抽象难度太大了，我甚至感到它比其他人文社会科学，甚至包括哲学理论的难度都大。这是因为犯罪现象完全不同于其他社会现象，它很“奇特”，要从犯罪现象中寻找基本规律，实在不容易！犯罪是人类社会的一个最普通的现象，同时又是一个最特殊的现象，令人难以觅寻它的逻辑踪迹和发展规律：作为个人的犯罪行为，几乎没有逻辑，也没有规律，对有的人来说，什么情况下都可能发生犯罪；对有的人来说，什么情况下都不会发生犯罪。发生犯罪的原因可能还是控制犯罪发生的要素。在犯罪发生问题上，很多时候是互为因果，完全不同于其他领域。

如果这样看，也许我们当初按照普通社会科学的成熟标准来衡量犯罪学的做法本身就是不合适的。一般说来，研究对象不同，学科的存在方式、成熟的样态也应当不同。那么，能否因此而说现存的犯罪学就是成熟的学科呢？我看也不能。仅就犯罪学学科的基本概念一项，就难以令人认可：就目前看，属于犯罪学学科自己独有的范畴、概念仍然不多。仅这一项就足以说明，我们对犯罪现象理论的研究和概括还是很不够的。犯罪学基础理论研究还有相当长的路要走。多年来，除我本人仍然在这方面继续努力外，我一直提倡和推动学生在这方面进行研究，以犯罪学基础理论作为学位论文题目。在这个过程中，虽然进展不能令人非常满意，但是，总还是在不断有所进步。靳高风博士的《犯罪学的发展与中国犯罪学学科建设》就是在他多年前的博士学位论文基础上修改而成的，他的特点是勤奋、好学，在学术研究上很努力，肯下功夫，重视基础理论的学习和研究，进步很快。

《犯罪学的发展与中国犯罪学学科建设》一书的重要特色是开拓了认识和研究犯罪学的一个新视角，把犯罪学的形成、产生和发展放在人类认识论发展的历史长河中和社会科学发展的背景下来考察，揭示了犯罪学学科产生和存在的历史规律性和人类认识的规律性，进而深化了犯罪学与社会科学以及其他相关学科的联系，充分地论证了犯罪学作为一门独立社会科学的存在及其功用，从而进一步明确了犯罪学学科建设的标准和目标。

在犯罪学学科建设中，首要的问题是犯罪学的学科性质问题。学科性质是学科建设的前提和目标。学科性质不确定，学科建设就没有明确目标。

如何认识犯罪学的学科性质？至今仍然众说纷纭。我在学习和研究犯罪学的最初阶段，曾经认为犯罪学是综合性学科，意思是犯罪学既有法学性质，也有社会学、心理学等多学科性质。这种认识不是不可以，也没有原则错误，但是，犯罪学在当今的学科体制中到底属于哪个学科？没有明确回答，实际是认识不够深透。在如何认识犯罪学的学科性质问题上，所涉及的最深层的问题是：犯罪学所研究的对象“犯罪”的性质问题。如果犯罪属于法律现象，那么，研究它的犯罪学就属于法律科学性质；如果犯罪属于心理现象，那么，研究它的犯罪学就属于心理科学性质；如果犯罪属于社会现象，那么，研究它的犯罪学就属于社会科学性质。认为犯罪学属于综合性科学的研究者，实际是认为犯罪既有法律性质、也有心理性质，还有社会性质。这种回答实际是回避了犯罪的本质属性：犯罪的性质到底是什么，这又涉及犯罪概念，而犯罪概念又是多元的，犯罪学研究的犯罪到底是哪个犯罪？这又涉及研究对象的选择问题。如何选择所要研究的对象，这涉及研究目的，即为什么要研究犯罪？这样，犯罪学的概念就不是一个完全“客观”的问题，而是由研究目的所决定的有价值选择性的问题。因此，犯罪学的学科性质，或者说犯罪学的概念，是个“应当”是什么的问题，而不是犯罪学“客观”上，即国内外学者们所认为的犯罪学是什么的问题。研究目的决定研究对象。毫无疑问，从犯罪学产生那天起，预防和减少犯罪就是犯罪学的明确使命。为此，犯罪学还是应当把作为“社会历史”上的犯罪现象作为自己的研究对象。因为，只有把犯罪作为社会历史现象来研究，才能更好地达到犯罪学的研究目的。所以，犯罪学的学科性质应当像政治学、经济学一样的普通社会科学。把犯罪学建设为普通社会科学，这就是犯罪学学科建设的目标和标准。这个认识，形成了我后来于2003年发表在光明日报上的文章——《犯罪学是研究犯罪现象规律的普通社会科学》。多年的犯罪学研究使我深信，在人类社会的知识库中，终将有一天会增加这样的知识：犯罪现象是同社会上的政治现象、经济现象同等级别的重要社会历史现象。这个认识就是决定研究这种社会现象的犯罪学学科建设的目标和标准。

靳高风博士在书中重点阐述了这种观点，坚持了犯罪学学科建设的正确目标。这种认识还没有在国内外形成气候。但是，我深信，只有这样，犯罪学才有光明的未来，也才能够真正实现犯罪学产生的初衷。靳高风博士在写作过程中，花费了很多精力，参阅了大量中外文文献，对犯罪学产生及其社会背景和发展过程进行了充分论证，并对20世纪30年代以来世界范围犯罪学主流研究所面临的困境和危机进行了较系统的分析。在此基础上，对我国犯罪学如何突破困境、犯罪学学科的进一步发展以及中国犯罪学学科建设等方面提出了具体的思路及建议。从这个角度看，本书对犯罪学学科建设具有较大的价值和意义。

作为以学科建设为题的书，如果能够把关于中国犯罪学学科建设与发展部分写得更充实，本书就更丰满了。其实，这也正是作者希望通过自己的努力，吸引我国犯罪学学者们来共同探讨的问题。期待中国犯罪学界能够不断为世界犯罪学作出贡献。是为序。

王　牧

2013年8月于北京

目 录
CONTENTS

第一章　犯罪现象认识论的发展

科学是内在的统一体，它被分解为单独的部门不是由于事物的本质，而是由于人类认识能力的局限性。

——【德】普朗克（M. Planck）①

变化的犯罪理论的历史反映的与其说是科学知识的变化状态，不如说是变化中的认识观和价值观。②

——【美】乔治·B. 沃尔德（George B. Vold）

第一节　人类关于犯罪现象的认识

犯罪是人类行为，是一种与其他社会现象相互关联的社会现象。人们对犯罪现象的认识过程遵循了对社会现象的认识规律，即由不认识到逐渐认识，由初级的感性认识到形成理论知识体系的理性认识。从认识论上说，人类对犯罪现象的认识大致可以分为唯心主义和唯物主义两种。美国犯罪学家沃尔德在其《理论犯罪学》中指出，在人类历史的长河中，存在着两种基本的犯罪理论，一种理论是唯心的或超尘世的解释论，而另一种理论是唯物的或世俗的解

① 普朗克（Max Planck 1858～1947），德国近代伟大的物理学家，量子论的奠基人。

② ［美］乔治·B. 沃尔德、托马斯·J. 伯纳德著，陈小波、穆津译：《理论与犯罪学》，载《外国法译评》1999年第2期，第37页。

释论，这两种理论都历久弥新。① 从人类认识犯罪现象的历史发展来看，人类对犯罪的认识经历了魔鬼学说、经验主义的犯罪论、理性主义犯罪论、病理学分析、心理学分析、社会学研究以及学科整合研究等阶段，这些关于犯罪现象的认识是与它处的时代背景及其科学发展阶段、哲学思潮密不可分的。其中，科学的犯罪学理论是唯物主义认识论的一种，是对犯罪现象本质的、全面地反映，是人类社会实践—认识—实践过程循环往复的结果。

一、早期的唯心主义的犯罪解释：恶魔神怪崇拜

在远古时代，生产力水平低下，人类的认识能力有限，人们对自然界和人类社会的异常现象不能进行科学的解释，于是就把犯罪这种异常现象看成是魔鬼附体的结果，这就是所谓的“魔鬼学说”。统治者便“托神而治，假神道以欺世罔民”，② 声称犯罪是个人触犯神意的结果，把犯罪原因归结为“原罪”③ 或者恶魔力量的驱使。相应地，刑罚也成了对神灵的一种祭祀，是“替天行罚”，所以出现了神明裁判的方式。例如在古埃及，所有犯罪行为均被视为触犯神明的行为，被害人乞求神的庇护，而犯罪者也因其冒犯天神而接受天罚。④ 这种认识论的产生基础在于他们认为犯罪和灾荒、瘟疫等其他灾难一样是人类触犯神灵而导致的神灵的惩罚，是人类

① ［美］乔治·沃尔德等著，方鹏译：《理论犯罪学》（第5版），中国政法大学出版社2005年版，第2页。

② 甘雨沛著：《比较刑法学大全》（上册），北京大学出版社1997年版，第234～235页。

③ 原罪说是欧洲中世纪宗教唯心主义的学说，来源于圣经中的原罪说，古罗马帝国时期的神学政治家奥古斯丁对圣经中的原罪说加以进一步的完善和神化，使其产生了更大的影响。原罪说认为，人类的祖先亚当和夏娃，在天国受上帝指派看守伊甸园时，受蛇妖的诱惑吃了禁果，产生了情欲，触犯了天条，被上帝罚到尘世上来受苦。因此，他们的后代子孙人类，一生下来就有罪。这种与生俱来的罪就是原罪，奥古斯丁认为只有借助婴儿洗礼的教义，才能除去人的原罪。这一学说就是原罪说，原罪说的观点是为奴役制度服务的。

④ 张晋藩等：《中国刑法史新论》，人民法院出版社1992年版，第135页。

对犯罪现象的直接的、感性的初级认识。

到了中世纪直至近代，这种神意违犯的认识论进一步被理论化，并深深地打上了宗教的烙印，认为犯罪不仅违背法律，而且违背神意，其中违背神意是犯罪应受惩罚的终极原因。① 作为这一认识形态的结果，在对待犯罪的实践上强调以死刑为中心的暴行手段。这时的死刑具有双重含义：一方面是为了惩罚罪犯，另一方面是为了平息神的怒火。② 如恺撒曾指出："凯尔特人相信，处死那些犯下盗窃、抢劫及其他罪过的人会让不朽的神灵高兴。"③ 认为犯罪是现实之外神怪影响的结果，这种把犯罪与另一世界的力量即神灵联系在一起来认识犯罪的形式，美国犯罪学家沃尔德称为是对"恶魔的研究"，是对犯罪的唯心主义的解释。④

原罪说、魔鬼说等非科学的犯罪学说，是人类认识水平低下或神学政治的产物，都是为愚民或宗教统治和奴役、压迫服务的，并且阻碍了对犯罪的科学研究和发展，成了犯罪学更早产生的历史障碍。在宗教的发展史上，这种唯心主义的犯罪解释论一直有着一定的影响，即使科学发达的今天，仍有宗教信仰人士或群体把犯罪的产生归结于恶魔诱惑。在今天看来，无疑这种唯心主义的犯罪现象认识论无论从认识上还是实践上都是错误的，但是它是那个时代科学发展的必然产物，是由人类认识水平和认识能力所决定的。然而，这种认识论对今天的刑事司法制度也起着一定的积极作用，它是今天一些司法制度的起源，如英美法系的宣誓作证制度、陪审团制度和现代的监狱制度（最初的感化院）都是与这种唯心主义的犯

① 邱光隆：《刑罚报应论》，载陈兴良主编：《刑事法评论》（第6卷），第279页。

② ［英］凯伦·法琳顿著，陈丽红、李臻译：《刑罚的历史》，希望出版社2004年版，第9页。

③ ［英］凯伦·法琳顿著，陈丽红、李臻译：《刑罚的历史》，希望出版社2004年版，第10页。

④ ［美］乔治·沃尔德等著，方鹏译：《理论犯罪学》（第5版），中国政法大学出版社2005年版，第3~4页。

罪现象认识论密切相关的。[①]

二、唯物主义认识论的开始：把犯罪与社会联系起来

在人类历史长河中，人类对犯罪的认识还有一种相对于唯心主义的解释论，即对犯罪现象的唯物主义的认识。唯物主义认识论把犯罪与社会联系了起来。但是，早期的这种关于犯罪的唯物主义认识，不是社会的主流，它的声音被淹没在了主流的唯心主义的“妖魔鬼怪”的探讨之中，也没有引起统治者和社会的关注。

古希腊罗马时期，著名思想家苏格拉底、柏拉图、亚里士多德等都对犯罪问题进行了深入的思考。柏拉图认为，人类的灵魂中有善与恶两个部分，而人的善恶归根到底都是由教育的好坏决定的。他还认为，人都有野兽般的恶性和不应有的私欲，当人放松自我控制时，恶性就会活跃起来，从而引起恶行。此外，金钱常常也是犯罪的原因。亚里士多德从人体结构、面相和特质来解释犯罪原因，认为犯罪是由于人体的一种疾病所引起的，并具有遗传性，而且犯罪人头盖骨的形状不同于一般正常人。[②] 而且他还根据犯罪产生的原因把犯罪分为三类，并建议采取针对性的犯罪预防措施，第一类是由于贫困而导致的犯罪，针对这类犯罪，应当采取财产救济和职业安置的方法进行预防；第二类是由于追求享乐而导致的犯罪，对于这类犯罪，应当对犯罪人进行教化，使其掌握克制自己本性的方法；第三类是由于追求无穷的权威和肆意纵情享乐而导致的犯罪，对这类犯罪，应当加强犯罪人的修养，使其知道自足、与世无争。这些朴素的唯物主义犯罪观在一定程度上揭示了犯罪现象的一些本质特征，对后来科学的犯罪学理论的产生起到了积极的影响。

到了 16、17 世纪，随着科学的发展和启蒙运动的开始，封建

① ［美］乔治·沃尔德等著，方鹏译：《理论犯罪学》（第 5 版），中国政法大学出版社 2005 年版，第 4 页。

② 张子路、杨业广主编：《犯罪学辞典》，湖北辞书出版社 1989 年版，第 157 页。

社会走向衰落，资本主义开始萌芽，以托马斯·莫尔（英国）、康帕内拉（意大利）、摩莱里（法国）等为代表的空想社会主义思想家，在对封建制度批判的基础上，把犯罪现象与社会制度和社会矛盾联系了起来。他们认为，犯罪现象是社会差别和社会矛盾的产物，犯罪的根源是私有制，因此消灭私有制、建立公有制是解决犯罪问题的根本途径。如托马斯·莫尔认为，从“社会学”的角度研究犯罪的意义要远远大于从道德或法律角度的研究，犯罪是对社会状况的一种反应，私有制是社会病态与悲剧的最终根源，是犯罪产生的根本原因。他在《乌托邦》中指出，不彻底废除私有制，产品就不可能进行公平分配，人类也就不可能获得幸福。由于莫尔这种“社会学”意义上的对犯罪现象的分析，有的犯罪学家称莫尔为“犯罪社会学”的奠基人，但是莫尔的这种关于犯罪现象的认识在当时一直鲜有响应，直到19世纪才逐渐得到传播和认可。①

17、18世纪，欧洲随着启蒙运动的深入，民主、自由、人权的思想和理性主义精神深入人心，以斯宾诺莎（荷兰）、托马斯·霍布斯（英国）、洛克（英国）和孟德斯鸠（法国）等为代表的启蒙思想家开始揭露和批判中世纪的犯罪认识论以及残酷、黑暗、不平等的刑罚制度，开始把犯罪和法律紧密地联系在一起。他们认为尽管犯罪是人类主观错误决断（如无知、谬见、感情爆发等）的结果，但它本质上是一个与法律相伴的概念。基于这种认识，他们提出了罪刑法定和罪刑相适应的思想，并以此来反对封建刑罚制度。如孟德斯鸠认为，犯罪是对社会造成危害的行为，对这种危害行为最大的惩罚就是被认定为犯罪。他坚决反对惩罚思想犯和罪行擅断；主张法律裁判只能是法律条文的准确适用，而不能是法官个人的意见，主张罪刑要相适应；主张靠用良好的刑法维护公民的

① ［法］乔治·比卡著，王立宪、徐德瑛译：《犯罪学的思考与展望》，中国人民公安大学出版社1992年版，第8页。

自由。[①]

这时期关于犯罪现象的认识形态是启蒙运动的结果，是与那个时代的时代精神、哲学思想和社会变革紧密相关的。启蒙运动是人类整个文化运动的顶峰之一，这一时代是一个主张自由、独立思考和勇敢发表自己意见的时代，这时代的思想家力图理解和阐明人类生活——诸如国家、宗教、道德、语言甚至整个宇宙，试图建立新的社会制度。[②] 这种对犯罪现象的认识和建立新刑罚制度的构想就是这个时代的精神、使命和哲学思想驱使的结果。这个时代的精神、社会使命感和犯罪现象认识形态直接影响了古典学派的产生。古典学派的代表人物贝卡利亚坦率地自称自己是孟德斯鸠的追随者，把自己思想的启蒙、自己的理论和自己的社会责任感直接归功于孟德斯鸠的启迪，“是他猛然把我推向追求真理的道路，他第一次唤起我对人类的迷茫和灾难的注意。我的大部分思想的形成同阅读他的《论法的精神》是分不开的”。[③]

三、系统认识犯罪现象的开始：古典学派的理性主义

到了 18 世纪，受启蒙思想家的影响，古典学派在社会改革的大背景下，开始系统地、理性地反思既存的封建刑罚制度，试图建立一种新的刑事司法制度，从此揭开了人类社会系统认识犯罪现象、构建现代刑事司法制度的序幕。虽然以前的包括柏拉图、阿奎那、托马斯·莫尔、孟德斯鸠、洛克等在内的哲学家、思想家都认为，为了人类理想地生活，有必要对犯罪现象进行研究，并积极地进行了一些思考和探讨，但他们的思考或是一种关于犯罪现象的感性认识，或是一种零碎的思想和启迪人类思维的灵光，比较全面的、系统的犯罪研究真正肇始于启蒙运动背景下产生的古典学派，

---

① 马克昌主编：《近代西方刑法学说史略》，中国检察出版社 1996 年版，第 17 页。
② ［美］梯利著，伍德增补：《西方哲学史》，商务印书馆 2004 年版，第 393 页。
③ 黄风著：《贝卡利亚及其刑法思想》，中国政法大学出版社 1987 年版，第 23 页。

正如英国批判犯罪学家昆尼等所评论的："19世纪以前犯罪学思想最重要的观点，也许仅仅在古典学派那里才能找到。"[①] 以贝卡利亚、边沁、费尔巴哈等为代表的古典学派高举理性主义和启蒙思想的大纛，一方面全面地、理性地批判中世纪的封建刑罚制度的残酷性和不合理性，另一方面积极地建构市民社会刑事司法制度的公理。

（一）贝卡利亚：犯罪是违反社会契约、具有社会危害性的行为

1764年，一本仅6万字的震惊整个欧洲的小册子的出版，标志着系统地认识犯罪现象的开始，这就是划时代的著作——贝卡利亚的《论犯罪与刑罚》，它充满着一系列的振聋发聩的批判和鼓舞人心的刑法原则。在《论犯罪与刑罚》一书中，贝卡利亚确立了现代刑法的基本原则，即罪刑法定主义、罪刑均衡原则和刑罚人道主义，并提出了刑罚的及时性、确定性和公开性等刑罚的有效性理论。[②] 贝卡利亚从社会契约论的角度来看待犯罪现象，批判了具有干涉性、恣意性、身份性和残酷性的封建刑罚制度，反对中世纪的主观归罪的司法原则，提出了全新的犯罪观。他认为犯罪是违反社会契约的行为，本质上是具有社会危害性的行为，而且还应当是具有违法性，这是罪刑法定的基本要求。[③] 同时，贝卡利亚认为犯罪是犯罪人理性选择基础上自由意志选择的结果，但是不良的经济条件和恶法也是诱发犯罪的原因。

在贝卡利亚看来，刑罚的终极目的在于预防犯罪，"刑罚的目的既不是要摧残折磨一个感知者，也不是要消除业已犯下的罪行……刑罚的目的仅仅在于：阻止罪犯再重新侵犯公民，并规劝其他人不要

---

① ［美］理查德·昆尼等著，陈兴良等译：《新犯罪学》，中国国际广播出版社1988年版，第36页。

② 张明楷著：《刑法的基本立场》，中国法制出版社2002年版，第2~3页。

③ 陈兴良著：《刑法的启蒙》，法律出版社2003年版，第59页。

重蹈覆辙”。[①] 因此，刑罚不是为了惩罚而惩罚，而是为了预防犯罪，但是刑罚并不是预防犯罪的唯一手段，“预防犯罪比惩罚犯罪更高明，这乃是一切优秀立法的主要目的”。预防犯罪的措施包括制定明确而通俗的法律、使法律的执行机构注意遵守法律而不腐化、奖励美德和完善教育。[②]

（二）费尔巴哈：犯罪是违反刑法规定、侵害他人权利的行为

德国刑法学家费尔巴哈（P. J. A. Feuerbach）认为，由于刑法是以预告刑罚来指引人们行动的，所以，什么是犯罪，对犯罪处以什么刑罚，必须事先有明文规定，否则，就没有了预告的意义。因此必须事先以法律明文规定犯罪的法律后果，使人们能够事先预测犯罪后所受到的刑罚处罚，使人们认为犯罪后所带来的快乐不可能大于犯罪后所带来的受刑罚处罚的痛苦，从而达到预防犯罪的目的。

费尔巴哈把罪刑法定主义的思想纳入到了刑法理论体系中，他从本质和形式即伦理和法律的角度来认识和界定犯罪，他指出：“犯罪是由刑法规定的、侵犯他人的权利的行为”，即犯罪就是违反刑法、侵害权利的行为。[③]

（三）边沁：犯罪是应当禁止的行为和被法律所禁止的行为

英国著名的学者边沁（Jeremy Bentham）从功利主义立场出发认识犯罪现象、构建刑事司法制度和提出犯罪预防的策略。边沁首先明确了自己的研究对象——什么是犯罪，边沁强调他所研究的“犯罪”不是指已经建立的法律制度中被立法者所禁止的行为，而是站在立法者的立场上，根据功利主义原则，认为应当作为犯罪加

---

① ［意］贝卡利亚著，黄风译：《论犯罪与刑罚》，中国大百科全书出版社 1993 版，第 42 页。

② ［意］贝卡利亚著，黄风译：《论犯罪与刑罚》，中国大百科全书出版社 1993 年版，第 104 页。

③ 张明楷著：《刑法的基本立场》，中国法制出版社 2002 年版，第 5 页。

以规定和处罚的行为。[1]

边沁从实现“最大多数人的最大幸福”的功利主义出发，认为刑罚并不是预防犯罪的主要手段，而且代价高昂。一方面，在某些情况下适用刑罚是不合适的，不合适的情况下适用刑罚难以起到预防犯罪的效果，还可能会带来更大的危害，不合适的情况就是所谓的“不应适用之刑”，具体包括滥用之刑、无效之刑、过分之刑和昂贵之刑四种情形；另一方面，采取包括自然制裁、政治制裁、道德制裁、宗教制裁等多种制裁措施和多元的犯罪补救方法来达到预防犯罪的功利目的。他将预防和矫正犯罪统称为补救方法，补救方法按照功能具体分为四种类型：预防方法、遏制方法、补偿方法和刑罚方法。所谓预防方法是指有助于防止犯罪的措施，包括直接方法和间接方法。预防犯罪的直接方法，是指针对已有预兆、或者已经开始而即将发生危害结果的犯罪行为所采取的预防方法。预防犯罪的间接方法，是指能对人们的客观行为与主观意图发生作用，使其服从法律，避免受到邪恶的诱惑，依靠人们的意志和知识进行自我约束的方法，包括剥夺犯罪能力，禁止获得可能形成犯意的知识，抑制犯意，引导人们热衷于有益的公共娱乐以改变危险的欲望，在无害或者危害尽可能小的限度内满足本能欲望，避免怂恿犯罪，宣传仁善文化，利用荣誉心或公众制裁，利用宗教之动力，利用训示的力量，利用教育力量，等等。在预防犯罪中，边沁更为注重间接方法。所谓遏制方法是指有助于阻止已经发生且正在进行中，但尚未完成的犯罪的方法。所谓补偿方法由赔偿和保障构成，以保护那些遭受犯罪侵害的人，不同的犯罪需要不同的补偿方法，包括：金钱补偿、实物返还、宣誓补偿、名誉补偿、惩罚补偿和替代补偿。所谓刑罚方法有两种，即消除再犯意图和消除行为能力。

---

① 马克昌主编：《近代西方刑法学说史略》，中国检察出版社1996年版，第61页。

前者称作改造，后者称作剥夺能力。①

边沁还倡导和践行监狱制度的改革，是近代监狱改革的“三剑客”之一。② 他在1790年提出了颇具匠心的著名的“圆形监狱”的设计方案，以实施独居式的、宗教式自我反省的、监督的以及严格改造劳动的监禁方法，以促进囚犯监管和矫正。③ 边沁自己把圆形监狱描述为“一种新形式的通用力量”（A New Mode of Obtaining Power of Mind Over Mind, in A Quantity Hitherto Without Example）。尽管这种圆形监狱图样当时因遭英国国王和议会的反对而搁浅，但边沁希冀通过将建筑设计理念融入监狱文化的构想在相当程度上影响了现代监狱的建筑设计文化和矫治理念。法国哲学家米歇尔·福柯认为，边沁设计的“圆形监狱”是19世纪训诫制度的一个典型例证。边沁的监狱改革思想和实践促进了监狱学的产生。

古典学派不仅开始了对犯罪现象的系统研究，而且意味着认识犯罪现象的自然主义的开始。正如昆尼指出的：18世纪启蒙作家的出现，标志着对犯罪行为进行自然主义探讨的开始。④ 这种自然主义的犯罪现象研究，不仅奠定了现代刑事司法制度尤其是刑法理论的基础，而且其理论形成了一个逻辑连贯的理性知识结构，使一

---

① ［英］边沁著，孙力等译：《立法理论——刑法典原理》，中国人民公安大学出版社2003年版，第26~61、94~184页。

② 另外两位分别是英国人约翰·霍华德和美国人本杰明·拉什。

③ 按照边沁的设计：圆形监狱由一个中央塔楼和四周环形的囚室组成，环形监狱的中心，是一个瞭望塔，所有囚室对着中央监视塔，每一个囚室有一前一后两扇窗户，一扇朝着中央塔楼，一扇背对着中央塔楼，作为通光之用。这样的设计使得处在中央塔楼的监视者可以便利地观察到囚室里的罪犯的一举一动，对犯人了如指掌。同时监视塔有百叶窗，囚徒不知是否被监视以及何时被监视，因此囚徒不敢轻举妄动，从心理上感觉到自己始终处在被监视的状态，时时刻刻迫使自己循规蹈矩。这就实现了“自我监禁”——监禁无所不在地潜藏进了他们的内心。在这样结构的监狱中，即使监视者不在，由于始终感觉有一双监视的眼睛，犯人们也不会任意胡闹，他们会变得相当的守纪律，相当的自觉。

④ ［美］理查德·昆尼等著，陈兴良等译：《新犯罪学》，中国国际广播出版社1988年版，第36~37页。

套流行至今的刑事司法体系趋于合理化。①

四、经验研究的开始：通过统计认识犯罪现象

自培根以来，从17世纪到19世纪，西方社会流行经验研究。经验研究要求研究不能单凭抽象的思辨活动对社会作形而上学的推演，要求超越或排除主观价值判断，利用第一手的实际经验资料来分析和预测一定社会行为的客观效果，进而论证假设、建构理论。在经验研究中，运用统计分析的方法分析社会现象（包括犯罪现象）成为一种普遍现象。这种关于犯罪现象的统计和分析研究首先从法国开始，随后扩展到整个欧洲。这种研究的兴起和普及标志着犯罪现象经验研究的开始，“统计—社会学家”们开始把犯罪作为一种社会事实进行分析，通过统计从社会生态学的角度揭示犯罪现象与自然环境、社会环境的关系。因此，他们在历史上被称为“统计学派”、“制图学派”（Cartographic School）、“社会生态学派”（Ecological School）或“地理学派”（Geographic School）。犯罪统计学家们通过犯罪现象的分析惊讶地发现：一定区域的犯罪每年大体上是持续不变的，而且各种类型的犯罪也有着同样的规律。因此他们认为犯罪率是年龄、性别、气候条件等自然因素导致的结果。凯特勒也为这些惊人的发现所震动，他感叹道：“这是人类多么可悲的性质啊！监狱、铁链和断头台的命运对人类来说就像国家的收入一样，可以以某种概率被预先决定。我们甚至能预先计算出来，下一年会有多少人将用和自己一样的血弄脏自己的手，有多少人将是伪造者，多少人是投毒者，这一切就像能够确定出生与死亡的数量一样。”②

犯罪统计学派的研究显示，犯罪率一直在上升，这种研究结果

① ［英］韦恩·莫里森著，刘仁文等译：《理论犯罪学——从现代到后现代》，法律出版社2004年版，第65页。

② A. J. Quetelet（1842）, *Treatise of man.* In S. F. Sylvester.（1972）. *The Heritage of Modern Criminology.* pp. 25 ~ 44. Cambridge, MA: Schenkman Publishing.

终结了人们对古典学派理论减少犯罪的期望。虽然统计学派的这种研究脱离了抽象的法律规范之上的犯罪，把犯罪作为一种社会现象进行分析，但是他们的研究也存在一定的缺陷，他们忽略了犯罪行为是一种人类行为这一特征，缺乏对人与犯罪现象关系的分析，而紧跟其后的实证主义学派填补了这一空白，开始系统研究犯罪产生的原因。以格雷、凯特勒为代表的犯罪统计学派研究犯罪的逻辑起点是他们把犯罪看作是一种有规律的、以其他社会现象为基础的社会事实（A Social Facts）。[①] 他们尝试着寻找社会生活中环境因素与犯罪现象之间的关系，他们的研究对犯罪学的形成和产生有着重要的影响，有学者指出他们的研究至今仍具有独特的方法论意义。[②]

（一）法国学者格雷：犯罪现象的分布具有社会生态规律

在贝卡利亚《论犯罪与刑罚》出版的60年后，即1827年，法国第一次公布了国家年度犯罪统计。[③] 在这种背景下，法国学者开始利用着色生态图对法国一些地区侵害人身犯罪和财产犯罪的犯罪率进行分析。1833年，格雷出版了他对犯罪问题进行统计分析的著作——《论法国的道德统计》（Essay on the Moral Statistics），这部著作被誉为第一部“科学犯罪学”。格雷在书中对法国第一个五年的犯罪统计（1825—1830）进行了分析，用明暗生态地图标出了与地理状况及其他变量相关的不同的犯罪率，分析了性别、年龄、季节、工业与商业发展、教育等变量与犯罪率的关系，并揭示了犯罪现象分布的社会生态规律。格雷发现：（1）女性比男性更具有道德感，但是当危险程度低时，女性更具有攻击性和犯罪性（undertaking）；（2）犯罪和年龄有着密切的联系；（3）犯罪行为易

---

① D. Garland, *The Criminal and his Science*, British Journal of Criminology 25: 2, 1985, pp. 109 ~ 137.

② P. F. Lazarsfeld. *Notes on the History of Quantification in Sociology*. ISIS, 1961, (2), pp. 294 ~ 309.

③ ［美］乔治·沃尔德等著，方鹏译：《理论犯罪学》（第5版），中国政法大学出版社2005年版，第26页。

受季节变化，侵犯人身犯罪和性犯罪在夏季达到顶峰；(4) 与传统的贫困导致犯罪的观念相反，越贫穷的地区，犯罪越少；(5) 杀人和自杀有一个反向关系。①

(二) 比利时统计学家凯特勒：社会制造犯罪

这一时期关于犯罪统计分析的集大成者是被誉为“近代统计学之父”的比利时统计学家阿道夫·凯特勒（Lambert Adolphe Jacques Quetelet）。凯特勒积极推进将数理统计方法用于犯罪现象的研究，因此被誉为“第一位社会犯罪学家”。② 凯特勒对犯罪问题的分析主要体现在其两部著作中，一部是其著名的也是最重要的著作——逼迫孔德提出“社会学”概念的著作——《论人及其才能的发展》（Treatise on Man，1835，再版时改名为《社会物理学》）③，另一部是专门论述犯罪问题的《社会制度及其支配规律》（*The Social System and the Laws that Govern It*，1848）。凯特勒详细地分析了法国、比利时、卢森堡和荷兰的犯罪率与社会条件（Moral Conditions）的关系，认为：社会制造犯罪，犯罪人仅仅是社会制造犯罪的工具而已。凯特勒的研究开创了社会学方法分析犯罪现象的新途径。④

---

① See Ezzat A. Fattah. (1997), *Criminology: Past, Present and Future: A Critical Overview*, ST. Martin's press, New York, p. 209.

② See A. Oberschall, *The Establishment of Empirical Society: Studies in Continuity, Discontinuity and Institutionalization.* New York: Harper & Row, 1972, p. 3.

③ 凯特勒的这本著作最重要的特征是：它体现了从简单的统计描述向利用经验资料来确定社会生活规律性的转向。具体说来，凯特勒在研究居民的各种特征（如一般的生理属性、结婚率、自杀率和犯罪率等）时发现，这些特征的分布曲线同高斯所谓的正态分布曲线十分相近。由此，凯特勒提出了在他的理论中占有十分重要地位的概念“普通人”（Average Man）。这种“普通人”是一个民族主要的生理和心理素质的统计指标的平均数，是除去个人差异后的典型和标准。参见周晓虹：《社会学经验研究传统的形成与确立》，载《中国社会学网》，http://www.sociology.cass.cn/shxw/shxyjff/t20050325_5485.htm。

④ P. Beirne (1987), *Adolphe Quetelet and the Origins of Positivist Criminology.* American Journal of Sociology. 92: 5, pp. 1166.

五、科学认识犯罪现象的开始：实证主义研究

犯罪统计学派的研究显示了古典主义刑罚政策对治理犯罪的无能为力和失败，同时也说明了其他社会因素可能影响社会犯罪率的变化。① 也就是说犯罪统计表明了犯罪不仅仅是一个法律问题，其根本上是一个社会问题，单靠刑罚是不能够解决的，因此古典学派的理论需要更新或者社会需要新的犯罪理论来解决现实的犯罪问题。菲利认为，古典学派把犯罪作为法律规定的一个抽象实体进行研究的方法不能为社会提供一点有关的犯罪对策和防卫社会的措施，他们的理论和刑罚对策阻止不住汹涌的“犯罪浪潮”，因此古典学派已经完成了其历史使命，成为了一种过时的研究，从这一点说，有必要发明一种新的研究方法来更加准确地诊断犯罪，并对其进行更加人道、更加有效的治疗，即把犯罪作为一种症状进行病理性研究，基本目标就是从罪犯本身及其生活于其中的自然和社会环境方面研究犯罪的起源，以便针对各种各样的犯罪原因采取有效的救治措施。② 于是，从犯罪个体及其生存的环境中寻求犯罪的根源，并在此基础上寻找有针对性的、有效的犯罪对策成为了科学研究犯罪问题的使命。

产生于19世纪上半叶的实证主义方法为开启人类科学认识犯罪现象的大门提供了金钥匙，实证主义的创始人是法国人孔德(1778—1875)。孔德将“实证”问题上升到哲学高度，创立了“实证哲学”，并强调以实证方法研究社会问题。实证主义是在西方近代哲学陷入危机和反对传统的思辨形而上学哲学的浪潮中形成的，明确提出要以实证自然科学的精神来改造和超越传统形而上学的流派。实证，是近代经典自然科学最本质的规定和要求，即可检

① ［美］乔治·沃尔德等著，方鹏译：《理论犯罪学》（第5版），中国政法大学出版社2005年版，第27页。

② ［意］恩里科·菲利著，郭建安译：《犯罪社会学》，中国人民公安大学出版社1990年版，第1～4页。

验、可验证、可证实之意，亦即一种观察陈述或假说，只有得到足够充分的实证材料和实验结果的支持，才被认为是科学的。[①] 孔德主张对社会的认识要通过整体方法、观察方法、实验方法、比较方法和历史方法等具体的实证方法，“观察优于想象”，强调以被观察到的事实为基础而建立知识体系，反对单纯以抽象思辨为特征的知识，以便使研究工作从主观臆测的状态中脱胎而成为真正的科学。

实证主义方法论改变了人类的犯罪认识观。在第二次工业革命带来的犯罪浪潮的社会现实下，关注犯罪问题的思想家们顺应时代潮流，一改古典学派形而上学的犯罪研究，转而用实证主义方法研究社会存在的犯罪现象。菲利指出：“本世纪后半叶的试验哲学，与人类生物学和心理学以及对人类社会的自然研究相结合，已经创造了一种特别适合对个人及社会犯罪现象进行实际调查的学术气氛。”[②] 在颅相学、生物进化论和社会进化论的影响下，有“犯罪学之父”之誉的意大利精神病学家、犯罪学家切萨雷·龙勃罗梭（Cesare Lombroso）首开先河，一改古典学派法律规范之上犯罪的思路，以社会存在的犯罪人为逻辑起点，运用实证的研究方法研究犯罪人的特征，解释犯罪行为的形成，探究犯罪行为背后的形成原因，并运用这种犯罪解释的结果，寻求犯罪对策。龙勃罗梭首开其先，使用实证方法研究犯罪人。龙勃罗梭在其1876年的实证学派开山之作《犯罪人论》中，运用了生物学、人类学、社会学、神经病学、颅相学、犯罪统计学等新兴实证科学的成果，将研究对象从抽象的理性人的犯罪行为转向了具体的犯罪人，经过对意大利各监狱和收容所上万名罪犯的观察、测量和比较，龙勃罗梭构建了自己的关于犯罪的理论，完成了由思辨方法向实证方法的转变。继龙勃罗梭之后，菲利、加罗法洛、李斯特等人继承和发展了这种实证研

① 欧阳康主编：《社会认识论》，武汉大学出版社1998年版，第24页。

② ［意］恩里科·菲利著，郭建安译：《犯罪社会学》，中国人民公安大学出版社1990年版，第1页。

究方法，并自称其学派为实证学派。① 他们的实证研究一方面促进了刑事立法和司法的改革，另一方面促使社会认识到了刑罚效果的有限性，主张在刑罚之外寻求治理犯罪的对策——通过社会措施预防犯罪。

实证研究开创了认识犯罪的新时代，虽然实证学派的研究因科学性受到了批判和质疑，但是对犯罪原因的研究成了认识犯罪的基本内容之一。从方法论上，他们奠定了犯罪学研究的方法论，开创了认识犯罪的实证主义时代，他们的研究为现代犯罪学的发展提供了基础。美籍匈牙利犯罪学家谢佛（Stephen Schafer）指出：他们彻底改革了研究犯罪的思维方式，激励人们对犯罪进行科学研究，现代的犯罪学研究者往往瞧不起他们的观点，但是“犯罪学三圣”在一个世纪前播下的种子，在许多现代的理论中都可以看到。② 在实证学派理论的基础上，保安处分、社会防卫论、被害人学等理论在20世纪得到了充分的发展和应用。

（一）*龙勃罗梭的犯罪人类学：犯罪是一种必然的自然现象*

1876年，龙勃罗梭出版了他的研究成果——《犯罪人论》，该书从人类学和进化论的角度对犯罪人进行了研究。在对犯罪人解剖、观察、测量、比较的基础上，他认为，犯罪并不是像古典学派所说的是基于合理打算而选择的结果，而是根源于行为人的生物特征，是一种自然的病理现象。犯罪人之所以犯罪是由他们异常的身体特征和心理特征所决定的，而且这种异常的生物特征是与生俱来的，是人类进化过程中“隔代遗传”或者“退化”的结果，即是“天生犯罪人”。在龙勃罗梭看来，天生犯罪人是犯罪的主要类型，实施了社会上的大部分犯罪行为。后来，面对“天生犯罪人论”的批判和犯罪研究的深入发展，龙勃罗梭修正了其“天生犯罪人论”

---

① ［意］恩里科·菲利著，郭建安译：《犯罪社会学》，中国人民公安大学出版社1990年版，第1页。

② Stephen Schafer. *Theories in Criminology: Past and Present Philosophies of Crime Problem*. New York: Random House, 1969, p. 124.

和犯罪人分类体系，并把一些自然因素和社会因素作为致罪的因素纳入他的犯罪原因解释论中，但是这些因素在龙勃罗梭的犯罪原因解释理论中并不是主要因素，他主要用这些因素来解释宏观的犯罪现象产生和变化的规律。在我们看来，这与他的个体犯罪原因解释的理论体系是不切合的，因此，相对于他的犯罪原因解释理论体系而言是一种狗尾续貂式的牵强，也许这是一种无奈，是向批评妥协的一种结果。

龙勃罗梭在犯罪人研究和犯罪原因解释的基础上，提出了一系列的区别于古典学派的犯罪对策，这些对策不仅包括刑罚改革，也包括其他的社会措施。龙勃罗梭认为，出于社会防卫的目的，对犯罪人处以刑罚是必要的，可以避免其继续危害社会，但是必须对刑罚制度进行改革，具体措施包括：（1）有必要选择死刑，将不可矫治的犯罪人同社会永远隔离；（2）为避免犯罪人在狱中相互感染恶习，出狱后沦为再犯应以独居监禁为主；（3）出于人道和预防再犯的考虑，少年犯和老年犯不宜收容在监狱当中，应将他们置于具有感化性质的学校或农场之内，便于他们改过自新；（4）建立不定期刑制度；（5）废止短期自由刑及特赦制度；（6）出于惩罚和救济的目的，应当对犯罪被害人的损害予以赔偿。龙勃罗梭认为，首先，出于社会防卫和刑罚个别化的需要，必须对犯罪人进行生理学和心理学的识别和鉴定，以便于确定犯罪人的责任程度和重新犯罪的可能性及应给予的惩罚或治疗，这一方面能为法官提供判决依据，另一方面能为矫正提供帮助。其次，在鉴定基础上，实行刑罚个别化，视犯罪人的致罪原因、犯罪动机及犯罪目的确定处罚措施。

龙勃罗梭把犯罪看作同出生、死亡、妊娠一样的一种必然的自然现象①，运用测量、观察、解剖等方法和病理学的分析发展出了

---

① ［意］切萨雷·龙勃罗梭著，黄风译：《犯罪人论》，中国法制出版社2000年版，第319页。

开拓性的微观犯罪学理论——犯罪个体研究及对策体系。龙勃罗梭的“天生犯罪人论”从诞生之日起就引起广泛争论和批判，甚至遭到讥讽。在我们今天开来，“天生犯罪人论”的意义不在于它对犯罪原因的阐释正确与否，而在于它打破了古典学派把犯罪原因归结于自由意志的先验论断，在于它寻找犯罪原因的路径，在于它对犯罪研究的方法论指向。

龙勃罗梭的犯罪人类学理论在当时引起了巨大的反响，并且对以后的犯罪研究产生了深远的影响。龙勃罗梭的研究一方面使古典犯罪理论面临着被连根拔起的危险，另一方面开启了犯罪研究的一条新途径，使犯罪现象的研究迈向了“科学阶段或实证阶段”。

（二）菲利的犯罪社会学：犯罪是多种因素相互作用的结果

菲利承继和发展了龙勃罗梭的学说，他在其《犯罪社会学》中指出，犯罪并不仅仅是生物学和心理学因素的结果，还包括社会、经济、环境等因素，即犯罪是多种因素相互作用的结果，具体包括三类：第一类是人类学因素，包括年龄、性别、器官及心理状况等；第二类是自然地理因素，包括种族、气候、地理环境、季节、温度等；第三类是社会因素，包括人口密度、风俗、宗教、政府组织、经济及工业状况等。菲利强调，不同犯罪中各种因素的作用程度和方式不同，但总的说来，社会因素在三种因素中起的作用较大，随着社会环境及时间的变迁，犯罪会产生相应的变化。对具体的犯罪来说，人类学因素、自然环境因素和社会因素的作用是不同的。一般说来，社会因素尤其是经济状况对盗窃犯罪、偶然性的杀人等犯罪行为的影响较大；人类学因素对谋杀、抢劫、乱伦、强奸等犯罪行为的影响作用较大。

菲利和其他实证学派的代表人物一样，重视对犯罪人的分类，认为科学的分类是建立理性惩罚体系的基础，因此在龙勃罗梭犯罪人分类体系的基础上建立自己的犯罪人分类体系。根据导致犯罪的三类因素，菲利把犯罪人分为天生犯罪人、精神病犯罪人、习惯性犯罪人、机会犯罪人和激情性犯罪人五大类。[1]

菲利又进一步在犯罪原因论的基础上分析了社会整体犯罪现象变化的规律。菲利指出，犯罪是由三种因素相互作用而成的一种社会现象，这一规律导致了“犯罪饱和法则”（Law of Criminal Saturation），即每一个社会都有其应有的犯罪，这些犯罪的产生是由于自然及社会条件引起的，其质和量是与每一个社会集体的发展相适应的。因此，坚信那句断言：“犯罪也有年终平衡，其增多与减少比国民经济的收支还带有规律性。”[2]

菲利认为犯罪原因是外在因素决定的结果，并不是行为人自由意志理性的选择，因此主张必须抛弃古典学派的自由意志和道义责任的理论，代之以社会责任论，改革刑罚制度。菲利认为，每个人都应为自己所犯的任何罪行向社会承担责任，这不是出于报复，而是出于保护社会、捍卫国家和法律的需要。因此，刑罚是一种预防性的和镇压性的措施，刑罚的目的是保卫社会，不是追求惩罚性的报复，因此应科学地审慎地根据罪犯对社会所构成的危险程度及其对此危险程度所持动机的可责性程度确定“防卫性的惩罚”（Pena - difesa），而不是根据什么行为客体的性质来确定。[3] 因此，应当改革刑罚制度，具体包括：（1）适用不定期刑；（2）强制犯罪人对被害人进行赔偿；（3）建立犯罪精神病院以收留犯了罪的精神病人；（4）废除死刑。

然而，菲利认为即使改革刑罚制度，但是刑罚对抑制犯罪的作用也是有限的，因而要寻找能够替代刑罚并对减少犯罪有效的间接性措施——间接的社会防卫手段——“刑罚的替代措施”。所谓刑

---

① See Thorstein Seling, *Enrico Ferried. in Pioneers in Criminology*. Herman Mannheim. Montclair N. J.: Patterson Smith, 1970, p. 368.

② ［意］恩里科·菲利著，郭建安译：《实证派犯罪学》，中国人民公安大学出版社 2004 年版，第 183 页。

③ See Thorstein Seling, *Enrico Ferried. in Pioneers in Criminology*. Herman Mannheim. Montclair N. J.: Patterson Smith, 1970, p. 380.

罚的替代措施主要指那些以预防犯罪为目的的，涉及经济、政治、科学等各个方面的社会改良措施，如控制生育、结婚离婚自由、增设街灯并提高照明度、武器制造和贩卖的严格控制、设立大众储蓄银行、建立低价的劳工住宅、充分发挥教育的预防作用，等等。这些替代措施后来发展成为了保安处分制度，并在1921年完成的意大利刑法典草案（被称为“菲利法案”，Ferri Draft）中得到了充分的体现。

在菲利自己和塞林看来，菲利最大的贡献在于其犯罪认识论和刑罚制度改革的基本理念及具体措施在司法实践中的贯彻，如著名的1921年完成的“菲利法案”被塞林誉为是“实证学派的最大成就”。菲利是一个马克思主义者、社会改革者、法律制度的改革者和“人民的代言人”，他不自觉地运用历史唯物主义观分析社会现象，主张通过消除贫困和其他社会病痛的方式进行社会改革，但是其又不拘泥于天真幼稚的“乌托邦”社会主义的社会犯罪消灭论，认为犯罪是不可避免的现象，每一个社会，不论其性质如何，都有其相应的犯罪形态。[①] 菲利还认识到刑罚作用的有限性，主张在刑罚之外从社会改革方面寻求犯罪预防的手段。

菲利的研究促使了实证学派从微观个体病理分析向宏观的社会病理分析的转变，他中和了龙勃罗梭理论的极端性，不仅使实证学派的理论体系更科学、更完善，而且直接影响了龙勃罗梭后期的思想。更重要的是，他在《犯罪社会学》和《实证犯罪学》中对实证学派研究本身的基本理论和方法论进行了界定和总结，并试图建立了一门新科学——“犯罪社会学”，促进了实证学派及犯罪学的产生。

（三）加罗法洛的犯罪学：社会学意义上的自然犯罪

加罗法洛是龙勃罗梭的另一位弟子，他试图给犯罪下一个普适

---

① See Thorstein Seling, *Enrico Ferried. in Pioneers in Criminology.* Herman Mannheim. Montclair N. J.: Patterson Smith, 1970, p. 378.

性的定义，即提出了“自然犯罪”（Natural Crime）的概念，以区别于那些不太重要的“法定犯罪”（Legal Crime）。加罗法洛首先批判了古典学派的关于犯罪的界定，指出：法律学者占据刑事科学领域是个错误，犯罪的法律概念是一个毫无准确性、徒有形式的概念，对犯罪的规范主义概念的探讨是一种“恶性循环”，把犯罪看作是法律本身所禁止的行为的观点，对于试图解决犯罪问题的人来说其价值显然是有限的，“在我看来，我们研究的第一步应该是找到犯罪的社会学概念”，这个犯罪的概念“存在于人类社会之中，并独立于某个时代的环境、事件或立法者的特定观点之外”——即在所有地方和所有时间都适用的犯罪的概念——“自然犯罪”。① 自然犯罪是指“违反了任何年龄的任何人都具有的两种基本的利他情操——正直情操和怜悯情操的犯罪行为”。② 加罗法洛所谓的自然犯罪是从社会学角度对犯罪的实质意义上的界定，是指侵犯了人类聚集群体正直和怜悯这两种利他情感的不道德的和有害的行为。在加罗法洛看来，“自然犯罪”是超越时空的概念，不论处在何种政治体制、何种地域范围，只要是违反人类道德正义的行为（如杀人、抢劫、放火、盗窃、强奸等），即便是不具备法律知识的人，都可判断出其就是犯罪。而“法定犯罪”则可因国家、地域或时空的不同具有不同的内涵，法律、政治、文明程度等均可影响此类犯罪的成立与增减，如堕胎、重婚等行为。

从自然犯罪观出发，加罗法洛认为犯罪人是一种生理、心理或道德异常的人，即犯罪人具有区别于正常人的异常生理、心理或道德的特征，同时加罗法洛更强调“心理异常”（Psychic Anomaly），并认为道德异常是心理异常中最主要的成分，所以“无道德异常便

---

① ［意］加罗法洛著，耿伟、王新译：《犯罪学》，中国大百科全书出版社1996年版，第20、62～65页。

② ［意］加罗法洛著，耿伟、王新译：《犯罪学》，中国大百科全书出版社1996年版，第2页。

无自然犯罪”。[1] 这种心理异常是犯罪人欠缺利他情感的结果。

加罗法洛根据自然犯罪观建立了自己的犯罪人分类体系，并把犯罪人分类作为立法的基础。加罗法洛不同意龙勃罗梭和菲利对犯罪人的分类，认为他们的分类没有科学的基础，缺乏同一性和准确性，对立法没有益处，因此没有实际价值。[2] 加罗法洛以犯罪人道德异常为标准，将自然犯罪人划分为四类：第一类是缺乏同情心和正义感的谋杀犯；第二类是毫无同情心的暴力犯罪人，这类犯罪人的行为深受环境的影响，其犯罪行为或因模仿他人所致，或因变态心理所致，或因激情状态所至；第三类是缺乏正直感的犯罪人，这类犯罪人的道德情操方面的问题虽不严重，但缺乏正直感，对他人的财产权不尊重；第四类是因心理异常而引起的色情犯罪人。加罗法洛认为这种分类一方面能够直接作为制定法典的基础，另一方面是寻求与每一类描述相联系的使罪犯不重新犯罪措施的基础；而且根据据这一分类还可以制定一部国际刑法典，即一部文明世界的刑法典，其中还可以规定国家间引渡和警察互助等相应的条款。[3]

加罗法洛主张刑罚制度改革，认为我们不应从报应或罪刑相适应的角度出发设置刑罚制度，而应从预防社会可能遭受的侵害的角度出发来考虑刑罚问题，刑罚应与犯罪人的人身危险性相适应，对不同的犯罪人适用不同的刑罚措施；刑罚的主要目的不是为了改造或矫正犯罪人，而是为了阻止犯罪人重新犯罪，以保卫社会。在这种理论基础之上，加罗法洛确立了自己的“刑罚的合理体系”。加罗法洛是“社会防卫论”的最早倡导者之一，由于其刑法学家的背景，其社会防卫理论基本上是围绕着刑罚制度及手段而展开的。因

---

① ［意］加罗法洛著，耿伟、王新译：《犯罪学》，中国大百科全书出版社 1996 年版，第 89 页。

② ［意］加罗法洛著，耿伟、王新译：《犯罪学》，中国大百科全书出版社 1996 年版，第 127～128 页。

③ ［意］加罗法洛著，耿伟、王新译：《犯罪学》，中国大百科全书出版社 1996 年版，第 110～127 页。

此，其理论更强调社会保护，主张刑罚的目的在于预防重新犯罪、防卫社会免遭侵害。

第二节　犯罪现象认识论与犯罪学的产生

一门学科的发展，就是对某一领域或者主题从感性认识到理性认识、简单理论到知识体系的演进过程。在人类对犯罪现象认识的过程中，逐步形成了关于犯罪现象的知识，这些知识逻辑地构成了关于犯罪的知识体系，这些知识体系就形成了关于犯罪的学科，也统称为刑事科学。截至19世纪末期，人类对犯罪的认识日趋成熟，逐渐形成了认识犯罪现象的两个视角，一方面从刑法规定的角度认识法律之上的犯罪现象，另一方面从犯罪产生的角度认识社会存在的犯罪现象。认识犯罪现象的两个不同视角，便构成关于犯罪的两门学科，前者形成了一门法律科学——刑法学，后者形成了一门社会科学——犯罪学。这两门学科产生之后，开始在学科方法论的指导下逐步深入地认识犯罪现象。此后，犯罪学从异于刑法学的视角认识犯罪现象，发展了关于犯罪现象的知识和理论，使人类对犯罪规律的认识逐步趋向真理，这大大促进了刑事立法、刑事司法、刑事政策和刑事科学的发展；刑法与刑法学在犯罪学认识论的基础上，不断地发展和更新，使现代刑法逐步走向合理性、公正性、功能性和人道化。因此，18世纪中后期和19世纪中后期是刑事科学史上两次大变革的时代，这两次革命不仅奠定了现代刑事法治的基础，而且诞生了刑事科学史上的多门学科——刑法学、监狱学、犯罪学以及刑事政策学等。

一、关于犯罪学产生的不同观点

关于犯罪学的形成和产生有着不同的看法，一般认为犯罪学肇始于意大利的精神病学家、犯罪学家龙勃罗梭及其开创的犯罪人类学，因此，龙勃罗梭有“犯罪学之父”之誉。沃尔德指出，由于龙勃罗梭天生犯罪人理论在当时的巨大影响和高知名度，在大多数20

世纪的犯罪学教科书中，龙勃罗梭都被描述为第一个寻找犯罪原因的犯罪学家，从而也被看作犯罪学的创始人。[①] 这一观点最初是菲利提出来的。菲利认为：犯罪人类学真正被称为一门独立的科学开始于1876年龙勃罗梭的《犯罪人论》第一版的出版。[②] 然而犯罪学这一起源的说法一直受到了许多学者的质疑。这些学者在肯定龙勃罗梭及其为代表的实证学派对犯罪学学科建立所作出的卓越贡献的同时，也对犯罪学的形成和产生提出了不同的看法。

（一）犯罪学产生于古典学派时期

一种观点认为犯罪学起源于贝卡利亚为代表的古典学派的研究。在犯罪学界，持这一观点者甚众，包括世界一些著名的犯罪学家如曼海姆、沃尔德、雷克里斯、琼斯、施奈德、菊田幸一等都认为犯罪学起源于18世纪晚期的以贝卡利亚为代表的古典学派的研究，并把1764年贝卡利亚出版的《论犯罪与刑罚》作为犯罪学诞生的标志。[③] 因此，欧美的一些大辞典、犯罪学教材和著作也把古典学派纳入犯罪学史的范围，直接称为“古典犯罪学派”。[④] 我国不少学者也坚持这一观点，如白建军教授认为：“古典犯罪学的出现，标志着犯罪学作为一门独立学科的形成。”[⑤] 吴宗宪教授则认为，从研究对象上看，古典学派并没有以当时的刑法规范为根据去探讨它的精神，更没有对刑法条文进行注释，而是批判当时的刑法及刑事司法制度，呼吁建立更人道、更符合理性的刑法和刑事司法体系，因此古典学派应当是犯罪学的开始。[⑥]

---

① ［美］乔治·沃尔德等著，方鹏译：《理论犯罪学》（第5版），中国政法大学出版社2005年版第35页。

② ［意］恩里科·菲利著，郭建安译：《犯罪社会学》，中国人民公安大学出版社2004年版，第93～106页。

③ 吴宗宪著：《西方犯罪学史》，警官教育出版社1997年版，第6、41页。

④ 《简明不列颠百科全书》中文版第3卷，中国大百科全书出版社1985年版，第12页。

⑤ 白建军著：《关系犯罪学》，中国人民大学出版社2005年版，第140～141页。

⑥ 吴宗宪著：《西方犯罪学史》，警官教育出版社1997年版，第44页。

（二）犯罪学产生于犯罪统计学派的研究

另外一种观点倾向于从犯罪研究的方法论视角出发把19世纪初期格雷、凯特勒等犯罪社会学的研究作为犯罪学的起点。荷兰马克思主义犯罪学家威廉·A. 邦格（Willem Adriaan Bonger）认为，19世纪30年代通过社会环境解释犯罪，把犯罪作为一种社会现象的研究，标志着现代犯罪学的开始，这时期的研究部分地是由于一般社会科学兴起的结果。① 批判犯罪学家昆尼（Richard Quinney）和威尔德曼（John Wildeman）认为，在龙勃罗梭之前，那些从社会角度论述犯罪的作品在科学根据方面并不比意大利学者的著作逊色，因此，把龙勃罗梭认作科学的犯罪学的创始人是一种荒诞的说法。龙勃罗梭及其追随者所做的实际上是要改变犯罪的概念和对犯罪问题注意的焦点，但未必是要使犯罪的研究更科学和更客观。② 我国犯罪学学者王牧教授比较重视以凯特勒为代表的犯罪统计学和犯罪社会学的研究，认为犯罪学是凯特勒的犯罪统计和龙勃罗梭的理论共同创建的结果。③ 实际上，这种观点的一个基本的思想是认为后来的犯罪学研究忽略了或者轻视了龙勃罗梭以前把犯罪作为一种社会现象或社会事实进行研究的事实，在龙勃罗梭为代表的犯罪生物学派闪亮光环的对比下，他们的著作和思想“都或多或少地被人置之脑后”④。

二、关于犯罪学产生的不同观点评析

（一）关于犯罪产生于古典学派时期观点的评析

以贝卡利亚、边沁、费尔巴哈等为代表的古典学派从理性选择

---

① ［美］理查德·昆尼等著，陈兴良等译：《新犯罪学》，中国国际广播出版社1988年版，第38页。

② ［美］理查德·昆尼等著，陈兴良等译：《新犯罪学》，中国国际广播出版社1988年版，第38～47页。

③ 王牧主编：《新犯罪学》，高等教育出版社2005年版，第55页。

④ ［美］乔治·沃尔德等著，方鹏译：《理论犯罪学》（第5版），中国政法大学出版社2005年版，第35页。

是人类行为的基本特征这一哲学思想出发，把犯罪作为个人自由意志选择的产物，相应地把刑罚作为社会对犯罪理性反应的选择，以引导个人选择不实施犯罪行为。[①] 他们的研究不仅奠定了现代刑事司法制度尤其是刑法理论的基础，而且使其理论形成了一个逻辑连贯的理性知识结构。[②] 从古典学派的理论及其社会实践来看，其研究的对象是刑法，是对刑法的规范性分析，研究的犯罪行为是刑法规定的犯罪行为，注重的是对犯罪行为如何进行定罪量刑，古典学派的研究揭开了近代刑法学研究的序幕。因此，古典学派的研究标志着刑法学作为一门学科的形成和产生，而贝卡利亚的《论犯罪与刑罚》的出版被称为刑法学纪年史的元年，贝卡利亚也被誉为"近代刑法学之父"。[③]

我们认为，古典学派的理论是一种刑法理论的建构，如果把他们的研究按照刑法学的学科分类对号入座的话，他们的研究更倾向于刑法哲学、刑法社会学或者刑罚学，而不是刑法解释学或注释刑法学[④]，

---

① ［美］乔治·沃尔德等著，方鹏译：《理论犯罪学》（第5版），中国政法大学出版社2005年版，第3~4页。

② ［英］韦恩·莫里森著，刘仁文等译：《理论犯罪学——从现代到后现代》，法律出版社2004年版，第65页。

③ 陈兴良著：《刑法的启蒙》，法律出版社2003年版，第36页。

④ 陈兴良教授认为，传统刑法学一般把刑法学分为沿革刑法学、比较刑法学和注释刑法学，刑法学作为一种知识形态，还应该存在法理的刑法学和法社会学的刑法学，即刑法哲学和刑法社会学。被日本刑法学家西原春夫称之为刑法的基础要素或者根基的问题的刑法哲学，可以称之为自然法意义上的刑法哲学，它力图回答为什么人类社会里要有刑罚或刑法、国家凭什么持有刑罚权、国家行使这一权力又得到谁的允许这样一些处于刑法背后的、促使制定刑法的原动力的问题。刑法哲学的功用主要表现在对刑法存在根基问题的哲学拷问上，从而进一步夯实刑法的理论地基，并从以应然性为主要内容的价值评判上对刑法进行理性审视与批判。尽管它对立法活动与司法活动没有直接关联，但对于刑事法治建设具有十分重要的意义。刑法解释学是一种对法条的解释，是以规范注释为理论载体的，其功用主要表现在对刑法条文的诠释上。刑法哲学和刑法解释学都对表现为价值与规范的刑法研究，而对刑法的社会学研究，则形成了刑法社会学的知识体系，刑法社会学主要表现为采用社会学方法对刑法的两个基本内容——犯罪与刑罚进行事实性研究。参见陈兴良：《法学：作为一种知识形态的考察——尤其以刑法学为视角》，载陈兴良主编：《刑事法评论》第7卷，中国政法大学出版社2000年版。

他们奠定了近代刑法的根基，建立了刑法理论中至今仍被公认的基本原则，所以说不能把狭义刑法学（即刑法解释学）的研究作为判断古典学派性质的标准。因此把古典学派的研究作为犯罪学起点的观点是不妥当的。英国犯罪学家戴维·加兰（David Garland）指出："事实上，将18世纪的思想家们对犯罪问题所进行的探讨称为'犯罪学'有些牵强，这是因为他们并没有对犯罪人和非犯罪人之间的差别作出一般性的界定，对犯罪和犯罪人的概念也没有给出一个具有新意的表述。"在加兰看来，古典学派实质上是"刑法改良派"，只是现代意义上的"犯罪学"的前科学时代。我国犯罪学学者王牧教授也指出："贝卡利亚的思想是标准的刑法学思想，除了为把刑法学包括在犯罪学之中的逻辑需要外，没有任何理由说贝卡利亚是犯罪学的奠基人，说他的著作是犯罪学的著作。"① 因此，虽然古典学派积极地展开对刑事司法制度的批判和构建，并提出犯罪预防尤其是刑罚预防的积极建议，但是我们也不能因此把古典学派作为犯罪学的开始。

（二）关于犯罪学产生于犯罪统计学派时期的观点评析

虽然犯罪统计学派的研究为犯罪学的产生提供了方向性的理论基础和方法论基础，但是他们这时期的研究还缺乏系统的理论和成熟的理论体系，仅仅在分析犯罪统计的基础上，揭示了犯罪率的变化规律及其与其他社会因素的相关性，这也许就是他们的研究不受犯罪学史学者重视的缘由。犯罪统计学派的这种研究是19世纪初期社会科学兴起的结果，但是他们的研究还缺乏关于犯罪现象知识的学科化、专业化和系统化，缺乏在大学里制度化的形态。因此，犯罪统计学派的研究还不是犯罪学正式作为一门学科的开始。

---

① 王牧：《犯罪学与刑法学的科际界限》，载《中国法学》，2004年第1期。

三、古典学派的犯罪现象认识论与相关刑事学科

（一）古典学派的犯罪现象认识论

古典学派围绕着刑事司法制度尤其是刑法构建的基本理论对犯罪现象展开研究。从尊重和保障人权的理念出发，古典学派批判中世纪刑事司法制度所具有的干涉性、恣意性、身份性和残酷性等不合理性，希望通过新思想构建公正的、保障人权的及预防犯罪的新的刑事司法制度，以实现“最大多数人的最大幸福”，增进人类的幸福和福利。古典学派的基本理论是，犯罪是个体自由意志决定和理性选择的结果，作为社会对犯罪理性反应的刑罚是阻止犯罪产生的有效手段。[①] 综合古典学派主要代表思想家贝卡利亚、边沁、费尔巴哈等的主要思想，古典学派关于犯罪现象的基本思想如表 1. 1 所示。

古典学派的思想和实践在社会、思想和刑事法领域掀起了一场天翻地覆的革命，对社会变革起到了积极的推进作用，古典学派的刑罚威慑思想和法治理念一直贯穿于此后的人类社会追求法治国家的进程中，并不断得到发展和完善。从宏观上说，古典学派关于犯罪现象的认识体系及其实践是建立近代法治国家的思想谱系，其逻辑体系可表述为：

封建刑罚制度—资本主义社会的开始—资产阶级启蒙思想（天赋人权/社会契约论）和理性主义哲学—旧制度批判—重构刑事司法制度—市民社会的法治国家。

从微观上说，古典学派关于犯罪现象的认识体系及其司法改革是构建近代刑事司法制度的理论体系，其逻辑体系可表述为：

自由意志—理性选择—犯罪行为—道义责任—刑罚报应—罪刑法定、罪刑相适应和刑罚的确定、公开、及时——一般预防—控制预防犯罪和保障人权—法治国家。

---

① ［美］乔治·沃尔德等著，方鹏译：《理论犯罪学》（第 5 版），中国政法大学出版社 2005 年版，第 3 ~ 4 页。

表 1.1　古典学派的犯罪认识论

对犯罪的界定	法律的/司法的 · 违反法律 · 侵犯权利/违反社会契约 立法的/伦理的 · 恶害行为（边沁） · 权利侵害说（费尔巴哈）
分析焦点	犯罪行为 · 犯罪类型 · 刑法/刑罚
犯罪原因	自由意志的理性选择 · 个体选择 · 理性选择 · 恶法（贝卡利亚） · 经济条件（贝卡利亚）
犯罪人的本质	唯意志论 · 自由意志
对犯罪的反应	报应和威慑：刑罚 · 罪刑法定原则 · 罪刑相适应原则 · 定期刑
犯罪预防	刑罚预防：一般预防 · 趋利避害原则 · 立法改革：公告刑法 - 心理强制 · 系统预防犯罪
刑事司法	刑罚适用效果 · 刑罚人道化 · 刑罚确定性 · 刑罚及时性 · 刑罚公开性 · 改革监狱
价值追求	形式合理 · 公正/法治

（二）古典学派导致了刑法学和监狱学的产生

对刑法而言，古典学派完成了从政治刑法向市民刑法的转变，奠定了刑法的近代合理化，以形式上的合理性、确定性和可预测性的罪刑法定主义就成为市民刑法的精神实质。[①] 对刑法学而言，贝卡利亚《论犯罪与刑罚》的出版标志着现代意义上的刑法学形成，开始了近代刑法学的新时代，因此贝卡利亚也被誉为“近代刑法学之父”。我国著名刑法学家陈兴良教授指出：刑法学作为一门独立学科却是近代才出现的，1764 年贝卡利亚《论犯罪和刑罚》一书的出版，标志着刑法学的正式诞生。此后，经费尔巴哈、龙勃罗梭、菲利、李斯特等人的不断努力，先后出现了刑事古典学派与刑事实证学派（包括刑事人类学派和刑事社会学派），创立和发展了刑法理论体系。[②] 因此，古典学派关于犯罪现象的认识和实践，标志着刑法学作为一门学科的诞生。

古典学派的研究还直接导致了监狱改革和近现代监狱制度的形成，并促使了另一门刑事学科——监狱学的产生。古代的监狱与当时的刑罚制度相对称，不仅残酷、野蛮、落后，而且作为变相体罚的场所而存在。18 世纪，贝卡利亚提出的罪刑法定、罪刑相适应和刑罚人道化原则首先对监狱改良起到了巨大的推动作用。其后 1777 年，被称为监狱改良运动鼻祖的英国慈善家约翰·霍华德（John Howard）根据对欧洲各国监狱的考察出版了《英格兰及威尔士的监狱状况》（*The State of the Prison in England and Wales*）一书，对监狱的建筑、矫治目的、矫治手段及奖惩措施等进行了科学的研究。一般认为，这本书的出版标志着监狱学的诞生。1791 年，被称为“监狱改革的倡导者和先行者”的边沁出版了《监狱学》一书，并自行设计了“圆形监狱”。边沁从人道主义和功利主义出发，极力主张把犯人组织起来进行劳动，并对其进行教育，以促使他们反省和悔改。

---

① 陈兴良：《从政治刑法到市民刑法》，载陈兴良主编：《刑事法评论》（第一卷），中国政法大学出版社 1997 年版，第 39 页。

② 陈兴良：《规范刑法学之序》，载《陈兴良刑法学教科书：规范刑法学》，中国政法大学出版社 2003 年版，第 1 页。

四、实证学派的犯罪现象认识论与犯罪学

（一）实证学派导致了犯罪学的产生

龙勃罗梭、菲利、加罗法洛、李斯特等都是实证学派的杰出代表人物，尤其是菲利可以说是实证学派的集大成者，其在自己犯罪认识论的基础上，对实证学派研究的基本原则、方法及理论体系进行了系统的论证，不仅创办了作为实证学派期思想阵地的《实证学派》杂志，而且把自己在那不勒斯大学的演讲稿以《实证派犯罪学》（*The Positive School of Criminology*）为名汇编成集。实证学派认为，他们的研究不同于古典学派对犯罪的规范研究。菲利指出：古典学派分析抽象的法律规定的犯罪，而不问犯罪是如何发生的，为什么这些犯罪事实年复一年地、或多或少地在各个国家重复发生。古典学派把犯罪作为人的意志命令的自愿选择的产物，就没有了探讨犯罪原因的余地了，其他原因的探讨也都是多余的。但是科学的心理学研究表明一个人犯罪并不是自由意志选择的结果，而是由其特定的人格状态和某种促使其犯罪的环境所决定。那么，对犯罪起源问题进行初步分析，刑法便步出了专门的法律科学的狭窄又枯燥的范围，成为真正名副其实的社会和人类的科学。① 我们首先应当研究犯罪的自然起源，然后研究其社会和法律后果，最后探求针对各种犯罪原因的法律措施和社会措施。综合实证学派的思想，其犯罪现象认识论如表 1.2 所示。其重视犯罪原因和犯罪对策的研究，强调采取针对犯罪人个人原因的刑罚和针对社会原因的社会措施，以达到特殊预防和社会防卫的目的。主张刑罚个别化和保安处分。主张最好的社会政策就是最好的刑事政策。从犯罪人及其生存环境视角分析犯罪病因，这种从科学的角度探讨犯罪产生根源的研究，开创了犯罪现象研究的一个新时代，他们使用一种完全不同于

① ［意］恩里科·菲利著，郭建安译：《实证派犯罪学》，中国人民公安大学出版社 2004 年版，第 155 ~ 156 页。

古典学派的方法，从一个全新的视角研究犯罪现象。自此，一门新的科学认识犯罪现象学科——犯罪学得以产生。

表 1.2　实证学派的犯罪现象认识论

对犯罪的界定	实质概念 ·超越法律对犯罪的界定 ·违反社会道德的有害行为
分析焦点	犯罪人 ·生理特征 ·心理特征
犯罪原因	决定论（病理学） ·个体缺陷 ·非个体因素：自然因素和社会因素
犯罪人的本质	决定论或对某种类型犯罪行为的倾向性 ·个体的生理特征和社会因素的影响
对犯罪的反应	刑罚：社会防卫 ·刑罚个别化：特殊预防 ·刑罚改革：死刑、不定期刑等
犯罪预防	刑罚：特殊预防 社会措施 ·诊断和分类 ·早期介入
刑事司法	科学的方法 ·测量和评估 ·刑罚执行改革 ·矫正治疗 ·法官科学调查①

① 菲利指出：未来的刑事司法将有具备足够的心理学、人类学和生理学知识的人来运作，它唯一的任务就是确定被告是否为既定犯罪的实际肇事者，不再是由辩诉双方进行连篇累牍的相互攻讦、弄舌斗巧，而代之以对于罪犯的个人和社会环境的科学探讨，以便将其确定为此种或彼种人类学类型，从而适用此种或彼种不定期隔离。See Thorstein Seling, *Enrico Ferried. in Pioneers in Criminology*. Herman Mannheim. Montclair N. J.: Patterson Smith, 1970, p. 378.

（续表）

价值追求	·实质合理 ·社会防卫

（二）实证学派促使了刑事政策学的产生

实证学派的研究还导致了刑事政策学的产生。就刑事政策的产生而言，其萌芽于18世纪的古典刑事学派，刑事政策的萌芽是确立罪刑法定、罪刑相适应等现代刑法制度需要的结果，是反对封建刑罚制度的时代选择。这时期所谓的刑事政策与当时刑罚强调罪刑法定思想一样，强调通过罪刑法定、罪刑相适应和刑罚人道化等达到一般预防和特殊预防的目的。因此，刑事政策的萌生与刑罚目的理论相联系。[①] 现代意义上的刑事政策的产生实际上是19世纪末期犯罪学发展的结果，是犯罪学对犯罪原因和犯罪规律认识的结果。实证学派代表人物冯·李斯特（Franz V. Lizst）是现代刑事政策运动的奠基者，因此李斯特也被称为刑事政策学派。[②] 一方面，李斯特恢复了古典学派提出的刑事政策的概念并赋予全新的内容；另一方面，他确立了完整的刑事政策体系，并贯彻运用到国家的刑事立法、司法和执行过程中，同时把刑事政策作为自己整体刑法体系观念的枢纽，通过刑事政策把犯罪、犯罪原因与刑事立法司法、刑事执行及犯罪预防连接起来；更为重要的是，强调社会政策在犯罪预防中的作用，辩证地看待刑事政策和社会政策的关系。相应地，在刑事政策理论的基础上奠定了现代刑事政策学的基础。实证学派提出的刑事政策一方面促进了刑罚的变革，正如德国著名刑法学家耶赛克所指出的：少年刑法的创立、限制自由刑的适用、罚金刑的改革、缓刑和假释制度的实施、保安处分制度的实施及其缓刑帮助、保留刑罚的警告、矫正、刑罚执行等方面的改革，在很大程度上均

① 杨春洗主编：《刑事政策论》，北京大学出版社1994年版，第3页。

② 马克昌主编：《近代西方刑法学说史略》，中国检察出版社1996年版，第188页。

是建立在深入认识犯罪原因、主张社会防卫和刑罚个别化等结果之上的。[①] 另一方面，“最好的社会政策就是最好的刑事政策”，主张通过社会政策消除犯罪产生的社会原因，进而达到犯罪预防的目的，这也是犯罪学和刑事政策学的丰功伟绩：在刑罚之外寻求预防犯罪的对策。“二战”以后，兴起了以新社会防卫运动为代表的刑事政策运动，以安塞尔为代表的新社会防卫学派在实证学派社会防卫理论的基础上，提出了以新社会防卫运动为理论核心的刑事政策体系，进一步丰富了刑事政策学的内容。

刑事政策学作为研究刑事政策的学科是犯罪学和刑法学等学科的中介，犯罪学是研究基础，其他刑事学科是刑事政策的目的之一。在刑事科学中，刑事政策学起着纽带的作用，它把犯罪学与其他相关学科，如刑法学、刑罚学、监狱学、刑事诉讼法学等，紧密地联系了起来。如果用一句形象的话来说，刑事政策学站在犯罪学的肩膀上，评点现行法律的是是非非和实行效果，指导未来包括立法、司法在内的与犯罪作斗争的措施的制定和实行。

五、从学科产生视角看刑法学和犯罪学的关系

在犯罪学的文献中，有古典犯罪学派和实证犯罪学派的说法，也就是说一些学者把古典学派也作为犯罪学的一部分。那么古典学派到底是不是犯罪学的学派呢？这实际上涉及犯罪学的产生问题。把古典学派作为犯罪学的一个学派，实质上就意味着把古典学派的研究当作了犯罪学的产生。实际上，对犯罪学而言，没有古典学派和实证学派之分，所谓的古典学派和实证学派是基于刑法学或刑事法学而存在的。在我们看来，这种观点混淆了刑法学和犯罪学的科际界限。

事实上，犯罪学是作为古典学派的对立面而产生的，而犯罪学

---

① （德）耶赛克等著，许久生译：《德国刑法教科书》，中国法制出版社 2001 年版，第 61 页。

的产生促使了刑法学及其他刑事科学的变革和新生，导致刑法学等刑事科学的一个新的改革学派——实证学派的诞生。张明楷教授认为：旧派和新派的初始对立实际上属于刑法学和犯罪学的对立，新派的初始学说基本上只是犯罪学，重视犯罪原因和犯罪对策的研究。① 因此，古典学派和实证学派是刑法学相对立的两个学派，而实证学派的形成是犯罪学研究导致的结果。只不过相对而言，古典学派的学说是"标准的刑法学"，注重对刑法规定的犯罪行为和刑罚的研究，而且形成了较为系统的刑法学理论体系；而实证学派是在犯罪学研究和批判旧派的基础上发展起来的，他们基于自己的基本观点，对古典学派的理论体系进行了部分的修正和改造，并没有形成自己的刑法学理论体系。② 从发生学上说，古典学派是犯罪学诞生的动因，犯罪学因反对古典学派对犯罪浪潮无能为力的现实而产生；而犯罪学是刑法实证学派诞生的动因，促进了刑法的新发展。

刑法学和犯罪学的科际界限的混淆是有原因的。王牧教授认为，这种现象实质上是犯罪学诞生之初两个学科互不承认甚至主张相互包容的结果，这一现象的始作俑者是菲利。菲利把凡是研究与犯罪有关的学科都包括在他的犯罪科学即犯罪社会学概念之中，自然刑法学也属于犯罪社会学（也是他的犯罪学）的一部分。所以，刑法学的产生就属于他的犯罪社会学（犯罪学）的产生，刑法学的鼻祖就是他的犯罪社会学（犯罪学）的鼻祖；刑法学的学派，也属于他的犯罪社会学（犯罪学）的学派。因此，菲利不只是模糊了犯罪学与刑法学的科际界限，甚至是取消了它们的界限，把刑法学包括在他的犯罪学（犯罪社会学）之内，把刑法学的一切问题都看作是犯罪学的问题。③

① 张明楷著：《刑法的基本立场》，中国法制出版社 2002 年版，第 46 页。

② 张明楷著：《刑法的基本立场》，中国法制出版社 2002 年版，第 46 页。

③ 王牧：《犯罪学与刑法学的科际界限》，载《中国法学》2004 年第 1 期。

针对两个学派的性质和两个学科之间的争论，王牧教授进行了总结：犯罪学界的两件学案，无论是关于犯罪学的产生问题，还是关于两个学派论争的归属问题的发生，都直接源于在犯罪学产生之初犯罪学与刑法学两个学科互相否定、互不承认的争论中，刑法学否定犯罪学的独立学科地位，认为刑法学包括犯罪学，犯罪学没有必要独立为一个学科，因此，有时把犯罪学的问题视为是刑法学的问题；相反，犯罪学否定刑法学的独立学科地位，认为犯罪学能够包括刑法学，因此把刑法学的问题视为犯罪学的问题，把刑法学的产生视为犯罪学的产生，把本来属于刑法学的学派争论视为犯罪学的学派争论。这种最初的关于学科科际界限的争论一直影响着今天犯罪学的学科建设。①

学科的分类是人类认识逐步深化的过程，正如德国物理学家普朗克（M. Planck）所说："科学是内在的统一体，它被分解为单独的部门不是由于事物的本质，而是由于人类认识能力的局限性。实际上存在着由物理到化学，通过生物学和人类学到社会科学的连续链条，这是任何一处都不能被打断的链条。"古典学派和实证学派代表了认识犯罪的不同视角。从古典学派到实证学派，反映了人类对犯罪认识的逐步深入和日趋科学的过程；而从刑法学的产生到犯罪学的产生反映了科学的发展过程和学科发展的规律。从刑法学到犯罪学，一方面是社会现实的需要，是刑法不能解决现实犯罪问题而需要重新认识犯罪现象的结果；另一方面是社会科学及其方法论产生和发展的结果，也是学科发展的基本规律。

从学科的形成和产生上说，刑法学和犯罪学两个学科存在着相互独立又相互关系、相互作用的关系，这种相互关系、相互作用的关系表现为时间上的承继关系、逻辑上的支持关系。犯罪学在批判和继承古典刑法学的基础上诞生，反过来又促进了刑法学的发展，产生了实证刑法学派；实证刑法学派是犯罪学研究在刑法学研究中

① 王牧：《犯罪学与刑法学的科际界限》，载《中国法学》2004 年第 1 期。

的运用，犯罪学是实证刑法学派的理论基础。这也奠定了犯罪学和刑法学之间的“体用关系”①。犯罪学是“体”，其对犯罪现象的实证研究是刑事立法、司法的基础；刑法学是“用”，一方面是犯罪学实证研究的反映，另一方面也是犯罪学研究终极目的——治理犯罪的手段之一。

① 我国学者甘雨沛曾经生动地把犯罪学与刑事政策学之间的关系比喻为“体用关系”：前者是“体”，后者是“用”。指出：犯罪学是事实学，它的任务主要是指向关于犯罪人、犯罪行为以及犯罪诸现象事实的“存在”。而这个经验的、实证的“存在”的真实，是刑事政策学价值判断的客观基础，无此基础，刑事政策学则成为空中楼阁，不能形成现实的、合目的性、合理性的价值判断。参见甘雨沛、何鹏：《外国刑法学》（上册），北京大学出版社1984年版，第80页。

第二章 犯罪学的形成与产生

学科构成了话语生产的一个控制系统，它通过同一性的作用来设置其边界，而在这同一性中，规则被永久性恢复了活动。①

——［法］米歇尔·福柯（Michel Foucault）

在我看来，一般社会学只能对社会生活作出比较一般和普遍的推论。在这一背景下，社会学的几个分支学科，都是在对各种不同的社会情况进行专门研究的基础上建立起来的。用这种方法，通过在研究个人和集体生活中的一般准则之后研究人类正常社会行为的专门规律，我们可以建立政治社会学、经济社会学和法律社会学。因此，基于这样一个目标，运用这样一种方法，通过研究犯罪和罪犯，我们可以建立犯罪社会学。②

——［意］恩里科·菲利（Enrico Ferri）

① Michel Foucault, The Archaeology of Knowledge and the Discourse on Language, New York: Pantheon, 1972, p. 224.

② ［意］恩里科·菲利著，郭建安译：《犯罪社会学》，中国人民公安大学出版社 2004 年版，第 94 页。

第一节　犯罪学的形成基础和过程

学科是历史的产物，是以一定的措辞建构起来。[①] 因此，学科有一个构建的历史过程，如果把一个学科比喻为一个生命，那么学科就有一个孕育、形成、产生、成长和成熟的过程。一个学科的形成和产生是社会现实需要、科学发展和学科精英推动共同作用的结果，而一个学科的成长和成熟则更多地依靠学科制度化过程，这是一门学科形成、产生和成熟的基本规律。首先，社会现实需要是一门学科的形成、产生和发展的潜在动力。在社会历史发展的过程中，尤其是在社会转型的特殊历史时期，往往会有新事物或新社会现象的产生，那么认识这些新事物或新的社会现象就亟需科学的方法论，社会也亟需新的科学的理论来解决新出现的社会问题。其次，科学的发展为学科的产生提供了基本的理论和方法论。学科的本质决定于科学的本质，科学是第一性的、决定性的因素，学科是第二性，被决定性的因素。[②] 因此，科学的发展水平与程度决定着学科发展的水平和程度，科学的发展规律决定着学科的建设和发展的规律。最后，学科形成和产生是一定时代学术精英推动的结果。在社会现实需要和科学发展促进的背景下，学科也不是自然而然地产生的，学科形成的使命是由特定时代学科精英来完成的。学科精英利用其个人的学术魅力和成就构建学科初期的科学共同体，从而推动了学科的形成、产生和发展。犯罪学作为一门社会科学，其形成、产生和发展一样也遵循这一学科发展的规律。

---

① ［美］沙姆韦、梅瑟·达维多：《学科规训制度导论》，载华勒斯坦等著：《学科知识权力》，三联书店 1999 年版，第 34 页。

② 蔡曙山：《科学与学科的关系及我国的学科制度建设》，载《中国社会科学》2002 年第 3 期，第 79 页。

一、犯罪学形成的基础

任何学科的形成和产生都不是一蹴而就的，犯罪学也一样，其产生需要一个历史积淀的过程。人类社会关于犯罪现象的认识为犯罪学的形成与产生在理论上、方法上都提供了基础，尤其是古典学派和犯罪统计学派的研究，其对犯罪学形成和产生的贡献尤为直接。

（一）古典学派：犯罪学的形成和产生的基础和契机

从犯罪学产生的角度来说，古典学派的研究首先为犯罪学的产生提供了契机和理论基础。犯罪统计学派的研究显示了古典学派刑罚政策在犯罪率持续增长的社会现实面前的无能为力和失败，社会需要新的治理犯罪的理论来解决现实的犯罪浪潮问题，于是实证学派的新视角、新方法和新理论应运而生。从这一意义上说，犯罪学首先是作为古典学派的对立物而产生的，是批判古典学派理论的结果。[①] 其次，古典学派研究为犯罪学的产生提供了理论基础。沃尔德等犯罪学家明确指出古典学派理论和实证学派理论实际上是貌离神合的，是一脉相承的。他们指出：一般认为古典学派理论实证学派理论是对立的，但这并非事实，相反古典学派理论也可以被解释为是一种暗含着与实证主义观点非常一致的人类行为理论。例如，贝卡利亚把刑事司法体系看作是影响个体决定是否值得犯罪的社会环境因素之一，并不是只关注刑罚的威慑作用，因此，贝卡利亚理论的正确定位应该是“犯罪学传统的初级阶段”。因此，古典学派和实证学派从事的是相同的事业，两者都试图确定影响犯罪行为发生的因素，两者的基本争论是经验的而非理论的：哪些因素对犯罪行为影响较大，而哪些较小。[②] 这种一脉相承性也体现在后来新古

---

① 靳高风：《犯罪学的界定：从实然到应然》，载《刑事法评论（2005 年第 17 卷）》，中国政法大学出版社 2006 年版，第 388 页。

② ［美］乔治·沃尔德等著，方鹏译：《理论犯罪学》（第 5 版），中国政法大学出版社 2005 年版，第 35 页。

典学派和当代古典主义学派的研究及其对刑事立法、司法制度影响之中，古典学派理论在20世纪的复兴说明了古典学派在社会需要中的活力，也说明了两个学派理论实际上是融合交织在一起向前发展的。这也说明他们在犯罪原因的探求、犯罪对策的寻求方面具有较大的一致性。

（二）犯罪统计学派的研究：犯罪学的形成和产生的方法论指向

以格雷、凯特勒为代表的犯罪统计学派把犯罪现象作为一种社会事实，从社会生态的角度用统计的方法认识社会存在的宏观的犯罪现象，这种研究的视角和方法为20世纪的犯罪学研究提供了方法论指向。他们的研究是龙勃罗梭、菲利及芝加哥学派等犯罪学研究的基础。如果说古典学派的研究为犯罪学的产生提供了基础和契机，那么犯罪统计学派的研究则为犯罪学的产生提供了方向性的理论基础和方法论指向。在理论上，他们对社会因素与犯罪现象关系的揭示启发了后来的犯罪社会学的研究者。在方法上，一改古典学派的思辨传统，独辟蹊径，开创了认识犯罪现象的新方法，开辟了社会学方法分析犯罪现象的新途径。在逻辑起点上，一改古典学派把犯罪作为法律现象为起点的思维，把犯罪当做一种社会现象进行研究。因此，正如休·巴洛（Hugh D. Barlow）所指出的，格雷和凯特勒的研究在方法论上是犯罪学的起源。① 从学科制度化的意义上说，虽然犯罪统计学派开始并注重把犯罪作为社会现象来研究，但这些研究与古典学派的研究一样，对犯罪学的研究起着基础作用，更准确地说，19世纪初期的犯罪统计学的研究，在理论上促使犯罪研究者把犯罪与社会联系了起来；在方法论上引导犯罪研究者使用自然科学的经验研究方法来从事犯罪问题的研究。② 所以，

---

① 吴宗宪著：《西方犯罪学史》，警官教育出版社1997年版，第134~135页。

② 靳高风：《犯罪学的界定：从实然到应然》，载《刑事法评论（2005年第17卷）》，中国政法大学出版社2006年版，第384~391页。

这一时期的研究孕育着犯罪学，对犯罪学的形成和产生起着理论基础和方法论的导向作用。

二、犯罪学形成的过程

犯罪学作为科学认识犯罪现象的一个科学领域和一种专门化的学术形态，其产生不是一蹴而就的，而是有一个形成的过程。犯罪学的形成首先是19世纪中后期社会需求的结果，是解决日趋严重的犯罪问题的需要。其次，是科学的发展的结果，自然科学和社会科学的发展为犯罪学提供了理论基础和方法论。在这种社会现实和科学充分发展的背景下，龙勃罗梭、菲利、加罗法洛等学术精英推动了犯罪学的形成和产生。

（一）社会现实的需要是犯罪学形成和产生的潜在动力

恩格斯指出："社会一旦有技术上的需要，则这种需要会比十所大学更能把科学推向前进。"学科的产生也一样，社会需要是学科产生的根本动因或首要条件，没有社会需要，学科就不可能产生。犯罪学是应社会预防和减少犯罪的客观需要而产生的。[①] 批判犯罪学派的代表人物美国著名犯罪学家昆尼（Richard Quinney）和威尔德曼（John Wildeman）在其著的《犯罪问题：犯罪学批判导论》（*The Problem of Crime*: *A Critical Introduction to Criminology*, *1977*, *2*nd）（中译本名为《新犯罪学》）中专门对犯罪学的发展进行了研究，认为犯罪学是作为对欧洲18世纪和19世纪出现的各种各样变革的一种反应而得到发展的，是根据已经建立起来的社会秩序来解释犯罪的一种不断发展的尝试。[②]

19世纪中后期，随着科学技术的发展和二次工业革命的兴起，欧洲资本主义社会人口急剧增加，城市化进程迅猛，财富快速增长

---

① 王牧：《犯罪学与刑法学的科际界限》，载《中国法学》2004年第1期。

② ［美］理查德·昆尼、约翰·威尔德曼著，陈兴良等译：《新犯罪学》，中国国际广播出版社1988年版，第33页。

且分配明显不平等。工业资产阶级和无产阶级开始分化，越来越多的破产农民成为无产者，贫富差距加大，贫困人口增加。[①] 犯罪现象作为社会问题的晴雨表，数量激增，且少年犯、累犯、常习犯大量增加。在这种社会背景下，古典学派的理论在控制犯罪增长方面显得苍白无力，社会急需解决社会犯罪问题的新理论和新方法。正如菲利所指出的：在意大利，当古典学派理论发展到顶峰时，这个国家却存在着前所未有的犯罪的严重状况，古典学派理论已经阻止不住上下波动的犯罪浪潮，因此需要一种更为科学的新理论来代替。[②] 在这一社会背景下，犯罪学呼之欲出。

（二）科学发展为犯罪学形成和产生提供了工具方法

自然科学和哲学的发展为犯罪学的形成提供了理论基础和方法论。19 世纪中后期，自然科学取得了巨大成就，哲学思想也空前活跃。自然科学方面如英国人达尔文的生物进化论、德国人施莱登和施旺的细胞学说、法国人巴斯德的病源微生物学说等都启迪了这时期的犯罪研究者，并在一定程度上提供了方向性的理论基础。典型的例子如龙勃罗梭在达尔文进化论基础上提出的天生犯罪人论。在哲学领域，孔德的实证主义、马克思和恩格斯的辩证唯物主义和斯宾塞的社会进化论等从社会认识论的角度引导着人类对犯罪现象的认识。这时期的犯罪学家们开始自觉地把实证研究方法引入犯罪科学的研究。加罗法洛指出："尽管犯罪科学是一种杰出的社会科学，它却格格不入地拒绝承认这种实验方法的优越性。犯罪学的目的是在研究犯罪现象的科学中引入这种实验方法，而这个科学应该寻求为消灭犯罪所能采取的最佳方法。"[③] 菲利更是旗帜鲜明地打

---

① 斯塔夫理阿诺斯著，吴象婴、梁赤民译：《全球通史》，上海社会科学出版社 1992 年版，第 291 ~ 321 页。

② ［意］恩里科·菲利著，郭建安译：《实证派犯罪学》，中国人民公安大学出版社 2004 年版，第 121 页。

③ ［意］加罗法洛著，耿伟、王新译：《犯罪学》，中国大百科全书出版社 1996 年版，第 6 页。

出了“实证犯罪学”的大旗，以示其研究方法的特殊性。

社会科学的发展及其社会科学各门学科的独立为犯罪学的独立提供了一定的路径指向。18 世纪末，随着自然科学的发展，物理、化学和生物学从自然哲学中分门别类出来，建立起了独立的理论体系，现代各门学科开始正式形成；稍后到了 19 世纪上半叶，社会科学从道德哲学中分裂出来，社会科学各门学科开始建立，其中历史学、经济学、社会学、政治学和人类学是最早完成学科制度化建设的学科，并以我们今日所知的形式在大学里得到了正式的承认。① 从社会科学制度化过程的角度来看，犯罪学应当是 19 世纪社会科学兴起的结果，是伴随着自然科学的方法运用到社会现象研究领域而产生的。相应地，社会科学家华勒斯坦曾明确指出古典学派的研究还不是在社会科学框架内的独立学科的研究：对犯罪问题的研究与社会科学名下其他核心问题如政治制度的运作、国家宏观经济政策的研究一样早在 16 世纪就有系统的描述，然而所有这一切都还不完全符合今日所理解的社会科学的概念，并且在这些学者中间，还没有哪个人自认为是在后来所说的独立学科的框架内从事研究，包括对社会犯罪问题进行系统描述的贝卡利亚的作品。② 因此，在社会科学各门学科逐步形成和独立的背景下，犯罪学作为一门独立的学科也开始形成。

（三）学术精英促使了犯罪学的形成和产生

学术领袖或学术精英在学科诞生初期及某个转折阶段的价值是不可低估的，往往还起着决定性的作用。“有的成员，因为个人魅力（Personal Charisma）、超凡绩效或丰厚的学术资源，而突现为群体领袖（Group Leader）或群体精英。他们也是特定学科的学科制度精英（The Elites of The Disciplinary Institution），或者是布迪厄意义上的符号精英（Symbolic Elite）。他们构成学科理智演化中的英

---

① ［美］华勒斯坦等著：《开放的社会科学》，三联书店 1997 年版，第 14 页。

② ［美］华勒斯坦等著：《开放的社会科学》，三联书店 1997 年版，第 14 ~15 页。

雄系谱，通过掌握、占有和控制主要的符号资本及其它的社会资源，对特定学科的研究实践、合法性的建构、学科主流形态和发展趋向，施加较大影响。"[①] 龙勃罗梭、菲利、加罗法洛等可谓是犯罪学的学术精英，他们的研究不仅促使了犯罪科学认识的开始和逐步深入，确立了犯罪现象研究的方向和方法，而且直接导致了一个寻找犯罪现象规律的学科的形成和产生。

1876 年龙勃罗梭出版了他的《犯罪人论》，菲利认为《犯罪人论》的出版标志着一门新科学——犯罪人类学的产生。犯罪人类学是研究犯罪人自然历史的学科。一方面其研究犯罪人的生理和心理构成及其与物质和社会环境有关的生活；另一方面研究罪犯心理。[②] 犯罪人类学的这种研究开创了犯罪研究的新方法，即"创造了一种特别适合对个人及社会生活中的犯罪现象进行实际调查的学术气氛"。[③] 美国犯罪学家莫里斯·帕米利（Maurice Parmelee）认为，龙勃罗梭发起了将近代科学的实证方法、归纳方法应用于犯罪问题的伟大运动，他比任何其他人都更有力地促进了新的犯罪学科的发展。

菲利发展了龙勃罗梭的犯罪人类学，并试图建立一门新学科——犯罪社会学。菲利认为，仅从犯罪人类学的角度研究犯罪人是不够的，犯罪人类学的资料仅仅是犯罪研究的出发点，犯罪人类学收集的资料只能用来研究犯罪产生的个人方面的原因，除此之外还应当借助犯罪统计学来研究犯罪产生的各种社会原因。因此，在菲利看来，龙勃罗梭的犯罪人类学虽然开创了犯罪研究的新时代，但是这个称谓已经不能涵盖其所研究的内容，因为这一学派在进行

① 方文：《学科制度：以知识行动者为中心》，载学术批评网，原文载《社会行动者》第 9 章，中国社会科学出版社 2002 年版。

② ［意］恩里科·菲利著，郭建安译：《犯罪社会学》，中国人民公安大学出版社 2004 年版，第 93 页。

③ ［意］恩里科·菲利著，郭建安译：《犯罪社会学》，中国人民公安大学出版社 2004 年版，第 93 页。

犯罪人类学研究的同时，也重视心理学、统计学和社会学资料，所以应该建立一门犯罪社会学。“我们并不是仅仅关心人类学和心理学理论的解释或一系列的犯罪统计资料，也并不是仅仅关心建立抽象的法律理论来反对其他更为抽象的理论。我们的任务是，证明有关社会对罪犯进行自卫的每一个理论基础都必须是对罪犯的犯罪行为进行个人和社会两方面观察的结果。一句话，我们的任务是建立犯罪社会学。”① 于是，菲利在龙勃罗梭“犯罪人类学”基础上建立起了“犯罪社会学”。菲利是要构建一门关于犯罪的实证观察的、综合性的“犯罪科学”（Science of Criminality），即所谓的“犯罪社会学”。菲利宣称：“在以前，有关犯罪和刑罚的科学是一种仅仅根据逻辑幻想确立的逻辑推论学说。我们的学派则将它发展成为一种实证观察的科学，这种科学是以人类学、心理学和犯罪统计学以及刑法和刑罚研究为基础的，它变成了一种综合性科学，我自己将它称为‘犯罪社会学’。”② 菲利要构建的犯罪社会学是一门“犯罪科学和社会防卫科学”（*Science of Criminality and Social Defence Against it*），这门科学包括两个方面内容：一是运用人类学、心理学和犯罪精神病理学，把犯罪作为一种特定的个体事实（犯罪人的生理与心理状况）进行科学研究。二是运用犯罪统计学、专题研究和比较人种学，把犯罪作为一种社会事实（自然与社会环境状况）进行科学研究。这种科学研究旨在建立一套系统化的社会防卫措施，这套措施具体包括两个方面：（1）预防性措施，即包括间接的或长效的措施（刑罚的替代措施），也包括直接的或短效的（警察手段）；（2）遏制性措施，即通过刑法与刑事诉讼法、监狱处遇技术及对释放犯

① ［意］恩里科·菲利著，郭建安译：《犯罪社会学》，中国人民公安大学出版社2004年版，第94页。

② 转引自［美］乔治·沃尔德等著，方鹏译：《理论犯罪学》（第5版），中国政法大学出版社2005年版，第117页。

罪人的社会保护等手段的实施而达到控制犯罪。① 菲利还论证了犯罪社会学建立的可行性，指出：政治社会学、经济社会学和法律社会学从社会学中分立为独立学科的实践为犯罪社会学的建立提供了经验和方法，运用这种方法把研究人类中异常的或反社会的行为，即犯罪和罪犯，把犯罪社会学建立为一门学科是可行的。② 亦即，借鉴那些学科建立的模式和经验，建立一门从个体和社会两个角度研究犯罪和罪犯的新学科——犯罪社会学。

龙勃罗梭的另一个学生加罗法洛不同于龙勃罗梭，也不同于菲利，把其研究成果直接冠名为“犯罪学”出版，这是犯罪学史上第一次使用“犯罪学”一词出版著述。因此，加罗法洛对这门犯罪事实科学的命名起着决定性的影响。③ 加罗法洛在其《犯罪学》中提出了一个犯罪的社会学概念——“自然犯罪”，在自然犯罪观的基础上，建立自己的犯罪学知识体系。加罗法洛拒不承认其犯罪学研究是法学的分支，其在《犯罪学》一书的英文版序言中申明了他对犯罪学学科的看法：“这本著作常常被归入犯罪人类学派之中。如果人们承认犯罪人类学派是法学中最主要的分支，那么我宁愿被看做‘理性人类学家’，莱韦耶正是这么称呼我的。”④ 这就意味如果把其《犯罪学》屈身列入犯罪人类学或者人类学的范畴他还尚可接受，若列为法学则拒不接受。加罗法洛通过使用“犯罪学”一词出版其著述而确立了犯罪学学科的名称，并使这一名称广泛流传且为社会所接受。

从龙勃罗梭、菲利和加罗法洛师徒三人的研究看来，不管龙勃

---

① See Thorstein seling, *Enrico Ferried. in Pioneers in Criminology*. Herman Mannheim. Montclair N. J.: Patterson Smith, 1970, p. 378.

② ［意］恩里科·菲利著，郭健安译：《犯罪社会学》，中国人民公安大学出版社2004年版，第94页。

③ ［德］汉斯·约阿希姆·施奈德著，吴鑫涛，马君玉译：《犯罪学》，中国人民公安大学出版社1990年版，第114页。

④ ［意］加罗法洛著，耿伟、王新译：《犯罪学》，中国大百科全书出版社1996年版，第11页。

罗梭所谓的“犯罪人类学”、菲利所谓的“犯罪社会学”，还是加罗法洛所谓的“犯罪学”，实际上都是我们所谓的犯罪学研究，三人的研究方法和理论是一脉相承的，研究的任务和目的又是殊途同归的，只不过三人对学科的称谓和各自研究的侧重点稍有差异罢了。[①] 因此，笼统地说，从龙勃罗梭的《犯罪人论》的发表到加罗法洛《犯罪学》的出版，是犯罪学作为一门学科的形成过程。[②] 这些时代学术精英的推动使犯罪学获得了正统和权威的地位，并使犯罪学学科知识的生产得以合法化，进而谱写了犯罪学作为一门学科得以形成和诞生的篇章。

总结而言，19 世纪中后期，社会的犯罪数量持续增长，常习犯、累犯和少年犯等后天可改造性较差的犯罪人不断增多，而当时的古典学派理论难以满足社会减少犯罪的需求。于是，期望用新的理论和手段来解决犯罪问题。而这时期经验研究、实证哲学的兴起和社会科学的产生为犯罪研究提供了新的思路和方法论，学术精英们开始把犯罪从抽象的刑法规范中脱离出来，作为一种社会事实和社会现象来分析，把犯罪作为一种社会病症用病理学的方法探求犯罪产生的个体和社会根源，这样，一门新的学科——犯罪学应运而生。犯罪学的这一形成与产生模式与其他学科或新思想产生的模式是一致的，也可以说犯罪学的形成与产生模式代表着新学科或新思想的产生模式：社会需求──→新方法、新理论提供基础──→学术精英推动──→一门新学科产生。

第二节　犯罪学产生的标志

一门学科的独立有着明显的标志。有学者指出，特有的研究对

---

① 靳高风：《犯罪学的界定：从实然到应然》，载《刑事法评论（2005 年第 17 卷）》，中国政法大学出版社 2006 年版，第 384 ~ 391 页。

② 康树华主编：《比较犯罪学》，北京大学出版社 1994 年版，第 29 页。

象、理论体系和研究方法的确立，则是一个学科独立的标志。① 王牧教授则认为，一个科学的、比较成熟的学科，应当具备四个基本条件：自己独立的必要的研究对象、有重要而独立的理论价值、独立的范畴体系和一般性特征的抽象的“宏观理论”。而且，前两者是学科存在的前提，关系着学科生命的“质”；后两者是学科成熟程度的基本标志，关系着学科水平的“量”。② 在这里，王牧教授把独特的研究对象和社会价值（学科任务）作为一门学科存在的标志，而把具有基本范畴及其有机构成的理论体系、具有一般性特征的抽象的“宏观理论”的发展程度作为一门学科成熟与否的关键。根据我国高等教育学位授予和人才培养学科目录设置和管理的规定，一门学科原则上须具备确定的研究对象，独立的理论和知识体系、知识基础和研究方法，若干次级学科或研究方向，已得到学术界的普遍认同以及社会对该学科人才有一定的需求。③

综合而言，我们认为，一门社会科学独立成为一门新学科，应当具备：（1）特有的研究领域或对象。社会科学家认为，当研究者对该领域或该主题的认识达到一定的程度，并拥有一个完整的知识体系时，他们就急于为他们的学科领域划定范围，并从根本上把自

① 刘仲林：《现代交叉科学》，浙江教育出版社 1998 年版，第 19 ~ 28 页。

② 王牧：《学科建设和犯罪学的完善》，载《法学研究》1998 年第 4 期。

③ 根据国务院学位委员会、教育部印发的《学位授予和人才培养学科目录设置与管理办法》（学位〔2009〕10 号）的规定，一级学科的设置须符合以下基本条件：（一）具有确定的研究对象，形成了相对独立、自成体系的理论、知识基础和研究方法；（二）一般应有若干可归属的二级学科；（三）已得到学术界的普遍认同。在构成本学科的领域或方向内，有一定数量的学位授予单位已开展了较长时间的科学研究和人才培养工作；（四）社会对该学科人才有较稳定和一定规模的需求。二级学科的设置应符合以下基本条件：（一）与所属一级学科下的其他二级学科有相近的理论基础，或是所属一级学科研究对象的不同方面；（二）具有相对独立的专业知识体系，已形成若干明确的研究方向；（三）社会对该学科人才有一定规模的需求。参见《国务院学位委员会 教育部关于印发〈学位授予和人才培养学科目录设置与管理办法〉的通知》（学位〔2009〕10 号）。

己研究的主题与其他相关领域区分开来。[①] 因此，拥有特有的研究对象说明了一门学科拥有了自己的研究领域或者研究主题，是一门学科存在的基础。(2) 研究方法和研究范式。一般说来，部门学科的规定性是以其特殊的方法为标志，也就是说，独特的科学的研究方法是任何一门科学赖以建立的途径和基础。[②] 范式是指用以指导观察和理解的模型或框架。范式不仅形塑我们所看到的事物，同时也影响着我们如何去理解这些事物。[③] 范式是一种对本体论、认识论和方法论的基本承诺，是科学家集团所共同接受的一组假说、理论、准则和方法的总和，这些东西在心理上形成科学家的共同信念。一个范式的建立意味着一门学科的发展已经成熟。"取得一种范式，取得范式所容许的那种更深奥的研究，是任何一门科学领域的发展达到了成熟的标志。"[④] (3) 基本范畴及其逻辑构成的知识体系。范畴是指各个领域中的基本概念，反映客观事物的本质联系，各个具体学科中都有各自的特有范畴，如经济学中的商品、价值等。任何一门比较发达的科学，尤其是基础科学，都是由一系列反映其研究对象的相互关系、相互配合的概念（范畴）所组成。[⑤]

---

① ［美］华勒斯坦等著：《开放的社会科学》，三联书店 1997 年版，第 33 页。

② 参见孙小礼等主编：《科学方法》，知识出版社 1990 年版，第 76～80 页。

③ ［美］艾尔·巴比著，邱泽旗译：《社会研究方法》（第 10 版），华夏出版社 2006 年版，第 33 页。

④ 范式理论最初是由美国科学哲学家库恩（M. Kuhn）在 1962 年出版的《科学革命的结构》中提出的，指常规科学所赖以运作的理论基础和实践规范。库恩指出："按既定的用法，范式就是一种公认的模型或模式。""我采用这个术语是想说明，在科学实际活动中某些被公认的范例——包括定律、理论、应用以及仪器设备统统在内的范例——为某种科学研究传统的出现提供了模型。"范式的特点是：范式在一定程度内具有公认性；范式是一个由基本定律、理论、应用以及相关的仪器设备等构成的一个整体，它的存在给科学家提供了一个研究纲领；范式还为科学研究提供了可模仿的成功的先例。［美］托马斯·库恩著，金吾伦、胡新和译：《科学革命的革命》，北京大学出版社 2003 年版，第 10 页。

⑤ 孙国华主编：《马克思主义法理学研究——关于法的概念和本质的原理》，群众出版社 1996 年 12 月版，第 1 页。

一门学科的基本范畴、理论和知识体系是紧密联系在一起的两个要素。科学的范畴或概念是理论的基础，理论是由范畴组成的，范畴就是决定理论思想内容的成分，理论是知识体系的基础。[①] 因此，具有基本范畴及其逻辑构成的知识体系是一门学科独立存在的标志，反之，不具有科学的范畴，就不会有科学的理论体系，所谓的“学科”也就成了无肉之躯，也就不能称之为一门学科。(4) 独具的社会价值或肩负特定的学科任务。重要而独立的社会实践价值是一门学科独立存在的社会基础。一门学科的产生是社会需要的结果，也是社会分工日益细化的需要。相应地，一门学科一旦产生，其形成及诞生时的社会实践价值就成了这门学科的学科任务，而这个学科所肩负的社会任务是一门学科得以产生和存在的基础。这种任务一方面表现为社会需要其解决现实问题，另一方面表现为社会对该学科人才有一定的需求。(5) 专有的学科名称。任何一个学科名称的诞生都不是一蹴而就的，也有一个不断完善和形成的过程。这个过程既是逐步使学科名称更能准确表达其研究主题的过程，也是学术研究群体逐步趋同和逐步接受的结果。[②] 一旦具备了相对独立的研究主题或领域、研究方法、基本范畴及其逻辑构成的知识体系和专有的学科名称，一门学科独立的地位就得到了确立，就标志着一门学科的产生。

一、犯罪学研究对象的确立

任何一门学科的确立都是以其特殊的研究对象的存在为前提的。对象是学科的基础，没有独立而必要的对象，就不可能有学科。[③] 学科对象的分立一方面是科学对某一现象认识逐步深入的必然结果，另一方面也是一门学科与其他相关学科分野的标志，即是

① 肖显静著：《科学经验方法》，科学出版社 2002 年版，第 178 页。
② ［美］华勒斯坦等著：《开放的社会科学》，三联书店 1997 年版，第 16 ~ 17 页。
③ 王牧：《学科建设和犯罪学的完善》，载《法学研究》1998 年第 4 期。

一门学科独立的最明显标志。19 世纪中后期，犯罪学开始脱离抽象的法律规范规定的犯罪行为，研究社会上的犯罪人，从此，犯罪学就确立了自己的研究主题——社会存在的犯罪事实或犯罪现象。

首先，犯罪学研究把自己研究的犯罪与刑法学所谓的犯罪区分开来。加罗法洛明确指出："在我看来，我们研究的第一步应该是找到犯罪的社会学概念。如果认为我们正在探讨一种法律概念，并进而认为这种定义只是法学家的事，这是行不通的。"① 因此，在犯罪学形成之初，犯罪学家们首先明确区分了法律上的犯罪概念和犯罪学上的犯罪概念，确立自己的研究领域或主题，把犯罪作为一种社会现象进行研究，寻找犯罪发生的原因，试图发展针对性的犯罪对策，解决严重的犯罪问题，这也构成了犯罪学作为一门学科的任务。因此，犯罪作为刑法学的研究对象是一种法律现象，是法律所规定的犯罪；而作为犯罪学的研究对象，则是一种社会现象，是社会上客观存在的犯罪。②

其次，犯罪学确立了自己学科研究犯罪的逻辑起点，把犯罪作为一种社会事实进行研究。龙勃罗梭把犯罪作为"人的现象"而不是法律现象进行研究，这种用实证方法对犯罪人的研究成为了对犯罪研究的转折点，把对犯罪的法律研究转向了对犯罪的科学研究，把研究法律之上的犯罪转向了研究社会客观存在的犯罪。菲利继承了龙勃罗梭的思想，指出：首先需要把违法行为作为"一种人的个性（心理）的活动和征兆"来加以研究，然后才从法律的观点进行观察和解决这个问题。③

二、犯罪学研究方法和范式的形成

18 世纪古典学派的研究是以逻辑推理的方法展开的，既没有

---

① ［意］加罗法洛著，耿伟、王新译：《犯罪学》，中国大百科全书出版社 1996 年版，第 26 页。

② 陈兴良：《刑事一体化视野中的犯罪学研究》，载《刑事法学》1999 年第 6 期。

③ 王牧：《犯罪学与刑法学的科际界限》，载《中国法学》2004 年第 1 期。

假设，也没有验证，研究对象主要局限于法律规定的犯罪行为，而且具有浓厚的情绪和偏见色彩。到了19世纪中后期，随着自然科学的发展和实证哲学的兴起，犯罪研究开始逐步科学化，龙勃罗梭、菲利等明确提出研究犯罪的方法迥异于古典学派。菲利指出："对于我们而言，实验法（归纳）是所有知识的关键；对于古典学派来说，一切都是从逻辑演绎和传统观念中得出来的。对于他们而言，事实让位于三段论（演绎法）；对于我们而言，事实具有决定性作用，没有知识就不能进行推论。对于他们而言，科学仅仅需要纸张、笔和墨水，其他的则来自充满书本知识的大脑，而那些书本也适用同样的方法产生；对于我们而言，科学要求长期地逐个检验事实，评价事实，获得它们的共同特征，从它们中抽出中心概念。对他们来说，演绎法或轶事法足以推翻通过多年的观察收集的大量事实；对我们来说，情况恰恰相反。"① 从这时期开始，提出了大量关于犯罪的假设，以研究社会存在的犯罪行为为主，以期为社会防卫寻求理论依据和实际方案。这种研究区别于古典学派的演绎推理，采取的是归纳推理的方式，即是从特殊到一般，从一组具体的观察结果推导出一般性的规律或规则。犯罪学的这种实证研究随着科学的发展而逐步成熟，这样犯罪学就确立其研究方法的传统——实证主义研究，即运用实证的方法来探求犯罪现象的因果法则。

实证主义一直是犯罪学研究的主导方法论。批判犯罪学派的昆尼和威尔德曼指出："大部分犯罪学学者在某种意义上都是实证主义者。"② 沃尔德在其《理论犯罪学》中指出："大多数当代科学、犯罪学在方法和表述方面，都是实证主义的。"③ 如果我们说龙勃罗梭的犯罪人类学研究是犯罪学实证主义的开端，且在方法运用

① 转引自［英］曼海姆：《犯罪学中的先驱》，1972年（英文版），第379页。

② ［美］理查德·昆尼等著，陈兴良等译：《新犯罪学》，中国国际广播出版社1988年版，第47页。

③ George B. Vold & Thomas J. Bemard, *Theoretical Criminology*, 4th Edition, Oxford University Press, 1986, p. 45.

和验证手段方面还存在一些问题，那么当代犯罪学的实证研究已经发展成为了研究犯罪现象的科学的方法论。当代的犯罪学研究，不仅具有明确的假设，而且假设必然经过一种或者几种普遍承认的方法来检验才是科学的，其结果应是无偏见的解释和证实；如果有必要的话应当根据研究结果修改最初假设，形成新的假设，循环进行验证，通过这种科学程序就会避免出现更大的错误。在研究中也不排斥直觉的方法，但是直觉必须经过检验。在研究中，为了克服以前各学派的缺陷，一般采取多种研究方法，包括：统计方法、案例研究、类型划分、实验方法、预测方法、行动研究和社会学研究等多种方法。因此，犯罪学研究已经进入了科学的阶段。①

实证主义是社会科学领域中的一种研究范式，这种研究范式首先需要在一定范围内设置一项假设，然后围绕这个假设展开研究。龙勃罗梭作为实证主义犯罪学理论的创始人，致力于构建犯罪原因学——即科学地检验关于犯罪及犯罪人的理论的假设，尽管现代犯罪学的研究重心已经不再是从个体生物特征上寻求犯罪发生的原因，但是龙勃罗梭构建原因科学的终极目标一直在推动着犯罪学的发展。② 实证主义犯罪学提出犯罪行为产生的原因可以通过科学观察和检验来发现，这样的调查研究可以有效地诊断和矫治犯罪人身上存在的问题。在实证主义犯罪学研究范式的指导下，教育、矫正、改造取代了报应、惩罚、威慑，成为了刑事司法系统的主要目的。正如社会科学领域中的大多数研究范式一样，实证主义学派好比是一个十分宽敞的教堂，它吸收并囊括了生物学、心理学以及社会学的方法，这在实证主义犯罪学理论中表现得尤为明显。在犯罪学产生之初生物学、心理学方法占主导地位，但后来从迪尔凯姆

① ［英］曼海姆：《犯罪学中的先驱》，1972 年（英文版），第 84 ~ 86 页。

② ［英］克莱夫·科尔曼、詹妮·莫尼罕著，靳高风等译：《解读犯罪统计数据预防——揭示犯罪暗数》，中国人民公安大学出版社 2009 年版，第 2 页。

(1893) 的著作和美国芝加哥社会学派的研究可以看出，社会学的实证研究范式逐步占了主导地位。[①]

三、犯罪学基本范畴及其知识体系的确立

范畴是指反映客观事物的本质属性和普遍联系的基本概念，是人类理性思维的逻辑形式。范畴是人类在一定历史时代理论思维发展水平的指示器，是帮助人们认识和掌握自然现象之网的网上纽结。[②] 范畴是主观和客观的统一，范畴作为思维形式是主观的，范畴的内容则是客观的，范畴是对现实的反映，是对现实事物和现象的本质的概括。范畴及其体系是一个学科独立存在的前提。[③] 犯罪学基本范畴及其知识体系是犯罪学研究逐步深入、对犯罪现象认识逐步深刻的结果。在犯罪学形成之初，学术精英们都确立了自己学科的基本范畴，这些范畴既有联系又有区别，在这些范畴的基础上，逐步形成了能够反映犯罪事实规律的基本范畴。

（一）龙勃罗梭的犯罪人类学的基本范畴和知识体系

对龙勃罗梭而言，犯罪人、犯罪病因、刑罚及犯罪防治是犯罪人类学的基本范畴，而龙勃罗梭所说的“犯罪人”、“刑罚”及“犯罪预防”已经不同于刑法学所说的“犯罪人”、“刑罚”及“犯罪预防”，这些基本范畴包含了区别于刑法学所谓的同一概念的含义。这里的“犯罪人”是一种自然现象，是隔代遗传——返祖现象导致的生理和心理特征不同于正常人的结果。这里的刑罚包含着刑罚个别化、矫治、社会防卫等相互联系的基本要素。犯罪病因及其分析是犯罪人类学的核心概念，是犯罪人类学研究的起点，是刑罚改革和刑事政策制定的依据，也是犯罪人类学研究犯罪行为（犯罪人）的基本内容和研究路径。这些基本范畴的相互联系构成了犯罪

---

① ［英］戈登·休斯著，刘晓梅、刘志松译：《解读犯罪预防——社会控制、风险和后现代》，中国人民公安大学出版社 2009 年版，第 43 页。

② 《中国大百科全书》（哲学 I），中国大百科全书出版社 1987 年版，第 200 页。

③ 王牧：“学科建设和犯罪学的完善”，载《中国法学》1998 年第 4 期。

人类学的知识体系：

犯罪人——犯罪人类型——犯罪病因——犯罪原因分析——刑罚个别化（鉴别犯罪人——预防——矫治——隔离）和犯罪防治——社会防卫

（二）菲利的犯罪社会学的基本范畴和知识体系

菲利在龙勃罗梭犯罪人类学基础上建立起来的犯罪社会学则使犯罪学的基本范畴进一步得以完善和确立。菲利构建的犯罪社会学的基本范畴包括犯罪原因、犯罪现象、刑罚、刑罚的替代性措施及社会防卫等。菲利以犯罪是一种个体现象和社会现象为逻辑起点，通过对犯罪进行个体病理学和社会病理学的分析，构建犯罪社会学的知识体系和研究路径：

犯罪人类学→犯罪社会学：犯罪原因（生物和心理因素、自然因素和社会因素综合作用）——犯罪现象（犯罪行为、犯罪人、犯罪饱和法则）——镇压性质的防卫措施（社会责任——防卫性刑罚措施）和预防性刑罚替代性措施——特殊预防——社会防卫

（三）加罗法洛的犯罪社会学的基本范畴和知识体系

对于加罗法洛的犯罪学而言，无疑犯罪（严格说应当是自然犯罪）、犯罪人（人身危险性、犯罪人类型）、犯罪原因（道德异常、社会原因）、犯罪对策（排除社会、强制赔偿和刑罚的合理体系）和国际刑法是其基本范畴，加罗法洛建立了完整的以刑事法律改革为目的寻找犯罪对策的“犯罪学”知识体系：

生理和心理异常和社会影响——自然犯罪（→国际刑法典）——四类犯罪人——犯罪对策——社会防卫

犯罪学的诞生经历了从犯罪人类学到犯罪社会学再到犯罪学的变迁，龙勃罗梭、菲利和加罗法洛三人虽然研究犯罪的角度有些区别，但是他们的研究方法、研究目的和任务是异曲同工的。通过阅读他们的经典著作我们发现：他们通过收集和分析犯罪人类学、犯罪统计学、犯罪心理学以及犯罪社会学的资料，从个体和社会及其相互作用的角度来综合认识犯罪现象。一方面，归纳犯罪的事实特

征和各类犯罪人的特点，寻找犯罪现象发展变化的规律；另一方面，从人类学、心理学、地理学、社会学等角度分析犯罪产生的原因。他们都承认犯罪原因的复杂性、多样性和综合性，认为犯罪的产生一方面既有生理的、心理的个体因素，又有各种各样的社会因素，另一方面又都“无外乎是犯罪者的生理状态与其所处的自然条件及其出生、生活或工作于其中的社会环境三种因素相互作用的结果”。[①] 他们在对犯罪规律认识的基础上，发展出他们异于古典学派的犯罪对策——“减轻刑罚的同时减少犯罪”[②]，并在刑罚之外寻求犯罪预防的社会对策，主张“最好的社会政策就是最好的刑事政策”。

（四）犯罪学的基本范畴和知识体系

犯罪学把犯罪现象看作一种社会事实和个人及社会的一种病态现象，从医学和病理学的角度分析其特征和产生的根源，并从刑罚和社会政策两个角度提出犯罪对策。在刑罚上主张以社会防卫为目的，实行建立在犯罪人人身危险性基础上的个别化的刑罚措施，以进行特殊预防；在社会对策方面，注重犯罪预防，强调发展针对产生犯罪的社会因素、自然因素的社会性措施，包括刑罚的替代性措施等社会政策。他们的研究确立了犯罪学的基本范畴：群体犯罪（犯罪行为、犯罪人、犯罪类型）、犯罪原因（生物原因、心理原因和社会原因及其关系）、犯罪对策（刑罚、社会政策）和实证方法（测量、观察、统计、分析、比较、归纳等）。这些基本范畴的逻辑运动构成了犯罪学的知识体系如图 2. 1 所示。

一门学科有了自己的基本范畴和知识体系，就获得了区别于其他学科的独立性。在犯罪学诞生之初，已经建立起了自己的基本范畴及其逻辑运动构成的知识体系，这个关于犯罪现象、犯罪原因和

① ［意］恩里科·菲利著，郭建安译：《实证派犯罪学》，中国人民公安大学出版社 2004 年版，第 159 页。

② ［意］恩里科·菲利著，郭建安译：《实证派犯罪学》，中国人民公安大学出版社 2004 年版，第 122 页。

犯罪人→群体犯罪　　　　　　　↗刑罚（个别化）
⇑　⇓　　　⇒ 犯罪对策→保安处分（刑罚的替代性措施）
犯罪原因　　　　　　　　　　↘社会对策

图 2.1　犯罪学产生时的基本范畴和知识体系

犯罪对策的知识体系指导着人类与犯罪作斗争的实践，从而使犯罪学获得了区别于其他学科的独立地位，成为一门分析犯罪现象、揭示犯罪原因并寻求犯罪对策的学科。

四、犯罪学学科价值的实现

法国犯罪学家乔治·比卡对犯罪学的社会价值进行了深入的论述：首先，犯罪学所能贡献的是一种比国家的立法更为广阔的视野，因为这个视野具有普遍性；其次是一种比刑法更为客观的视野，因为其不为公共秩序和打击犯罪的紧急需要所制约；最后是一种由社会学、临床学等不同学科研究成果所充实的视野。面对冷冰冰的刑法，犯罪学带来了科学的、人道的因素，并成为唯一的可以使人们掌握犯罪事实的学科。犯罪学既不企图代替不同的刑事立法，也不打算提出一个控制犯罪政策的理想模式。不过，犯罪学要提供一份对认识社会中的犯罪现象不可缺少的‘阅读图表’。同时，犯罪学还应是一种帮助政府在预防犯罪和惩罚罪犯方面采取新的行动的方法。对个人和社会的保护以及不可缺少的刑事司法现代化只能从犯罪学中获得益处。① 具体而言，犯罪学的社会实践价值主要表现为：

第一，犯罪学为认识犯罪提供了新视野和新方法。英国学者指出，仅仅研究刑事法律，是不能提供全部正确地理解犯罪现象所必

① ［法］乔治·比卡著，王立宪、徐德瑛译：《犯罪学的思考与展望》，中国人民公安大学出版社 1992 年版，第 2 页。

需的知识的。[①] 犯罪学的产生为人类正确认识犯罪现象提供了契机，犯罪学运用社会学、心理学、医学、生物学等学科的知识和方法从个体和社会及其两者之间关系的角度来认识犯罪现象。从此，开始了科学地认识犯罪规律的时代。因此，“犯罪学对认识犯罪的作用以及它的科学价值都是不可争议的”。[②]

第二，犯罪学促进了刑法的发展，使刑法学获得了新生的机会。乔治·比卡指出：“犯罪学不仅产生于刑法的不足，同时也为刑法的新生创造了条件。”[③] 犯罪学对犯罪的认识，促进刑法学开始修正古典学派的理论，形成了实证刑法学派。相对于古典刑法学派的自由意志论、行为主义、道义的责任、报应刑、一般预防的基本刑法理念而言，实证学派基于犯罪学对犯罪的认识主张决定论、行为人主义、社会的责任、教育刑和特殊预防。[④] 犯罪学的出现改变了刑法的基本理念，开始注重刑法的效益价值。正如菲利所说的，古典学派已完成其反对封建刑事司法制度的历史使命，实证派对古典派学派表示了最诚挚的敬意，实证学派的任务不仅仅是减轻刑罚，同时也减少犯罪。[⑤] 美国著名的犯罪学家齐林（John Lewis Gillin）详细指出了犯罪学对刑罚学的贡献：（1）改变了刑罚学的注意力，由对法律的、玄学的、抽象的刑法学的注重变为了对科学研究犯罪人及犯罪环境的犯罪学的注重。（2）改变了刑罚目的，淘汰了报应论，主张罪犯应当接受的是治疗，而不是惩罚；儆戒理论也被根本改变，因为人们相信无论用什么样的刑罚来威吓都是无效

---

① ［英］赖齐诺韦兹·透纳：《刑事科学的意义和范围》，载《外国刑法研究资料》第1集，北京政法学院刑法教研室编1982年版，第1页。

② ［法］乔治·比卡著，王立宪、徐德瑛译：《犯罪学的思考与展望》，中国人民公安大学出版社1992年版，第9页。

③ ［法］乔治·比卡著，王立宪、徐德瑛译：《犯罪学的思考与展望》，中国人民公安大学出版社1992年版，第15页。

④ 张明楷著：《刑法的基本立场》，中国法制出版社2002年版，第10～22页。

⑤ ［意］恩里科·菲利著，郭建安译：《实证派犯罪学》，中国人民公安大学出版社2004年版，第122页。

的；感化引起了注意，监狱应当是教导罪犯的教育机关，目的使罪犯养成新的习惯；保护社会成了处置罪犯的主要目的；最大的贡献应当是犯罪预防，主张鉴别出有犯罪特征的人，并通过改变犯罪的环境来预防犯罪。① 至于犯罪学对刑法的具体影响，德国刑法学家耶塞克在其《德国刑法教科书》（总论）中明确指出："少年刑法、限制自由刑的适用、对罚金刑的改革、缓刑和假释、缓刑帮助、保留刑罚的警告、矫正及保安处分和刑罚执行的改革等，在很大程度上均是建立在犯罪学的研究工作的基础之上的。"②

第三，犯罪学的产生改变了人们治理犯罪的基本理念。犯罪学的出现一方面使人们认识到了犯罪是多种因素综合作用的结果，而且社会因素是导致犯罪的主要因素；另一方面使人们认识到了刑罚对治理犯罪的有限性，开始寻找社会预防的对策。菲利指出：刑罚，并不像在古典派犯罪学者和立法者的主张影响下而产生的公共舆论所想象的那样，是简单的犯罪万应灵药，它对犯罪的威慑作用是有限的。因此，犯罪学家自然应当在对犯罪及其自然起因的实际研究中去寻找其他社会防卫手段。我们要尽最大努力改良社会环境，适用社会卫生原则，在经济、道德、政治和文化范围内致力于个人和社会生活的立法改革，达到消除犯罪根源的目的。③

第四，犯罪学促进了现代刑事政策的发展。德国刑法学家李斯特指出，现代刑事政策是伴随着犯罪学产生而出现的，因为与犯罪作斗争要想取得成效，必须具备两个条件：一是正确认识犯罪的原因，二是正确认识国家刑罚可能达到的效果，而犯罪学研究提供了达到这两个条件的工具。可见刑事政策是与预防犯罪的社会政策同

---

① 参见［美］约翰·列维斯·齐林著，查良鉴译：《犯罪学及刑法学》，中国政法大学出版社 2003 年版，第 364 页。

② 汉斯·海因里希·耶塞克、托马斯·魏根特著，徐久生译：《德国刑法教科书》（总论），中国法制出版社 2001 年版，第 60 ~ 61 页。

③ ［意］恩里科·菲利著，郭健安译：《实证派犯罪学》，中国人民公安大学出版社 2004 年版，第 189 页。

时发展、齐头并进。社会政策的使命是消除或限制产生犯罪的社会条件，而刑事政策的首要任务是通过对犯罪人个体的影响来与犯罪作斗争的。① 在李斯特看来，刑事政策是建立在犯罪学对犯罪原因科学研究基础之上的，这样才能够使与犯罪作斗争的措施有针对性；刑事政策的首要任务是消除犯罪的个人因素，能矫正的罪犯予以矫正，不能矫正的罪犯使其不再危害社会；但是仅仅靠刑事政策及其刑罚等措施是不足以解决犯罪问题的，只有社会政策才是消除犯罪社会因素的措施，通过改善社会环境来预防犯罪的发生更为重要。

自犯罪学诞生以来，一方面不断地改革刑事政策，以充分发挥刑罚治理犯罪的效能；另一方面通过社会政策预防犯罪，成了人类社会治理犯罪的基本模式，而且更注重社会政策在犯罪治理中的作用。联合国一直主张通过刑事政策和社会政策相互配合来达到犯罪治理的目的，并强调社会预防的功能和效果，认为相比较而言社会措施比刑罚效果更明显、更符合成本效益合算的原则。②

犯罪学是应减少犯罪的社会需要而产生的，这种需要在犯罪学产生之后就成了犯罪学社会价值的表现和直接任务，也是犯罪学研究的出发点和落脚点。犯罪学的产生，改变了以前社会大众戴着有色眼镜凭借自己的经验、偏见、喜好及价值观念看待犯罪问题的局面，博识的、受过行为科学严格训练的犯罪学家们开始以严格的科学方法、客观地观察犯罪问题和司法制度，发展控制和预防犯罪的对策。一门学科的社会价值体现了社会实践对理论的需要，反映了学科产生和存在的社会意义。犯罪学的社会价值决定了犯罪学作为一门学科独立存在的必要性。

---

① ［德］弗兰茨·冯·李斯特著，许久生译：《德国刑法教科书》，法律出版社2000年版，第13页。

② 李春雷、靳高风著：《犯罪预防的理论和实务》，北京大学出版社2006年版，第107～108页。

五、犯罪学学科名称的确定

关于“犯罪学”（Criminology）一词的创制，一般都采用荷兰著名的犯罪学家邦格的说法，认为“犯罪学”（法文 criminologie）一词最早由法国人类学家、医生保罗·托皮纳尔（Paul Topinard）于 1879 年在其著作《人类学》一书中提出来的。其后，1885 年加罗法洛以“犯罪学”（意大利语 criminologia）为名出版了其著作——《犯罪学》，该书的出版使人们知道了“犯罪学”一词，并广泛流传而为社会所接受。不过最初阶段的犯罪学一直是以“犯罪人类学”为名的。[①] 因此，一般认为加罗法洛《犯罪学》的出版是犯罪学独立于其他学科的开始，是犯罪学作为一门学科确立的标志。其后，1918 年，美国犯罪学家莫里斯·帕米利（Maurice Parmalee）以“犯罪学”为名出版了其《犯罪学》（Criminology），并且开始被萨瑟兰（Edwin Hardin Sutherland）在大学里作为犯罪学课程的教材使用。[②] 1924 年萨瑟兰出版了犯罪学教科书《犯罪学》（Criminology），后来于 1934 更名为《犯罪学原理》（*Principles of Criminology*）。其后，各种版本的以“犯罪学”为名的教科书和著作陆续出版。于是，犯罪学作为一门研究犯罪现象学科的名称就确立了下来，一直沿用至今。

六、犯罪学学科制度化进程的开始

学科制度化是指处于零乱状态且缺乏独立性的一个研究领域转

---

① ［法］乔治·比卡著，王立宪、徐德瑛译：《犯罪学的思考与展望》，中国人民公安大学出版社 1992 年版，第 13 页。

② 根据美国北卡罗兰大学查佩尔希尔分校司法研究系汤姆·奥康奈博士（Dr. Tom O'Coanor）整理的 1846—2006 年出版的西方犯罪学著作，这本书是英文文献中最早以“犯罪学”命名的著作。参见：*History Of Criminology*：*The Pioneefs*，http://faculty. ncwc. edu/toconnor/301/crimhist. htm

变为一门独立的、组织化了的学科的过程。[①] 一种知识产生以后，并不意味着它将立刻和必然被科学共同体所承认而纳入已有的科学知识体系，而是需要一个制度化的过程。学科制度化是知识合法性的重要依据，正如法国哲学家利奥塔德（J. F. Lyotard）所说，科学没有找到自己的合法性，就不是科学。[②] 一般说来，在一门准学科制度化的过程中，其研究者需为之提供辩护以促成认知认同和职业认同。认知认同是指学术界对这种研究正当性的承认；职业认同是指学术界及社会承认了该学科可以作为一体化的、独立的职业而存在。认知认同是学科基本问题的确定、学科研究方法或范式的构建、学术规范的确立以及学术话语体系形成的过程。职业认同是学科专业刊物创建、学术队伍与后备人才培养组织化的过程。

任何学科都是经历这样一个学科制度化的过程而被确立为一门学科，犯罪学也不例外。根据学科制度化的规律，新学科在生长初期往往是寄生性的，其价值观念需要从其他成熟学科那里获得，然后经过学科组织和学科文化的积累逐步独立为一门学科。[③]

犯罪学从形成和产生时就开始了其学科制度化过程。龙勃罗梭举起了实证学派的大旗，较早地出版了开创性的、代表性的著作，创办了宣传实证学派思想的刊物，并在法国创建了犯罪人类学博物馆，对犯罪学（准确地说是犯罪人类学）学科具有开创性作用，但是并没有对实证学派的理论和研究方法进行元研究的阐述，这一缺憾后来由其弟子菲利进行了弥补。

菲利对实证学派尤其是龙勃罗梭的研究进行了分析和总结，为犯罪学的学科制度化建设奠定了理论基础。菲利指出：1872 年龙

---

① 李铁君主编：《大学学科建设与发展论纲》，中国社会科学出版社 2004 年版，第 13 页。

② 转引自李铁君主编：《大学学科建设与发展论纲》，中国社会科学出版社 2004 年版，第 13 页。

③ 李铁君主编：《大学学科建设与发展论纲》，中国社会科学出版社 2004 年版，第 14 页。

勃罗梭著作的诞生标志着实证学派犯罪学的建立。不仅如此，菲利还试图建立一门包罗万象的关于犯罪的学科——犯罪社会学。加罗法洛对于犯罪学学科建设可以说是作出了另外一种贡献，他的贡献在于通过使用“犯罪学”一词出版犯罪学著述而确立了犯罪学学科的名称。

学科制度化的完成是一个漫长的积累过程，在这一历史过程中，往往有一系列事件标志着学科制度化建设的进程。犯罪学学科制度化建设也一样，具有一系列标志着学科制度化建设进程的重大事件，在犯罪学产生的初期，标志着犯罪学学科制度化的重大事件主要有：

——1872 年，龙勃罗梭发表了论文《对 400 名威尼斯犯罪人的人体测量》，菲利认为是犯罪人类学的开始。①

——1876 年，龙勃罗梭的《犯罪人论》出版。

——1878 年，加罗法洛在《那不勒斯哲学与文学》杂志发表一篇关于犯罪行为的论文，提出罪犯的危险性应当成为社会衡量其预防犯罪职能的标准。②

——1878 年，菲利发表了以学位论文为基础的论文《对自由意志的否定和归罪理论》，系统地否定自由意志和个人责任。③

——1880 年，龙勃罗梭在菲利和加罗法洛的协助下，创办了《精神病、犯罪人类学和刑罚学档案》，作为宣传犯罪人类学思想的阵地。

——1880 年，李斯特创办《综合刑法科学杂志》；1889 年，并与比利时犯罪学家普林斯（A. O. Prins）、荷兰刑法学家哈默尔

① ［意］恩里科·菲利著，郭建安译：《实证派犯罪学》，中国人民公安大学出版社 2004 年版，第 126 页。

② ［意］恩里科·菲利著，郭建安译：《实证派犯罪学》，中国人民公安大学出版社 2004 年版，第 127 页。

③ ［意］恩里科·菲利著，郭建安译：《实证派犯罪学》，中国人民公安大学出版社 2004 年版，第 127 页。

(G. A. Hamel) 共同创建了“国际刑法学家联合会”，倡导对犯罪的多学科研究。

——1881 年，菲利在波伦亚大学的就职演说——《刑法和刑事诉讼法中的新见解》的演讲稿出版，1892 年，第三版更名为《犯罪社会学》；1883 年，菲利出版了《刑法实证学派》(英文版改名为《实证派犯罪学》)。

——1885 年，加罗法洛以“犯罪学”为名出版了其《犯罪学》。

——1885 年，第一次国际犯罪人类学大会在罗马举行。

——1889 年，第二次国际犯罪人类学大会在法国巴黎举行，对实证学派理论的批判达到了高潮。

——1892 年，菲利创办了《实证学派》杂志，为实证主义犯罪学家提供了宣传理论的阵地。

——1908 年，美国西北大学法律系在芝加哥召集一次全国代表大会，会上决定成立“美国刑法和犯罪学研究所”(the American Institute of Criminal law and Criminology)，这代表美国犯罪学研究的正式组织成立，是 20 世纪第一个 10 年犯罪学发展史上的最重要事件；1910 年，该研究会为交流犯罪学思想创办了《刑法、犯罪学和警察科学》杂志 (the Journal of Criminal law, Criminology and Police Science)，1973 年改名为《刑法和犯罪学》杂志 (the Journal of Criminal law, Criminology) 出版至今。自 1911 年起翻译出版了欧洲犯罪学家们的一些著作——《现代刑事科学丛书》。①

——1911 年，龙勃罗梭为美国读者出版了《犯罪及其原因与矫治》一书。

① [美] 理查德·昆尼等著，陈兴良等译：《新犯罪学》，中国国际广播出版社 1988 年版，第 66 页。

第三章 犯罪学的发展与成熟

一种范式通过革命向另一种范式的过度，便是成熟科学通常的发展模式。

——【美】托马斯·库恩（Thomas S. Kuhn）[①]

犯罪学如果摆脱她过去的科学的个人主义和狭隘的经验主义，将会有一个乐观的、充满挑战的潜力无限的前景。[②]

——【英】科思·波特姆利（A. keith Bottomley）

犯罪学从系统地、科学地研究犯罪现象至今，已经有一百多年的发展历史。犯罪学从诞生于欧洲，到繁盛于美洲，再到发展成为一种普及的知识体系，是社会发展的现实需要，也是科学发展的结果。一百多年来，一代又一代的犯罪学家们孜孜以求，无论是在犯罪学理论体系方面，还是在犯罪学学科制度化建设方面，都追求超越，一步一步地推动了犯罪的发展，并促使其走向成熟。犯罪学的成熟主要表现在犯罪学研究对象明确、基本范畴确立、理论体系完善、知识体系成熟、学科地位独立、研究方法确定以及学科制度化过程完成等方面。

---

① ［美］托马斯·库恩著，金吾伦、胡新和译：《科学革命的革命》，北京大学出版社2003年版，第9页。

② A. keith Bottomley, *Criminology in Focus*: *Past Trends and Future Prospects*, Oxford: Martin Robertson, 1979, p. 150.

第一节　犯罪学研究方法的成熟

一、社会科学方法论是犯罪学发展的基础

从宏观上说，社会科学方法论经历了下列三个阶段：第一阶段，在理性主义和经验主义的观照下，以法国的孔德、穆勒和斯宾塞、迪尔凯姆为代表的实证主义兴起，社会科学的制度化过程开始兴起。第二阶段，到了20世纪，以波普尔和库恩为代表的后经验主义兴起，实证主义开始衰落，并逐步走向崩溃，反对实证主义的诠释学兴起。诠释学反对研究主题的统一性，主张社会事实和自然事实是两个分离的领域，科学可以从方法上批判但是无法进行社会批判。[①] 诠释学的一个主要分支就是由齐美尔、韦伯开创的人文主义传统，强调自然科学与社会科学之间的本质性区别，反对社会科学研究领域中的自然科学化倾向，主张把关注社会行动者主体和主观性作为社会学研究的重点，把人文科学从自然科学中分离出来。韦伯在试图综合解释和理解以形成一个统一的理解的同时又是价值中立的社会科学。[②] 第三阶段，由马克思开创的批判主义传统，既不同于实证主义传统，也不同于人文主义传统，它以唯物史观为理论基础，使社会科学在本质上成为批判的、革命的学说，并对后来社会科学的发展产生了重大影响。前一阶段称为实证主义研究，后两阶段统称为反实证主义研究。

从微观上说，19世纪以来，社会科学方法和社会科学理论先后经历了如下的发展变化过程：实证主义（19世纪初）——诠释主义（20世纪，齐美尔和韦伯新康德主义）——马克思辩证主义

---

① ［英］吉尔德·德兰逖著，张茂元译：《社会科学——超越建构论和实在论》，吉林人民出版社2005年版，第81页。

② ［英］吉尔德·德兰逖著，张茂元译：《社会科学——超越建构论和实在论》，吉林人民出版社2005年版，第81页。

(批判理论：19 世纪政治经济学批判的社会学科学；20 世纪 30 ~ 40 年代的法兰克福学派，20 世纪 70 年代在西方大学院系里成为制度化的方法论）——建构论（女权主义、新社会运动、风险理论、系统理论等）——后现代主义（20 世纪 60 年代法国后结构主义、80 年代解构主义、90 年代后现代主义）——整合实在论和建构论（20 世纪 90 年代中期后）。①

实证主义和反实证主义研究方法都在犯罪学发展过程中起着重要的作用。总体说来，实证主义方法是犯罪学的主体研究方法，而反实证主义方法在犯罪学研究中起着批判、纠正和深化犯罪学研究知识体系的作用，同时也促使了新犯罪学理论和流派的产生，不仅丰富了犯罪学理论的内容，而且其理论如标签论等也推动了刑事立法和司法的变革。

（一）实证主义研究是犯罪学研究的主导方法

实证主义起源于孔德的实证主义哲学思潮，是社会科学的主导方法论。19 世纪上半叶，法国实证主义哲学家、社会学的创始人孔德在启蒙运动、英国经验主义哲学以及物理学和生物学等重大科学发现为代表的自然科学的基础上，在法国大革命和社会改良运动兴起的社会背景下，创建了实证哲学思想体系，实证主义开始作为一种方法论登上社会科学的舞台。实证主义，是在西方近代哲学陷入危机和反对传统的思辨形而上学哲学的浪潮中形成的，明确提出要以实证的自然科学的精神来改造和超越传统形而上学的流派。实证主义主张用实证的科学方法“建立起普遍的科学大厦”，强调社会科学与自然科学方法的一致性，以可以观察和实验的事实及知识为内容，强调价值中立。

实证主义一直是犯罪学研究的主导方法论。批判犯罪学派的昆尼和威尔德曼指出：“大部分犯罪学学者在某种意义上都是实证主

① ［英］吉尔德·德兰逊著，张茂元译：《社会科学——超越建构论和实在论》，吉林人民出版社 2005 年版，第 10 ~ 11 页。

义者。”① 沃尔德在其《理论犯罪学》中指出：“大多数当代科学、犯罪学在方法和表述方面，都是实证主义的。”② 如果我们说龙勃罗梭的犯罪人类学研究是犯罪学实证主义的开端，且在方法运用和验证手段方面还存在一些问题，那么当代犯罪学的实证研究已经发展成为了研究犯罪现象的科学的方法论。当代的犯罪学研究，不仅具有明确的假设，而且假设必然经过一种或者几种普遍承认的方法来检验才是科学的，其结果应是无偏见的解释和证实；如果有必要的话应当根据研究结果修改最初假设，形成新的假设，循环进行验证，通过这种科学程序就会避免出现更大的错误。在研究中也不排斥直觉的方法，但是直觉必须经过检验。在研究中，为了克服以前各学派的缺陷，一般采取多种研究方法，包括统计方法、案例研究、类型划分、实验方法、预测方法、行动研究和社会学研究等多种方法。因此，犯罪学实证主义研究已经进入了科学的阶段。③

（二）反实证主义犯罪学研究为犯罪学带来了新气象

反实证主义是19世纪末至20世纪初在欧洲大陆兴起的一种与实证主义相对立的主观主义的思潮。一些社会科学家抛弃了以整体观和进化观为内容的实证主义模式，试图以个人行动的主观根源说明人的活动、社会关系、社会结构和社会发展。他们反对实证主义者从自然科学中寻找可以运用于人文科学和社会科学的方法，提出了从个人的、主观的动机或体验的认识中寻找认识社会的方法，从而形成了反实证主义的研究方法。其代表主要有新康德主义、法兰克福学派、现象学派社会学、存在主义社会学、符号互动论和拟剧论等。反实证主义的方法论特征表现为：（1）强调自然科学与社会科学的区别，反对把自然科学方法运用于社会科学。（2）主张社会

① ［美］理查德·昆尼等著，陈兴良等译：《新犯罪学》，中国国际广播出版社1988年版，第47页。

② George B. Vold & Thomas J. Bemard, *Theoretical Criminology*, 4th Edition, Oxford University Press, 1986, p. 45.

③ ［英］曼海姆：《犯罪学中的先驱》，1972年（英文版），第84~86页。

科学首先要研究个人行为动机与社会规范，反对实证主义把社会生活看成是一些无个性的社会事实或社会结构的相互作用。（3）着重于分析社会整体的因素，并解释整体及其因素之间的关系。（4）主张以描述性的历史方法说明社会现象，反对在社会科学中运用自然科学的概括性规律方法。（5）考察主体的认识能力是主要的认识方法，而实证主义的所谓客观事实是由主体的认识能力所产生的，社会科学知识是主观的和相对的。

反实证主义思潮兴起后，诠释主义、结构主义、马克思主义、批判主义、后现代主义等在犯罪学研究中得以充分运用，犯罪学家开始依据这些新方法论建立自己的理论。反实证主义方法论认为：（1）由于与犯罪相关的利益关系是多元的，所以认识犯罪也应参照多元的价值标准。（2）犯罪定义的原型并不是纯客体性的，犯罪是犯罪控制主体依照自己的利益要求和知识框架，由立法、司法等活动构造出来的，因此对犯罪定义的制定和实施过程进行批判性考察，从中揭示出犯罪定义所包含的主体性因素和社会历史性因素。（3）犯罪原因与犯罪之间的联系不同于自然界中的因果联系，自然现象和社会现象对不同的个体有着不同的意义和影响。因此，犯罪研究只能在有限的意义上引进自然科学的原理和定量分析方法。①

（三）实证主义和反实证主义方法论的交织导致了犯罪学理论多元化形态

20世纪20年代以后，社会科学的实证主义传统和反实证主义传统一直相互交融地存在着，运用这两种方法论的犯罪学研究也分别发展出了不同的理论。在实证主义和反实证主义方法论交织的背景下，犯罪学理论呈现出了多元化趋势，这种多元化趋势是犯罪学研究运用不同研究方法和范式的结果。美国犯罪学家指出：“当代犯罪学的多元化在很大程度上不仅反映了犯罪研究者的理论背景和现实背景的差别，而且反映了他们研究犯罪的直接的、具体的目的

---

① 宋浩波主编：《犯罪学理论综述》，群众出版社1998年版，第79～80页。

的差别。犯罪学主题的选择、理论观点的发展和独特的研究方法的确定，取决于犯罪研究者对某个研究对象的目的。所以，犯罪学的研究就像六个印度盲人摸象一样：'各有所好地去看大象'，以各自的方法摸到大象的不同部位。"[①] 犯罪学理论的多元化，一方面反映了犯罪学研究的繁荣，另一方面反映了犯罪学研究的混乱现象，"各个学科的结论相互不一致，使犯罪学成了真正的匈牙利的'佩内罗普的屋顶'"[②]。但是这种现象也同样体现在诸如社会学、政治学、经济学等其他学科之中。

二、走向科学的犯罪学研究

对照犯罪学研究历史、社会科学的发展和社会科学方法论的演变，我们可以看出：整个犯罪学的研究，包括理论、方法论和学科制度化过程都与社会科学的发展是一致的，从古典学派到实证学派，再到现代学派，社会学科的方法论在犯罪学研究中得到了充分的体现，并发展出了与其方法论相适应的理论和知识体系，而且大多数的犯罪学理论也是整个社会科学对变迁的社会现象规律揭示的一部分。在社会科学的发展过程中，犯罪学研究逐步走向成熟。

（一）犯罪学研究方法的发展过程

19 世纪初期，随着社会科学制度化的开始，在欧洲社会的经验型调查研究兴起。工业化和城市化的发展带动了社会的变化，这些变化带来的冲击和影响，使得一些英国著作家们把注意力首先转向了工业革命带来的社会问题，尤其是犯罪问题。[③]于是统计学、制图学派、马克思主义、心理学派兴起，统计学、社会学、心理学等

① ［美］理查德·昆尼等著，陈兴良等译：《新犯罪学》，中国国际广播出版社 1988 年版，第 80 页。

② ［法］卡斯东·斯特法尼等著，罗结珍译：《法国刑法总论精义》，中国政法大学出版社 1998 年版，第 52 页。

③ ［美］理查德·昆尼等著，陈兴良等译：《新犯罪学》，中国国际广播出版社 1988 年版，第 38 页。

学科的学者开始运用统计的方法分析社会存在的犯罪问题，分析犯罪与其他社会现象的关系，于是开始了犯罪学的经验研究。

在第二次工业革命带来的犯罪浪潮的社会现实下，关注犯罪问题的犯罪学家也改变了古典学派形而上学的犯罪研究，转而用实证主义方法研究社会存在的犯罪现象。正如菲利所评价的：犯罪学首先研究犯罪的自然起源，然后研究它的社会和法律后果，以便通过社会和法律手段，提供能够对犯罪各种原因产生最大效果的各种补救措施。①实证学派的研究主要是对犯罪的病因学分析，这一研究指向为后来的犯罪学研究所诟病，关于犯罪原因研究的去留也成为了现代犯罪学争论的焦点。从实证学派产生的历史背景和方法论的角度，我们不难看出，犯罪原因研究的路径选择是当时实证主义方法论影响的结果，因为寻求社会现象的因果法则是他们时代己任。

19 世纪末、20 世纪初的犯罪学研究具有过渡性，对于整个犯罪学历史具有承上启下的作用，在实证学派思想和方法论的影响下，折中主义和后实证主义沿着龙勃罗梭的足迹继续前行，但是由于研究方法缺乏充足的科学性和理论路径选择的错误，导致研究结果科学性上难以立足，理论的价值也不高，尤其是后实证主义的研究使刑事政策面临着丧失法治的危险。在这种背景下，犯罪学的社会学研究应运而生，其中的典型代表，如以法国社会学家塔尔德、德国犯罪学家李斯特为代表的社会学派，以荷兰犯罪学家威廉姆·邦格为代表的马克思主义犯罪学派，以里昂学派为代表的环境社会学派，等等。

20 世纪 20 年代以后，社会科学的实证主义传统、人文主义传统和批判主义传统一直相互交融地存在着，犯罪学也分别从这三个方法论的视角发展了不同的理论。

（二）犯罪学研究逐步走向科学

犯罪学史的研究者根据犯罪研究方法的不同把犯罪学发展史划

① 吴宗宪著：《西方犯罪学》，法律出版社 1999 年版，第 173 页。

分为不同的阶段。英国犯罪学家曼海姆（Hermann Mannheim）把古典学派的研究也纳入犯罪学的历史，认为犯罪学的研究分为三个时期：前科学时期（the pre－scientific stage）、准科学时期（the semi－scientific stage）和科学时期（the scientific stage）。[①]前科学时期，是指从18世纪到19世纪上半期的古典犯罪学派的研究。这时期的研究具有浓厚的情绪和偏见色彩，研究主要局限于客观主义的法律规定的犯罪行为，研究以逻辑推理的方法展开，既没有假设，也没有验证。但是这时期的研究致力于反对中世纪的酷刑及司法专制，主张彻底改革封建的刑罚制度，推进了刑罚制度人道主义进步和法治国家的开始。准科学时期是指从19世纪中期到20世纪初期的经验研究。这一阶段一方面提出了大量的明确或者含糊的假设，但许多假设过于宽泛和模糊，经不起精确检验；另一方面也缺乏公认的科学检验手段。这时期的研究主要有19世纪初期的统计学派的研究和中后期的实证学派的研究。按今天的标准来看，无论统计学派还是人类学派研究的检验技术、解释和验证方法都是不适当的。这也正是龙勃罗梭的天生犯罪人理论提出后被讥讽嘲笑的理由。但是这时期的研究为犯罪学研究开创了方法论的新指向和新时代。科学时期是指20世纪30年代以来的犯罪学研究。这一阶段，有明确的假设，而且假设需要经过一种或者几种普遍承认的方法来检验，其结果为无偏见的解释和验证。如果有必要的话，应当根据研究结果修改最初假设，形成新的假设，循环进行验证，通过这一研究的科学程序避免出现更大的错误。在科学阶段并不排斥直觉的方法，但是直觉必须经过检验。在科学研究阶段，为了克服以前各学派的缺陷，一般采取包括统计方法、案例研究、类型划分、实验方法、预测方法、行动研究和社会学研究等多种研究方法。[②]曼海姆从科学发

---

① Hermann Mannheim（1965）. Comparative Criminology：A Text Book，2vols.，London：Routledge & Kegan，p. 8.

② 《简明不列颠百科全书》（中文版）第3卷，中国大百科全书出版社1985年版，第12页。

展水平和犯罪学研究方法角度对犯罪历史的划分，得到一些犯罪学研究者的认可，《简明不列颠百科全书》中对“犯罪学”的解释就吸收这一观点。①

第二节　走向独立的犯罪学

一、犯罪学发展成为一门独立的学科

我们所说的学科一般是指一个科学的门类和教学的科目。根据《辞海》的解释，学科包含两层意思：一是指学术的分类，指一定科学领域或一门科学的分支，如自然科学中的物理学、生物学，社会科学中的史学、教育学等；二是指教学的科目，学校教学内容的基本单位。② 另外，还有学者把关于学科的学术组织作为学科的内容，认为学科包括三个方面的内容：一是学问的分支；二是教学的科目；三是学术的组织。③ 在西方的文献中，“学科”（Discipline）一词内涵更广一些，不仅含有科学门类和教学科目的意思，还含有学科规范形成和人才培养过程的意思。西方学者认为，学科包含了学术领域、课程、纪律、严格的训练、规范准则、戒律、约束以至熏陶等多重并相互关联的含义。④ 从西方词源学和各种经典注解来看，“学科”（discipline）一词包含了静态和动态两个层面的含义。从静态上来说，学科是一个研究领域、一门知识和学习的科目；从动态上说，学科是指一门学科规范的形成过程和人才的培养与训

① 《简明不列颠百科全书》（中文版）第3卷，中国大百科全书出版社1985年版，第12页。

② 《辞海》，上海辞书出版社1988年版，第1126页。

③ 转引自庞青山：《学科结构与学科制度研究》，华东师范大学2004年度博士学位论文，第12页。

④ ［美］沙姆韦、梅瑟·达维多：《学科规训制度导论》，载华勒斯坦等著：《学科·知识·权力》，三联书店1999年版，第12页。

练，是指一门学科的建制过程。后一层含义后来被一个新词——“学科规训”（Disciplinarity）[①] 所代替，用来指学科制度（Disciplinary Institution）建设及其过程。这两个层面的含义结合在一起，就表明一个知识体系只有经过规范和建制才能成为一门独立的学科。

通过比较中西方关于“学科”一词的界定可以发现，我们所谓的“学科”仅限于学科作为科学分支和教学科目分类的静态层面的含义，而不包含“规范”、“建制”和“训练”等动态层面的学科制度建设的含义。在我国，学科的这层动态含义一般表述为“学科建设”。学科建设一般是指对学科发展加以规范、重组和创新的过程，是以学科发展变化为基础的社会行动之一，不仅涉及学科本身学术水平的思想建设，还涉及学术组织、教育制度和研究资源的配置等。[②] 针对中国社会科学20世纪80年代学科建设的状况，有学者认为，“学科建设”一词内涵过于空泛，其所蕴含的思想启迪的潜能正慢慢枯竭，而“学科制度建设”一词内容丰富，开始为我国学者所关注，在当代中国人文社会科学学术复兴的语境下，引进“学科制度”理念具有重要的现实意义。[③] 我们认为，当代学科建设理论不仅强调作为一门独立学科所具有的科学分类的意义，而且更强调一门学科所具有的学科制度的含义。学科制度建设是一门学科的价值、信念、规范和知识体系被科学共同体接受的过程，是一门学科纳入已有的科学知识体系的过程，也就是一门学科从无到有、从有到成熟的建设过程。因此，综合而言，从学科发展规律来看，学科具有四个方面的基本含义：（1）学科是一定科学领域或一

---

① 1989年，美国社会科学家沙姆韦（David R. Shumway）和梅瑟·达维多（Ellen Messer · Davidow）创造了一个生词——Disciplinarity，国内学者将其译为“学科规训”，以综合表达学科制度建设等内涵。参见华勒斯坦等著：《学科知识权力》，三联书店1999年版，第12页。

② 李铁君主编：《大学学科建设与发展论纲》，中国社会科学出版社2004年版，第3~4页。

③ 方文：《学科制度：以知识行动者为中心》，载学术批评网，原文载《社会行动者》第9章，中国社会科学出版社2002年版。

门科学的分支，是按照学问的性质而划分的门类；（2）学科是学校考试或教学的科目；（3）学科是相对独立的关于事物规律性认识的真理性的知识体系；（4）学科含有专业规范和人才培养的意思。前两层含义是纵贯学科概念演变历程的最基本的含义，是学科的本体意义。[①] 后两层含义表达了学科制度建设，是学科在建制层面的意义。

根据学科的内涵，犯罪学无疑是一门独立的学科。第一，犯罪学所研究的领域及其运用的研究方法已经得到了普遍的认同，因此而发展成为了社会科学的一个分支领域。19 世纪以来，犯罪学在一定程度上已经确立了关于犯罪现象的知识体系，这个知识体系一方面逐步加深了人类对犯罪现象的认识，另一方面指导着人类与犯罪现象作斗争的实践，并且正逐步在实践中得以完善和成熟。第二，犯罪学已经作为教学的一类科目在大学里得以确立，并逐步发展成为培养法学家、社会工作者、司法工作者、政策决策者等专门人才的一门主要课程。[②] 第三，犯罪学已经用自己的理论和实践证明了犯罪学存在的社会价值。犯罪学不仅提供了认识社会客观存在的犯罪现象的科学方法，改变了人类对待犯罪的态度和手段，而且指导着刑事立法和刑事司法的发展和改革，并为人类提供了在刑罚之外寻求犯罪对策的基本理念，为政府采取预防犯罪和惩罚罪犯的新方法、为个人和社会的保护和刑事司法的现代化提供了理论基础、路径和对策。因此，有犯罪学家指出："面对冰冷的刑法，犯罪学带来了科学的、人道的因素，并成为唯一的可以使人们掌握犯罪事实的学科。"[③] 第四，犯罪学学科规范和专业化已逐步形成，这表现在一方面犯罪学业绩评估标准和规范已经形成，并逐步成为

---

① 李鲁、杨天平：《人文社科研究中"科学"与"学科"之辨析》，载《光明日报》，2006 年 8 月 13 日。

② 靳高风：《论犯罪学的发展与建设——以社会科学发展和西方犯罪学发展为视角》，载《中国人民公安大学学报》2006 年第 1 期。

③ ［法］乔治·比卡著，王立宪、徐德瑛译：《犯罪学的思考与展望》，中国人民公安大学出版社 1992 年版，第 2 页。

学术共同体所遵循的行为准则和新入门者学习、固化及内化的内容；另一方面犯罪学专业已开始职业化进程，不仅培养了大量的专业人才，有大量从事犯罪学工作的群体，而且还成立了各层次的专业学术机构、出版了大量的专业期刊和专业图书。

二、犯罪学是一门跨学科的社会科学

从犯罪学的学科性质来看，犯罪学作为一门学科的独立性是无可否认的，但是犯罪学由于其形成和产生时的依附性和研究视角的多维性，往往把犯罪学作为其他学科的分支学科或者附属学科。针对这种现象，美国犯罪学家戈特弗雷德森（Michael Gottfredson）和赫希（Travis Hirschi）指出：一个接一个的学科都声称是研究犯罪，但是最后的解释几乎都是与犯罪关系不大的东西，看起来并没有从学科的角度来解释犯罪。在大学里，犯罪学一直作为主流学科的亚学科，被视为母学科调查犯罪事实和数据的派生领域。[①]

把犯罪学作为其他学科的分支学科或派生学科首先来自犯罪学诞生之初的依附性。犯罪学形成和产生之初的依附性是众所周知的，最初的犯罪学家大都来自其他学科领域，包括来自社会学、心理学、政治学、经济学，甚至来自自然科学等学科，如被誉为“犯罪学之父”的龙勃罗梭就是一个医学博士和精神病学家。所以今天仍有人认为“犯罪学的历史不过是精神病学中的一章”[②]。学科形成和产生之初的依附性及其后来分裂而独立为一门学科是学科历史发展的一个规律，犯罪学也一样按照这一规律产生的，所以最初的犯罪学被称为“犯罪人类学”、“犯罪社会学”。

把犯罪学归结为分支学科或派生学科的另外一个理由是犯罪学研究的多视角性和跨学科性。德国犯罪学家明确指出，犯罪学是一

---

① Michael Gottfredson & Travis Hirschi, A General Theory of Crime, Stanford: Stanford University Press, 199, p. xxxii.

② ［法］卡斯东·斯特法尼等著，罗结珍译：《法国刑法总论精义》，中国政法大学出版社1998年版，第52页。

门跨学科的科学，“犯罪学的教学与研究有各种科学领域的代表，如法医、精神病医生、心理学家、社会学家和法学家所从事。这是好事而且应当这样”。① 犯罪学的研究历史表明，犯罪学研究是一门多学科、多视角的研究，除了主流的社会学的解释外，生物学家和医生也做出了很大的贡献，他们揭示了特殊的生理特点对违法行为的影响。心理学家和精神病专家把研究重心集中在反社会行为的心理形成过程方面。历史学家则把犯罪放在人类社会进程中进行研究，通过法律史和犯罪概念演化的研究，揭示犯罪的规律。而法学家和政治学家则从社会环境和社会冲突的视角研究犯罪化过程和犯罪的社会因素。这种多学科的研究丰富了犯罪学的内容，为犯罪学带来了生机，但是也给犯罪学带来了一些困惑和麻烦。这些困惑和麻烦的一方面主要表现为那些相关的较大的且比较成熟的相关学科的研究者如社会学、心理学、法学，甚至一些犯罪学家，从犯罪学研究的视角和理论倾向的角度否认犯罪学的独立性，而倾向于把犯罪学作为那些学科的分支学科或者附属学科。另一方面，跨学科概念的模糊性给犯罪学的学科性质的界定带来一定的难度。美国犯罪学家指出，用“跨学科”来界定犯罪学也未必确定，犯罪学研究表明，跨学科的选择无论理论上还是实践上仍是一个模糊不清的路径。②

犯罪学研究对象的独特性和不可替代性决定了犯罪学作为一门学科的独立性，而犯罪学对犯罪现象这一社会现象规律的揭示决定着犯罪学是一门社会科学。从犯罪学研究方法和内容来看，犯罪学不仅是一门社会科学，而且是一门跨学科的社会科学，这既是社会科学发展的结果，也是由犯罪学研究对象的特殊性所决定的。

---

① ［德］汉斯·约阿希姆·施奈德著：《犯罪学》，中国人民公安大学出版社 1990 年版，第 165～166 页。

② Michael Gottfredson & Travis Hirschi, *A General Theory of Crime*, Stanford: Stanford University Press, 199, p. xxxii.

（一）犯罪学是一门独立的社会科学

根据不同的研究领域将知识分成自然的、社会的和人类思维的三大类别，与此对应的研究领域分别是自然科学、社会科学和人文科学。社会科学是以社会现象为研究对象的科学，其任务是研究与阐述各种社会现象及其发展规律。从学科史和方法论史来看，“社会科学”是一个出现相对较晚的概念，是科学发展分化的结果。在社会科学领域，历史学、经济学、社会学、政治学和人类学是最早独立的学科。截至 1945 年，社会科学的各学科基本上都已经在世界上的绝大多数主要大学里制度化了，取得了独立的地位。①

犯罪学诞生于 19 世纪中后期，犯罪学对犯罪现象的认识视角是 19 世纪初期社会科学产生和发展的结果，也是社会分工细化的必然趋势。在犯罪学产生之初，犯罪学的建设者们就是比照其他学科的建设模式试图把犯罪学建设为与其他社会科学一样的一门独立的学科。

科学学认为，社会科学是关于社会中的人的科学，即是关于人类集合的群众的行动以及组成社会生活的各种现象的科学。一切社会现象都是由外在的环境作用于人类而产生的人的现象，因此社会现象具有规律性。社会科学不追究在某一社会状态中什么是某一原因的结果，而是追究产生社会状态的一般原因以及什么是标志社会状态特征的现象，基本问题是找出规律。② 犯罪行为作为一种社会现象，一样是由外在环境作用于人的现象，是具有一定规律性的社会行为。因此，犯罪学的首要任务无疑是找出犯罪规律，这一规律一方面包括标志犯罪特征的现象，另一方面包括产生这种犯罪现象的一般性的原因现象，这种对犯罪现象规律的认识是犯罪学研究的基本内容。

---

① ［美］华勒斯坦等著：《开放的社会科学》，三联书店 1997 年版，第 34 页。

② ［美］梯利著，伍德增补：《西方哲学史》，商务印书馆 2004 年版，第 539 ~ 540 页。

在对犯罪现象规律认识的过程中，涉及怎样去认识、认识到何种程度的问题，这也就涉及犯罪学的研究方法问题。科学学认为，社会科学首先是演绎科学，演绎的方法是把每一种结果看作是（它实在的情况）许多原因集聚的结果，这些原因有时通过同一的、有时通过不同心理活动或人类的特征而起作用。但是由于资料不可胜数而且不断变化，原因又如此之多以致我们有限的能力难以考虑，因此预断是不可能的，因为社会现象在某一社会某一瞬间按许多不同的方向而发生作用，会发生许多变化。但是研究方法是可以补救的，补救的方法在于证实：即把我们的结论同具体的现象本身相比较，或者在可以提到经验规律的情况下，同经验规律相比较。① 无疑，认识犯罪现象规律的方法是演绎和实证方法的结合。正如爱因斯坦所说的："任何一种经验方法都具有其思辨概念和思辨体系；而且任何一种思辨思维，它的概念经过比较仔细的考察后，都会显露出它们所由产生的经验材料。把经验的态度同演绎的态度截然对立起来，那是错误的。"②

犯罪学早期的研究通过研究社会事实存在的犯罪人及其生活的环境，通过犯罪人和犯罪特征的认识来寻求犯罪产生的根源，即通过实验方法揭示犯罪现象和犯罪原因两个方面的规律，在此基础上提出刑罚和社会的对策，而更注重社会对策的发展。犯罪学是一门通过经验研究来把握作为社会现象的犯罪现象事实性规律的科学。因此，从犯罪学的形成、产生和发展历程来看，我们认为犯罪学像政治学、经济学、历史学、社会学、心理学、法学③等其他社会科

---

① ［美］梯利著，伍德增补：《西方哲学史》，商务印书馆 2004 年版，第 539 ~ 540 页。

② ［美］爱因斯坦著：《爱因斯坦文集》（第 1 卷）（中译本），商务印书馆 1976 版，第 352、585 页。

③ 历史学、经济学、社会学、政治学是传统的社会科学的主要组成部分，地理学、心理学、法学一直未能成为社会科学的主要组成部分，而法学由于其过于规范化，缺乏经验研究的根基而为社会科学家所质疑。参见华勒斯坦等著：《开放的社会科学》，三联书店 1997 年版，第 1 ~ 30 页。

学一样研究社会现象发展变化的规律，也就是说，犯罪学是研究犯罪这一社会现象发生发展变化规律的科学，是一门独立的社会科学。这不仅是社会科学发展、学科分化的必然结果，也是犯罪学研究对象的独特性和不可替代性的要求。

（二）犯罪学是一门跨学科的社会科学

犯罪学是一门跨学科研究的社会科学，这既是社会科学发展的结果，也是由犯罪学研究对象的特殊性所决定的。犯罪学的这种学科特点首先是由犯罪学的研究对象——犯罪现象所决定。犯罪一方面是人类行为，另一方面是社会现象，作为人的现象所有行为科学都要研究它，作为社会现象所有社会科学都不可避免地涉及它。反之，单一学科的研究也不能完成犯罪学认识犯罪和减少犯罪的使命。其次，犯罪学学科的这种性质是社会科学和社会科学方法论发展的结果。社会科学的目的在于能以某种方式获得经验验证的事实而发展出一种系统的、世俗的知识。[①] 因此，如何更正确地认识社会现象和发展系统的知识体系是社会科学发展的目标。20 世纪中期以来，社会科学研究朝着整体化、综合化的方向发展，这一趋势是与当代社会的复杂性密切相关的，认识和解决当代复杂的社会问题、社会矛盾和社会冲突，单靠某一学科或某一个方面的知识是远远不够的，需要多学科的协同努力。[②] 这种整体化和综合化的趋势使各学科结成了一个完整统一的科学知识体系，用一种或几种学科的方法研究特定的对象，即出现了“跨学科”研究现象，跨学科研究日益成为学术创新的主要方向和趋势。因为跨学科融合了不同学科的研究范式，推动了对以往被专门学科忽视领域的研究，打破了专业化的垄断现象，增强了学科间的交流，跨学科研究创造了以解决问题为中心的研究模式，对解决重大的、复杂的社会问题具有重

① 华勒斯坦等著：《开放的社会科学》，三联书店 1997 年版，第 3 页。

② 黄长著、黄育馥主编：《整合与拓展——社会科学篇》，社会科学文献出版社 2005 年版，第 2 页。

大作用。①

犯罪学诞生之初就是一个跨学科研究的结果，也就是这种跨学科研究导致犯罪学学科性质和地位的复杂和争论的不止。犯罪学产生之后，犯罪学运用和联合所有包括生理学、心理学、社会学、教育学、法学、政治学、历史学等自然科学和社会科学各学科的理论和方法来研究犯罪现象，发展科学的与犯罪作斗争的对策，逐步完成了其作为一门跨学科的学科制度化过程。

在犯罪学形成和产生时期，犯罪学研究者从自己学科角度、运用自己学科的方法来专门地研究犯罪现象。龙勃罗梭从人类学、精神病学的角度研究犯罪人，提出了全新的人类学犯罪观念——天生犯罪人论，开创了犯罪人类学。龙勃罗梭的犯罪人类学研究的科学性和准确性受到了其他学者的质疑，天生犯罪人理论受到了社会的批判，以至于被讥讽为其所确定的犯罪人类型与他周围的朋友很相像。② 到了20世纪，犯罪人类学学者沿着龙勃罗梭的足迹继续进行犯罪生物学的研究。英国犯罪学家格林（C. Goring）通过对犯罪群体的测量得出了其自认为具有普遍意义的结论：那些具有犯罪特性的偏常者是劣等体型和低下智力的必然伴生物，通过这两个特征我们可以辨别出各种人的差异，并可以确定谁将会被投入大牢。这一结论受到了其他学者的批判，认为通过一个人的身体构造来识别一个人是否为犯罪人显然是荒唐的，我们只能说一个在生理和心理上有缺陷的人有可能较正常人更易变成罪犯，但我们绝没有理由相信他一定会成为犯罪分子。③ 因此，单一学科的研究很难得出正确的结论，这是由社会现象的复杂性所决定。犯罪人类学的研究必须与其他学科相结合才能够真正发现犯罪的原因，菲利明确提出要运用人类学、心理学和刑事精神病理学、犯罪统计学、典型研究

---

① 《中国大百科全书（哲学Ⅰ）》，中国大百科全书出版社1987年版，第408页。

② 龙勃罗梭著：《犯罪人论》，法律出版社2001年版，第8页。

③ ［美］弗朗兹博厄斯著：《人类学与现代生活》，华夏出版社1999年版，第77页。

和比较人种学等多学科来研究犯罪现象，以发展系统的社会防卫手段。①

到了20世纪，随着社会科学的发展，犯罪学的跨学科研究也得到了充分的发展。这种发展表现为：一方面越来越多的学科开始主动侵入犯罪研究的领域，如社会学、心理学、经济学、政治学等学科，他们的研究成果扩大了犯罪学的研究视野，丰富了犯罪学的理论；另一方面，犯罪学家们开始自觉地利用各学科发展的关于犯罪的知识，对犯罪学理论进行整合性研究，试图发展一种综合各学科关于犯罪知识的犯罪学的宏观理论或普适的一般性理论。这两个发展方向的出发点和落脚点有着很大的区别。相对于犯罪学学科而言，前者是从外到内的研究，即其他学科用它们学科的方法、理论和视角分析犯罪问题，这是第二次世界大战之后跨学科研究趋势发展的结果；后者是在犯罪学学科内主动进行的跨学科知识的整合或跨科际的发展，是犯罪学家面对理论多元化而又缺乏普适性的一种自觉的跨学科的整体性研究。但是这两个发展方向仅仅限于研究对象在理论层面上的跨学科研究，在犯罪学家看来，以安塞尔为代表的新社会防卫派倡导另外一种跨科际研究代表着犯罪学的发展方向，即联合包括心理学、生理学、社会学、教育学等所有人文科学对犯罪现象进行多学科的研究，发展与犯罪作斗争的刑事政策。

犯罪学跨学科的性质已经逐步确立，这在主要的犯罪学教科书中得到了充分的体现。美国犯罪学家指出：尽管许多犯罪学家仍受训于社会学专业，但是毋庸置疑的是犯罪学的成果是生物学、心理学、社会学及其他自然科学和社会科学综合研究的结果，因此，犯罪学在本质上是一个跨学科的学科（Interdisciplinary field）。② 在开

---

① See Thorstein seling, *Enrico Ferried. in Pioneers in Criminology*. Herman Mannheim. Montclair N. J.: Patterson Smith, 1970, p. 378.

② See Larry Siege, *Criminology*, 3rd ed., St. Paul: West Publishing Company, p. 6, 1989.

放社会科学的背景下，主动的、积极的犯罪学跨学科研究将进一步得到强化，如制定跨学科的研究计划、采取强制性的跨学科聘用教授制度、采取跨学科联合培养研究生制度、实施跨学科的犯罪预防方案等。联合国在跨学科的研究计划方面已经迈出了一步，整合各学科的专家对犯罪问题进行研究，谋求全球犯罪的控制和预防之策。

三、犯罪学学科地位的确立

一门学科的学科地位有两种表现形式：一种表现形式是该门学科在整个学科结构中的位置，另一种表现形式就是一门学科在高等教育的学科结构中的地位。

（一）犯罪学在科学总体学科结构中的地位

科学总体是由一个个相互独立的学科组成的，这些学科之间由于知识之间天然的联系而相互联系、相互作用，这种既互相独立又相互联系的不同学科就构成了科学总体的学科结构。相互关联的不同学科根据研究范围的大小和抽象程度高低呈层次结构，学科发展史表明，学科不断分化的过程，实际上也就是学科层次不断增加的过程，这种层次性是人类认识不断深化的体现。因此，学科结构中有学科门类、一级学科、二级学科等就是学科层次的体现。一门学科在学科结构中的位置就是一门学科的地位。一门学科的这种地位是由一门学科的性质和学科发展程度所决定的。

犯罪学在诞生初期的学科性质决定了其在整个社会科学的学科结构中的地位。犯罪学是一门独立的社会科学，其学科任务是认识犯罪现象的规律，并为人类社会提供与犯罪作斗争的合理手段。其研究领域是独特的，是研究一类独特的社会现象，所以其学科地位和社会学、经济学、历史学、心理学、文学、法学等学科一样，是直接位于社会科学下的一个学科门类。然而，犯罪学经常被视为一些主流学科的一个分支学科，亦即经常被作为社会学、法学、心理学、人类学等学科的一个门类。这种现象是由学科产生发展过程中

"寄生性规律"所决定的。根据学科发展和分类的规律，一门新学科在生长初期往往是寄生性的，其价值观念需要从其他成熟学科那里获得，然后只有逐步经过学科组织和学科文化的积累才独立为一门学科。[①] 犯罪学也一样，从开始寄生于人类学、社会学、心理学甚至法律学，然后到学科的独立和自由。

实际上，从犯罪学学科的性质来看，无疑犯罪学是一门独立的社会科学，是社会科学下的一个门类，然而，之所以在犯罪学已经证明了其存在价值的今天仍有人主张其从属性，是犯罪学学科发展欠成熟、学科制度化过程没有完全完成的结果。一些学者往往从犯罪学学科知识体系的不完善性和社会价值的不充分性等方面否定犯罪学作为社会科学一门学科的独立性。然而，随着犯罪学的逐步成熟，社会已经逐步认可了犯罪学的实质地位，一些社会科学家已经明确把犯罪学列为社会科学的一个门类。[②] 在美国，犯罪学已经成为一门独立的学科。从2005年起，由《美国新闻和世界报道》出版的《美国最好的研究生院》，开始给犯罪学学科的博士点排名，这是社会上对犯罪学作为一门独立学科最正式的认定。[③] 在2005年最新排名中，博士教育阶段，马里兰大学犯罪学与刑事司法系在各项指标中均独占鳌头，并以非常接近满分的成绩继续领跑犯罪学领域，而纽约州立大学、辛辛那提大学和加州大学的犯罪学分列第二位、第三位、第四位。在2006年，"美国国家研究审议会"已经认定法务学/犯罪学（*Criminology and Criminal Justice*）是一门"正在兴起的学科"。根据"犯罪学和法务学博士项目协会"的数据，美国现在有30个大学有犯罪学和法务学的博士毕业生，其中有24个学校有独立的犯罪学和法务学院系，其他6个

---

① 李铁君主编：《大学学科建设与发展论纲》，中国社会科学出版社2004年版，第14页。

② 邓小昭：《社科情报基础理论问题研究（1979～1999）》，载《情报资料工作》2001年第1期。

③ 曹立群、任昕主编：《犯罪学》，中国人民大学出版社2008年版，第10页。

犯罪学的博士项目在其他学科中，但毕业生拿到的都是犯罪学和法务学的博士学位。另外还有 2 个刚刚开始招生的大学。因此，犯罪学最终被“美国国家研究审议会”确定为独立学科只是一个时间问题。①

（二）犯罪学在高等教育学科结构中的地位

高等教育中的学科分类是建立在第一种学科分类基础之上的。各个国家都根据自己的科学发展情况和高等教育状况确立了自己的高等教育中的学科结构，这一结构是大学学科分类的标准，也是大学中的课程结构、组织结构、人员结构、基础设施结构等存在的前提。从世界范围来看，犯罪学作为一门学科在大学学科结构中的地位还比较低，但是其地位也已经得到了具体的体现，主要体现在犯罪学系和犯罪学专业的设置、犯罪学课程的开设和犯罪学学位的设立等方面。

一门学科的学科地位的两种表现形式是紧密关联的，科学总体中的学科分类和学科结构是高等教育学科设置的基础，高等教育学科结构是科学总体中的学科分类的表现形式。由于犯罪学作为一门社会科学的地位还没有完全受到社会的认可和接受，还没有在社会科学的学科结构中取得其应有的地位，因此，其在高等教育学科结构中的地位也没有完全得到确立。但是在美国却是另外的令人惊喜的状况。目前在美国，犯罪学在各大学已经成为一门独立的学科，美国有 32 所大学设有犯罪学和法务学的博士项目，几百所大学设有硕士项目，上千所大学有学士项目。② 然而，犯罪学要在世界范围内的国家发展成为一门独立的学科还任重而道远。

更值得一提的是犯罪学在中国的发展。2011 年 3 月 8 日国务院学位委员会和教育部批准在法学门类下设立公安学一级学科，其后

① 曹立群、任昕主编：《犯罪学》，中国人民大学出版社 2008 年版，第 10 页。

② 曹立群、任昕主编：《犯罪学》，中国人民大学出版社 2008 年版，第 10 页。

犯罪学作为公安学的二级学科被批准设立。这意味着犯罪学作为一门学科在国家高等教育制度中的确立，推动了犯罪学的学科制度进程。这一方面是犯罪学研究和应用发展的结果，另一方面也因为犯罪学学科与警察职业自身的密切关系，这将进一步推动犯罪学学科制度化的深入发展，有利于犯罪学科的建设和发展。

第三节 犯罪学学科制度化的初步完成

19 世纪中后期，随着犯罪学学科独立性的确立，犯罪学也开始了学科制度化进程，犯罪学理论逐步得到验证和定模，犯罪学作为一门学科开始走进了学科知识创造和传承的场所——大学。20 世纪尤其是从 30 年代开始，犯罪学学科制度化进程得到了充分的发展。

一、犯罪学学科制度化进程的深化

犯罪学在西方社会已发展成为一门比较成熟、比较重要的学科。一方面犯罪学已发展为社会科学的主要学科之一，另一方面在解决日益严重的犯罪问题方面起着不可或缺的作用。在大学里，已经成立了以犯罪学为名或主导的犯罪学系、刑事司法学院或犯罪学研究中心，犯罪学也已经成为法学院、社会学系和社会工作学校学生的主要课程。因此，犯罪学已经基本完成了其学科制度化的过程，而发展成为了一门比较成熟的社会科学。20 世纪 30 年代以来，犯罪学学科制度化进程中的主要的标志性事件①有：

——1933 年，哥伦比亚大学的两位教授杰罗姆·迈克尔（Je-

① 由于 20 世纪以来犯罪学学科得到了充分的发展，学科制度建设的事件比较多，包括重要著述的出版、各种学术会议、学科在高等教育和大学中地位的确立等，在此难以逐一列出，此处仅列举了在学科制度化进程中影响较大的事件。

rome Michael）和莫蒂默·J. 阿德勒（Mortimer J. Adler）出版了他们受委托评估犯罪学研究状况的报告——《犯罪、法律和社会科学》(Crime, Law and Social Science)，该报告对犯罪学理论和知识体系进行了深刻的批判。

——1934 年，意大利临床犯罪学家贝尼尼奥·迪·图利奥成立了“国际犯罪学学会”。1938 年，在罗马召开第一次国际会议，作为一个非政府性组织的“国际犯罪学学会”（International Society for Criminology）正式成立，从此，每五年召开一次国际犯罪学大会，为世界犯罪学研究的信息交流提供平台，截至 2005 年已召开 14 届大会。国际犯罪学学会自 1952 年起定期举行犯罪学国际培训课程，并组织协调国际间的犯罪学研究。①

——1946 年，国际刑警组织重建，并于 1956 年正式称为“国际刑警组织”，收集犯罪信息，并成为国际犯罪信息交流平台；出版有《国际刑警评论》(Review of INTERPOL)。②

——1947 年，意大利犯罪学家成立了“国际社会防卫学会”。

——1948 年，联合国秘书处设立了社会防卫科，负责提出了预防和治理犯罪的刑事政策，并出版宣传联合国刑事政策的“国际刑事政策评论”(International Review of Criminal Policy)。

——联合国在经济及社会理事会下设立附属机构——犯罪预防和刑事司法委员会（The Commission on Crime Prevention and Criminal Justice）及其民间机构——联合国国际药物管制规划署（the Office for Drug Control and Crime Prevention)，这个规划署包括毒品控制委员会（The Commission on Narcotic Drugs）和国际犯罪预防中心(the Centre for International Crime Prevention)，分别负责毒品控制项目和预防犯罪项目。

---

① 国际犯罪学学会网站，http://perso. wanadoo. fr/societe. internationale. de. criminologie/lasociete/sic_ang. htm

② 1914 年，第一个“国际刑警委员会”成立，1923 年由各国政府选派的警察代表组成联合会，一直从事打击国际犯罪活动，1946 年在布鲁塞尔重建。

——1955年联合国召开第一次“联合国预防犯罪和罪犯处遇大会”，自此每5年召开一次，截至2010年已召开过12届，大会分别就囚犯处遇、青少年犯罪、犯罪的社会预防、人权的刑事司法保障、打击和预防犯罪的国际合作、刑事司法标准、打击跨国有组织犯罪、环境的刑法保护、少年司法制度、打击腐败犯罪、打击计算机犯罪、社区犯罪预防及犯罪预防的国际合作等问题作出了决议。

——1969年，国际犯罪学学会在蒙特利尔与法语大学合作建立了跨学科的犯罪学研究机构——“比较犯罪学国际中心”。

——1975年，国际犯罪学学会在热那亚与当地大学成立了“国际临床犯罪学中心”。

——1979年，第三届被害人学国际研讨会在德国明斯特召开，大会决定成立了世界被害人学学会（World Society of Victimology，WSV），世界被害人学会继续召开每三年一次的被害人学国际研讨会，针对被害人学领域不同的热点问题进行了探讨和研究，截至2012年共举行了14届大会。

——2006年，瑞典司法部创设了斯德哥尔摩犯罪学奖（犯罪学诺贝尔奖），以奖励在犯罪学研究领域取得杰出成就或将研究结果应用于减少犯罪和促进人权方面的犯罪学研究者。

二、犯罪学学科制度化初步完成的标志

判断一门学科的学科制度化是否充分，一方面从一门学科知识和理论的定模化程度及其学科社会价值的发挥程度来看，另一方面从学科组织和学科文化的建设情况来判断。学科知识和理论的定模化及其学科社会价值发挥的程度从学科理论的科学性及其社会实践的情况可以判断。学科组织是学科制度化的某些外在的物质性表现，其实现的标志包括：（1）在大学里设立教授职位，以保证学科教学、研究的权威性；（2）在大学里建立以该学科主导的学系并开

设有本科生课程，以保证学科知识的传承；(3) 建立了学位授予制度，尤其是博士学位制度，以保证学科教学和研究的质量；(4) 建立了学科的各种专业学会（先是全国性的，然后是国际性的），以保证学科规范的建立和学术群体知识的消费；(5) 编辑学术期刊，以保证学科知识生产的前沿性和成果的交流；(6) 建立按学科分类的图书收藏制度。① 学科制度化不仅仅体现在这些外在表现上，还要有自己独特的学术传统和自主的研究范式，即学科文化。美国高等教育学和社会学教授伯顿·R. 克拉克（Clark. Burton R.）指出："每一个学科都有一种知识传统——思想范畴——和相应的行为准则……刚刚进入不同学术专业的人，实际是进入了不同的文化宫，在那里，分享有关的理论、方法论、技术和问题的信念。"② 学科自主和学科独立是学科文化中最重要的要素，是一种内在的知识制度，它的确立是学科制度化最终完成的标志。犯罪学作为一门学科也是学科制度化这一规律作用下的结果。

从学科制度化进程的角度来看，犯罪学已经发展得相对成熟，不仅有存在一定内在逻辑关系的、众多的、经过验证的科学理论，而且有大量的专业期刊、大批专业的犯罪学从业者及形成了职业共同体，并且已经在大学里取得了稳定的地位，建立了众多的各种层次的学术研究机构及其学术会议制度，也成立了一些基于犯罪学研究和政策制定的国际性的或国家的智囊决策机构。具体而言，犯罪学作为一门跨学科的学科已经基本完成了其学科制度化建设，其主要标志包括以下五个方面。

（一）犯罪学学科在主要大学里取得了一定的地位

犯罪学进入大学是比较早的，如菲利的《实证派犯罪学》就是

① 李铁君主编：《大学学科建设与发展论纲》，中国社会科学出版社2004年版，第13~14页。

② Clark. Burton R（1993）. *The Problem of Complexity in Modern Higher Education.* The European and Amerlean University Since 1800 [C]. London: Cambridge University Press, pp. 263~279.

在大学演讲的结晶。20世纪二三十年代美国芝加哥大学社会学系以其社会生态学的研究奠定了犯罪学的基础及其在大学里的地位。犯罪学在大学里的确立主要表现在三个方面：一是以犯罪学为名或为主导的院系、研究机构已经在主要综合性大学里建立，保障了犯罪学知识的生产；二是大学里设立了一些教授的职位，保障了犯罪学知识的权威性；三是大学里开设了犯罪学专业及其他与之相关课程，保障了犯罪学知识的传承。

在学科制度化过程中，专业学系一方面是一个学科赖以存在的基础和知识生产基地。美国学者沙姆韦指出，学系是学科的基础，是人力资源和经费流通的场所，是很难被打破的知识生产的地盘，是建构学科研究对象的依托。① 另一方面专业学系是专业化人才培养的场所和依托，是知识传承的保障。在美洲、欧洲及大洋洲的主要大学里，犯罪学已经以成立犯罪学系、犯罪学研究中心或刑事司法学院的形式确立了下来，大学里的这些犯罪学机构一方面培养各层次的专业人才，另一方面从事犯罪学相关课题的研究。根据有关统计，截至1991年，美国有416所大学设立了犯罪学系或刑事司法学院。在人才培养体系中，一般犯罪学系承担两个方面的课程：一是犯罪学专业的课程，二是承担其他院系的相当于我们所说的"理论法学"的法学教育的基础课程。②

具体而言，在大学里以犯罪学为主导的学系表现为四种形式：一是一些综合性大学设立犯罪学系、犯罪学学院及犯罪学研究中心。著名的如印第安纳州立大学犯罪学系（Department of Criminology at Indiana State University）、剑桥大学犯罪学中心（Institute of Criminology at University of Cambridge）、多伦多大学犯罪学中心（The Centre of Criminology, University of Toronto）、墨尔本大学犯罪

① ［美］沙姆韦、梅瑟·达维多：《学科制度化制度导论》，载华勒斯坦等著：《学科知识权力》，三联书店1999年版，第33页。

② 苏力：《美国的法学教育和研究对我们的启发》，载《法治及其本土资源》，中国政法大学出版社1997年版。

学系、开普敦大学犯罪学中心（The Institute of Criminology at the University of Cape Town）及香港大学犯罪学中心等。二是一些大学设立刑事司法学院，或把犯罪学作为刑事司法学院的主要专业或研究方向，或把犯罪学作为整个刑事司法理论体系的理论和方法论基础。三是一些大学把犯罪学作为社会学系的课程或专业。四是还有些大学将犯罪学设立为学院下的学科专业，如在美国的俄克拉荷马大学，犯罪学与社会学、心理学、政治学、历史学等同属于艺术与科学学院的一个专业。此外，有的大学虽没有设置专门的犯罪学机构，但是开设有犯罪学课程。还值得一提的是，在很多国家或地区的警察学院或警察大学、以矫治为主的院校及社会服务的培训机构，犯罪学是必不或缺的课程，而且有的警察大学设立了犯罪学系、犯罪学研究中心或犯罪防治系，如中国台湾地区的中央警察大学。

在大学里设置固定的犯罪学专业的教授席位也是犯罪学在大学里取得一定地位的标志之一。这些教授不仅来自犯罪学的专业领域，而且还有大量的教授来自其他专业领域，这是由犯罪学的跨学科特点所决定的。我国学者指出，对犯罪学感兴趣的社会学家、心理学家、生物学家、统计学家等都可以在大学的犯罪学系、刑事司法学院里找到合适的职位。① 在西方大学里，已经产生了一大批著名的世界级的犯罪学权威，如菲利、萨瑟兰、塞林、昆尼、赫希、布鲁斯维特等，他们的犯罪学研究推动了犯罪学的学科发展。

（二）建立了犯罪学学位制度和课程体系

犯罪学已初步形成完备的学位制度和课程体系。犯罪学系或者犯罪学专业大都可以直接授予相应的犯罪学学位。在美国，宾夕法尼亚大学文理科研究生院、波士顿大学的社会学系和人类学系等院校都可以直接授予犯罪社会学文科硕士学位；在英国，剑桥大学犯

① 吴宗宪著：《西方犯罪学》，法律出版社1999年版，第314页。

罪学中心设有硕士和博士学位，英国莱斯特大学（University of Leicester）犯罪学系可以授予各层次的学位，硕士教育包括犯罪学（MSc/PgD in Criminology）、应用犯罪学［MSc/PgD in Criminology（Applied）］、临床犯罪学［MSc/PgD in Criminology（Clinical）］、警务与社会冲突（MSc/PgD in Policing and Social Conflict）和社会安全与组织风险管理（MSc/PgD in Security and Organisational Risk Management）四个专业；在澳大利亚，墨尔本大学犯罪学系设有本科、双学位、硕士学位及博士学位，并有犯罪学的非学历教育［Graduate Diploma in Arts（Criminology）］，而且本科细分为三个方向：犯罪和暴力预防［Graduate Certificate in Criminology（Crime and Violence Prevention）］、执法研究［Graduate Certificate in Criminology（Enforcement Studies）］和政策研究［Graduate Certificate in Criminology（Policy Studies）］。

犯罪学本科教育课程体系和硕士、博士培养方案已经比较完备。本科课程体系包括基本课程和专题论文，基本课程一般在前两或三年完成。硕士、博士课程分为不同的方向或专题。如英国莱斯特大学犯罪学专业的本科课程体系如表 3.1 所示，前两年完成基本课程，第三学年进行专题论文的写作。在墨尔本大学的犯罪学系里，本科生课程分三学年修完。如表 3.2 所示，前两学年课程侧重于犯罪学和刑事司法的基础课程，第三学年侧重于犯罪和执法的专题研究课程。① 这些课程实际上分为理论课和应用课，专业也有理论和应用之分。这反映了犯罪学学科的课程体系和人才培养制度已逐渐成熟。

① http://www.criminology.unimelb.edu.au/subjects/。

表 3.1 英国莱斯特大学本科生课程

<table>
<tr><th>年级</th><th colspan="2">课 程</th></tr>
<tr><td rowspan="3">一年级</td><td colspan="2">犯罪学理论（ Criminological Theory）</td></tr>
<tr><td colspan="2">刑事司法（ Criminal Justice and Contemporary Issues in Crime and Criminal Justice）</td></tr>
<tr><td colspan="2">转型社会学（Societies in Transformation）及研究方法（Research Methods）</td></tr>
<tr><td rowspan="4">二年级</td><td colspan="2">警务与社会（Policing & Society）</td></tr>
<tr><td colspan="2">犯罪与惩罚（ Crime &Punishment）</td></tr>
<tr><td colspan="2">定量与定性研究方法（Qualitative and Quantitative Research Methods）</td></tr>
<tr><td colspan="2">越轨社会学（The sociology of deviance）</td></tr>
<tr><td rowspan="2">三年级</td><td colspan="2">犯罪减少方略（Crime Reduction）</td></tr>
<tr><td>专题论文（The Dissertation）</td><td>少年犯罪与司法制度、比较犯罪学、心理健康与犯罪（Mental Health & Crime）、群体犯罪、社会控制及足球流氓研究（Crimes of the Powerful, Crime, Technology & Social Control and Football Hooliganism）等</td></tr>
</table>

表 3.2 澳大利亚墨尔本大学犯罪学专业本科生课程

年级	课 程
一年级	警察法院矫正机构与犯罪（Cops, Courts, Corrections and Crime）、
	犯罪与犯罪学理论（Perspectives on Crime and Criminology）
二年级	犯罪与公共政策（Crime and Public Policy）
	研究方法导论（Introduction to Research Methods）
	刑法与犯罪学（Criminal Law and Criminology）
	警务（Policing）
	矫正理论与实践（Correctional Theory and Practice）
	犯罪与偏差行为社会学（Sociology of Crime and Deviance）

（续表）

年级	课　　程
三年级	量刑理论与实践（Sentencing Theory and Practice）
	心理学与刑事司法（Psychology and Criminal Justice）
	青少年犯罪与社会（Youth，Crime and Society）
	公司与白领犯罪（Corporate and White Collar Crime）
	澳大利亚暴力犯罪（Violence in Australia）
	定量研究方法（Qualitative Research Methods）
	当代犯罪预防（Contemporary Crime Prevention）
	女性、性别与犯罪（Women，Gender and Crime）
	民族、种族与犯罪（Crime，Ethnicity and Race）
	犯罪与文化（Crime and Culture）
	被害人学（Victims）
	毒品与司法（Drugs and Justice）
	刑事司法（What Works in Criminal Justice）

（三）成立了各层次的犯罪学学术机构

在西方社会，犯罪学或者以犯罪学研究与应用为中心的研究机构早已成立，并已在犯罪学研究、刑事司法制度、犯罪预防及国际合作等方面起着不可或缺的作用。总的说来，在世界范围内，已经成立和组织了众多的国际性的、区域性的、国家性及地区性的犯罪学研究机构，这些机构有官方的，也有民间的，有以理论研究和交流为主的，也有以提供决策参考为主的。

大致说来，目前犯罪学研究机构可以分为三类：第一类是大学的犯罪学系或者犯罪学中心，他们在从事人才培养的同时也从事犯罪学项目的研究，他们的研究为决策机构提供解决犯罪问题的依据或方案。第二类是智囊团性质的犯罪学机构，这种机构一般由国际性组织、区域性组织及政府部门组织成立，主要参与政府、司法部门关于犯罪问题的决策。国际性的犯罪学智囊团机构如联合国的犯罪学咨询机构——预防犯罪和刑事司法委员会（The Commission on Crime Prevention and Criminal Justice）及其所属的国际犯罪预防中心（the Centre for International Crime Prevention）；区域性犯罪学智囊机构如斯堪地纳维尼亚犯罪学研究委员会（The Scandinavian Research Council for Criminology），该机构 1962 年由丹麦、芬兰、冰岛、瑞典、挪威五国司法部为了更深入地研究各会员国的犯罪问题、为半岛各国政府部门提供关于犯罪问题的建议而联合成立的研究咨询机构；国家的犯罪学智囊机构，如美国总统调查委员、澳大利亚政府犯罪学咨询委员会等。第三类就是专业的犯罪学学会组织。犯罪学学会组织包括国际性的、区域性的、国家性和地区性的。国际性的如国际犯罪学会（International Society of Criminology）；区域性的如欧洲犯罪学会（European Society of Criminology）；国家性的如英国犯罪学会（British Society of Criminology）、美国犯罪学会（ American Society of Criminology）、澳大利亚犯罪学会（Australian Institute of Criminology）等。

这些犯罪学机构已经形成了犯罪学学术会议制度和专业期刊出版制度，定期或不定期组织召开学术会议，进行犯罪学学术交流和研究，或对某个课题进行专门的合作和交流。例如，联合国预防犯罪和刑事司法委员会一方面每五年一届的“联合国预防犯罪和罪犯处遇大会”，为会员国交换犯罪信息、制定和执行刑事政策及犯罪控制和预防措施提供一个交流的平台。每次会议都有各会员国派出一个官方的由犯罪学专家（具体包括人权和罪犯改造专家、犯罪学家、刑罚学家和高级警官，也包括法学家等）组成的代表团参加。犯罪学家参与该组织关于犯罪问题文件的起草。该组织并在世界范围内建立了通讯员网络，由通讯员向该组织通报犯罪学重大发展状况。[①] 另一方面，该机构进行世界范围内的犯罪规模、犯罪形式和发展的调查，进行犯罪的比较研究，从 1970 年至 1980 年先后组织过四次“世界犯罪调查”。[②]

（四）建立了成熟的犯罪学专业期刊出版和图书分类制度

在西方社会，犯罪学研究机构或者政府部门创办了多种多样的专业期刊，图书馆、书店也把犯罪学作为一类图书进行分类。

现在西方已经有许多国际知名的犯罪学学术期刊，有的期刊属于犯罪学研究学会，有的是大学犯罪学（系）研究中心主办的。代表性的如英国犯罪学杂志（British Journal of Criminology）、西方犯罪学评论（The Western Criminology Review）、刑法及犯罪学杂志（Journal of Criminal Law and Criminology）、批判犯罪学杂志（Critical Criminology Journal）、澳大利亚和新西兰犯罪学杂志（The Australian and New Zealand Journal of Criminology）、亚洲犯罪学杂志及美国犯罪学会主办的犯罪学（Criminology）、犯罪学和公共政策（Criminology & Public Policy）、犯罪学家（The Criminologist）等。

在图书馆和文献索引中，犯罪学已经成为一个独立的类别。在图书的出版方面，加罗法洛 1885 年出版的《犯罪学》在犯罪学史上是第一部使用“犯罪学”一词出版的犯罪学专著，但是在加罗法洛之前也出版了一些关于犯罪学研究的著述，自 1846 年以来产生巨大影响的犯罪学专著有近 2000 本。[③] 随着犯罪学的专业化，也出现了专门出版犯罪学图书的出版社。在书店里，犯罪学也被作为一

① ［德］汉斯·约阿希姆·施奈德著，吴鑫涛，马君玉译：《犯罪学》，中国人民公安大学出版社 1990 年版，第 156 页。

② ［德］汉斯·约阿希姆·施奈德，赵宝成译：《比较犯罪学：目的、方法与结论》，载《中国刑事法杂志》2003 年第 4 期。

③ 美国北卡罗兰大学查佩尔希尔分校司法研究系（Justice Studies Department of North Carolina Wesleyan College）汤姆·奥康奈博士（Dr. Tom O'Connor）列举了 1846～2006 年出版的西方犯罪学名著近 2000 本。参见：*HISTORY OF CRIMINOLOGY: THE PIONEERS*，http://faculty. ncwc. edu/toconnor/301/crimhist. htm。

类列在书架之上。① 另外，也出现了专业的犯罪学图书馆（Criminology Library）。

（五）形成了稳定的学术共同体

学科实际上是知识生产和组织的一个路径，学科的研究者就是知识的生产者和专业人才的培养者。正如华勒斯坦指出的：学科制度就是知识的学科化和专业化，是一种以生产新知识、培养知识创造者为宗旨的永久性制度。不同学科的创立把研究者合理地分成了一些不同的知识群，系统化研究便要求研究者掌握专门的技能，并借助于这些技能去集中应对多种多样、各自独立的现实领域。② 犯罪学的独立使知识生产专业化，把地域上各自分散的学者联结了起来，从而形成了以犯罪学研究为业的学术共同体。在西方，由于犯罪学的发达，这个学科聚集了一大批研究者，这些研究者都接受过专门的行为科学的训练和培养。这些专门接受训练的学科专家社群生产出了科学的犯罪学理论和系统的知识体系，是一门学科走向独立和成熟的保障。

第四节　作为一门成熟学科的犯罪学

一、犯罪学具有明确的研究对象

与其他学科一样，犯罪学具体研究什么，不同的研究者给出的答案各异。韦伯词典把犯罪学界定为“研究犯罪这一社会现象及犯罪人和刑罚的学科”③。大部分犯罪学家一般通过列举研究内容的方式来确定研究对象并对犯罪学进行界定。

---

① 在美国最大的网上商城亚马逊（http://www.Amazon.com）上，关于犯罪学图书的分类是 Books > Subjects > Nonfiction > Crime & Criminals > Criminology。参见：http://www.amazon.com/exec/obidos/tg/browse/-/11005/103-9350409-2455024。

② ［美］华勒斯坦等著：《开放的社会科学》，三联书店 1997 年版，第 8～9 页。

③ Merriatm, Webster's Collegiate Dictionary, 10th. Ed., 1993, p. 274.

美国著名犯罪学家索尔斯坦·塞林（Thorsten Sellin）反对以列举研究内容的方式来界定犯罪学，认为这样界定犯罪学是不科学的，内容比较繁杂，等于把一大堆科学材料堆放在一起："按照这一通行的犯罪学概念，所有关于犯罪及其抑制和预防的知识都被当作'犯罪学的'内容，其结果是使犯罪学教科书变成了科学、法律、社会伦理和公共行政管理等事实材料的大杂烩……这种'犯罪学'内容多种多样的局面不可避免地导致犯罪学研究进一步细化分支领域，并努力给每一分支领域寻求一个合适的名字。"① 塞林认为那些关于犯罪学的界定混淆了科学和技术的概念，把本应当属于运用犯罪学知识的技术也作为犯罪学的研究内容。塞林指出：这些犯罪学的概念混淆了科学和技术的概念，在新闻报道中，指纹专家；热心的警察局局长、有见地的少年法庭法官或缓刑官，甚至报道这些人士的记者都有可能和从事犯罪研究的学者、科学家一样，被称为"犯罪学家"，一个新任命的监狱长很可能和研究刑罚执行的科研人员一样被称为"刑罚学家"。社会既需要旨在发现某些特定事实间稳定联系的科学家，也需要将知识运用于社会的技术人员。在犯罪问题上，我们既需要关于犯罪行为形成过程和法律制定、实施、执行的过程等方面的科学知识，也需要运用科学或其他知识发展关于犯罪处遇和犯罪预防的技术。科学和技术关系密切并相互促进，但是也有着根本的区别。因此，"'犯罪学'一词应当用来仅指一个科学知识体系及对这些科学知识的严谨的研究"。至于那些犯罪处遇和犯罪预防的技术性运用不是犯罪学研究的范畴。所以在塞林看来，犯罪学是一种关于犯罪形成过程（原因）、犯罪行为及法律过程一般原理的科学的知识体系，这个知识体系探求犯

---

① 塞林在《文化冲突与犯罪》中，用人体病理学教科书打比方说，按照犯罪学的这种界定，一本人体病理学教科书不仅要对人体病理结构和过程进行描述，而且还要对死亡率和发病率的统计资料、卫生健康法律、医法学、医院的结构和管理、医生的培训和疾病预防等进行分析，另外还要对上述各项的历史发展进行描述。See Thorsten Sellin, *Culture and Conflict and Crime*, Social Science Research Council, 1938, pp. 1 ~ 2.

罪行为发生前的诸因素或条件与犯罪行为之间稳定不变的联系，研究普遍存在的、违反社会集团规范包括刑法规范规定的但又不仅限于这些规定的所有反常行为（Abnormal Conduct），研究这些行为成为反常行为的过程和被界定为刑法规范意义上犯罪的过程。①

德国犯罪学家施耐德（Han Joachim Schneider）认为，犯罪学是人道和社会科学，它对个人和社会的犯罪化和非犯罪化过程做经验研究，并且把获得的知识介绍给立法者和执法者。犯罪学的研究对象包括以下各种过程：刑法立法、社会越轨行为的产生和消失、犯罪现象和犯罪行为的形成以及与犯罪的斗争、犯罪人个性与犯罪生涯、被害人个性与被害人生涯、对犯罪行为的正式反应（如通过刑事护法实践）、非正式社会监督（如通过家庭、学校）、习惯性越轨行为和习惯性犯罪行为。这些过程相互影响并且作为个人和社会的犯罪化和非犯罪化过程形成了一定的相互作用的顺序。②

我国犯罪学学者王牧教授则强调从犯罪学的学科任务的角度界定犯罪学，认为犯罪学是为了预防和减少犯罪现象的发生，以实证和思辨的方法研究作为社会现象的犯罪现象的产生、存在和发展变化规律的社会科学。③

从犯罪学家对犯罪学的界定来看，犯罪学是关于犯罪现象的知识体系，是一门寻求犯罪现象的规律性、因果关系及社会对其反应方式的社会科学。犯罪学不仅要科学地认识犯罪现象是什么，具有什么样的规律性，还要在自己的认识和价值判断的基础上决定对犯罪现象应当做什么和应该怎么做，进而付诸实践，在实践中实现学科的价值，并随着实践的不断丰富而完善其科学的理论和知识体系。

---

① See Thorsten Sellin, *Culture and Conflict and Crime*, Social Science Research Council, 1938, p. 2.

② ［德］汉斯·约阿希姆·施奈德著：《犯罪学》，中国人民公安大学出版社 1990 年版，第 96 ~ 97 页。

③ 王牧主编：《新犯罪学》，高等教育出版社 2005 年版，第 6 页。

首先，犯罪学是一个关于犯罪现象规律的知识体系。科学的知识是以理论的形态呈现出来的，它包括建立在观察基础上的描述性理论、建立在实验基础上的归纳性理论和建立在理性基础上的原理性理论。科学知识有组织、有条理地构成了一定的知识体系。[①] 沃尔德指出，犯罪学理论是科学的，是关于各种可观察现象之间的关系的论断，是得到了调查研究方法的根本性的验证的。[②] 因此，犯罪学的科学理论是运用实证研究方法把犯罪作为社会现象来系统、科学研究的结果，而犯罪学的知识体系是由一系列的这些科学犯罪理论逻辑构成的一个整体。所以，我们首先明确的是，犯罪学是关于犯罪学现象的知识体系。

其次，犯罪学是研究犯罪现象这一社会现象的学科。犯罪学家普遍认为，犯罪学是一门研究犯罪行为及其形成原因、犯罪现象及其形成原因、刑事立法过程和对犯罪的反应或犯罪对策的学科，其主要的任务是揭示犯罪现象的规律，为减少社会上的犯罪提供理论指导。犯罪学把犯罪现象作为一种社会现象来研究，在学科性质上犯罪学应当是一门揭示社会规律的社会科学。

最后，犯罪学所研究的“犯罪”不同于刑法学上的“犯罪”。社会科学家研究的主要是社会模式而不是个体行为，社会科学理论处理的是集体的而非个体的行为，目的在于解释为什么即使个体随着时间改变、集体行为的模式却会如此有规律，甚至可以说社会科学家不寻求对个体的解释，他们试图了解人类运作的体系，即人类行为原因的解释系统。系统的元素是变量而不是个体。[③] 社会科学家研究人类行为与生物学家、心理学家不同，生物学家和心理学家感兴趣的是挖掘人的生理特征和心理状况，而社会科学家则把焦点

① 李醒民：《科学精神的价值》，《科技导报》1996 年第 4 期。

② ［美］乔治·沃尔德等著，方鹏译：《理论犯罪学》（第 5 版），中国政法大学出版社 2005 年版，第 37 页。

③ ［美］艾尔·巴比著，邱泽旗译：《社会研究方法》（第 10 版），华夏出版社 2006 年版，第 15 ~ 16 页。

放在人与人之间的关系上，是一种试图通过理解个体及其相互之间的互动来理解社会生活的社会微观研究。① 犯罪学所研究的犯罪现象在本质上是一种社会现象，终极目的在于寻求社会生活中的集体犯罪行为的规律性，发展犯罪现象的原因解释系统。个体犯罪作为集体犯罪的变量而存在，犯罪学研究个体犯罪行为更多的是在社会关系中把握。这种把犯罪作为一种社会现象的研究，一方面关注的是作为社会的集体犯罪行为，另一方面关注的是作为社会现象的个体犯罪行为。这种研究区别于对犯罪行为的生物学和心理学研究，而是把犯罪放到社会背景下研究犯罪与社会的关系。

二、犯罪学具有确定的基本范畴

虽然有学者认为与一些传统成熟的学科相比，犯罪学在这方面的差距还很大，真正属于犯罪学学科自己的概念和范畴还相当不够，犯罪学不仅缺少普通的概念范畴，而且缺乏基本的概念和范畴。② 但是不可否认的是，犯罪学基本犯罪范畴相对已比较确定，这是犯罪学自产生以来逐步发展成熟的结果和标志。有学者指出，犯罪学产生时基本范畴已比较确定，以龙勃罗梭、费力等为代表的实证学派遵循医学模式提出了犯罪学的三个最重要的概念：犯罪人、犯罪原因、罪犯矫正。③ 我们认为犯罪学诞生之初确立的基本范畴不限于这三个，应包括犯罪现象（犯罪行为、犯罪人、犯罪类型）、犯罪原因（生物原因、心理原因和社会原因及其关系）、犯罪对策（刑罚、社会政策）和实证方法（测量、观察、统计、分析、比较、归纳等）。王牧教授对犯罪原因论的基本范畴进行了分析，认为“犯罪原因”作为犯罪学中的重要问题和基本范畴由

---

① ［美］艾尔·巴比著，邱泽旗译：《社会研究方法》（第10版），华夏出版社2006年版，第35页。

② 王牧：《学科建设与犯罪学的完善》，载《法学研究》1998年第5期。

③ 张莉鑫：《论恩里科·菲利的犯罪学思想》，载陈兴良主编《刑事法评论》（第16卷），中国政法大学出版社2005年版，第660页。

“犯罪”和“原因”两部分构成。在“犯罪”方面的基本范畴包括违法与犯罪、法律上的犯罪与社会学的犯罪、个体犯罪现象与群体犯罪现象；在“原因”方面的基本范畴根据系统结构原因论包括犯罪根源、犯罪基本原因、犯罪直接原因和条件、犯罪诱因、犯罪人的犯罪个性。① 我国犯罪学学者白建军教授从事物相互联系的规律的角度认为，犯罪学研究四对基本关系：犯罪与秩序、犯罪与被害、犯罪与惩罚权、犯罪与环境。在犯罪与秩序的关系中，“犯罪特性（犯罪性）”是其核心范畴。在犯罪与被害的关系中，“犯罪形态”是其核心范畴。在犯罪与惩罚权的关系中，“犯罪的定义”是其核心范畴。在犯罪与环境的关系中，“犯罪规律”（犯罪原因和犯罪概率）是其核心范畴。② 张旭教授认为，犯罪、被害、犯罪原因和犯罪预防是犯罪学的中心范畴。③ 李伟教授以《犯罪学的基本范畴》为名出版了其著述，把犯罪学的基本范畴分为三个方向，即犯罪人、被害人和犯罪条件。④ 我们认为，根据犯罪学的历史发展、研究内容和研究理论的成熟程度，犯罪学的基本范畴包括犯罪行为、群体犯罪、犯罪原因和犯罪对策，这些基本范畴又分别由相互关联的一定的次级基本范畴组成。

（一）犯罪行为

犯罪行为是犯罪学的核心范畴。犯罪学诞生以来，寻找一个确切的、一般意义上的犯罪行为的概念一直是犯罪学家寻求的一个目标，但他们却总是无功而返。王牧教授指出，犯罪学因没有准确找到自己的犯罪概念而影响了学科的成熟。⑤ 虽然有学者认为犯罪学没必要、也不能找出一个自己的犯罪概念，只能采取刑法所确定的犯罪概念，从不同视角研究犯罪。如迈克尔和阿德勒曾断言：“最

① 王牧主编：《新犯罪学》，高等教育出版社 2005 年版，第 161 ~ 169 页。
② 白建军著：《关系犯罪学》，中国人民大学出版社 2005 年版，第 140 ~ 141 页。
③ 张旭著：《犯罪学要论》，法律出版社 2003 年版。
④ 李伟著：《犯罪学的基本范畴》，北京大学 2005 年版，第 2 ~ 15 页。
⑤ 王牧：《学科建设与犯罪学的完善》，载《法学研究》1998 年第 5 期。

精确、最明确的犯罪定义是把犯罪定为刑法典所禁止的行为，这是唯一可以接受的犯罪定义。”① 我国学者白建军教授也认为，科学面前，只有一个犯罪。犯罪学没有必要另立犯罪概念，刑事科学中各相邻学科所研究的，是同一个犯罪。② 但是，普遍的观点认为，犯罪学不同于刑法学，犯罪学研究的犯罪和刑法学所说的犯罪不是一回事，犯罪学有着自己的研究对象——“犯罪”。同时，犯罪学作为一门学科也需要有自己的关于犯罪的界定。德国犯罪学家指出：仅仅断言不会有一种具有普遍约束力的、到处适用的、内容一致的犯罪概念是不够的，犯罪学本身必须对怎样理解犯罪提出一条准则。只有这样，犯罪学家才有可能求得一种最低标准，以便在必须估计哪里可能出现问题方面达成一致意见。否则，他们就缺少一种坐标系和指南针，从而不能在疑团莫释的汪洋大海中游向彼岸。③ 我们认为，后一种观点是客观的和科学的，每一门学科都有着自己的研究对象，否则就不成为一门学科，每一门学科都有自己的社会价值，否则就没有存在的必要。

1. 犯罪行为的外延和内涵。一百多年来，犯罪学研究的犯罪行为的概念相对已比较明确。一般认为，犯罪学与刑事科学所谓的“犯罪”是不同的，这种不同主要表现在以下三个方面。

（1）在外延上，犯罪学中的犯罪行为的范围大于法律意义上的犯罪行为。德国犯罪学家孔塞·凯塞尔认为：“犯罪学问题的范围比正式的刑法的犯罪行为概念更广泛：它包括预备犯罪的状况和有偏差的行为。”④ 我国学者一般比较倾向于这一观点。康树华教授指出，犯罪学上的犯罪概念，是在刑法学上的犯罪概念基础上发展

---

① ［美］理查德·昆尼等著，陈兴良等译：《新犯罪学》，中国国际广播出版社1988年版，第3页。

② 白建军著：《关系犯罪学》，中国人民大学出版社2005年版，第8页。

③ ［德］汉斯·约阿希姆·施奈德著，吴鑫涛，马君玉译：《犯罪学》，中国人民公安大学出版社1990年版，第73～74页。

④ ［德］孔塞·凯塞尔：《犯罪学》，西北政法大学科研处印，第76页。

起来的，是以刑法为依据，但它又不局限于刑法的规定，它还包括其他法律文件所规定的违法行为，以及有可能发展为违法犯罪的不良行为。[①] 储槐植教授指出，刑法学和犯罪学都研究犯罪，但它们的视角和重心不同。犯罪学是把犯罪作为一种社会现象看待，探讨其发生原因和防治对策。刑法学的主要任务是确定犯罪的法律特征即法律上的构成要件。刑事违法性，是刑法学犯罪论的灵魂，但对于犯罪学并不重要。这一区别在逻辑上得出的结论是：犯罪学的犯罪概念在时间和空间上大于刑法学的犯罪概念。[②] 所以在犯罪学研究中除了把法律规定的犯罪行为纳入研究视野外，一般也把社会越轨行为、不满法定最低刑事责任年龄的少年实施的严重危害社会的行为、精神病人实施的严重危害社会的行为、违反治安管理处罚法的行为，以及因具有严重的社会危害性而应当法定为犯罪但尚未被法定为犯罪的待犯罪化的行为等。

从这一角度说，犯罪学的犯罪概念的外延是动态的和开放的。一方面犯罪是一个动态的变化着的社会现象，它随着社会现象的不断变化而变化，所以犯罪的概念是动态的，立法与社会对犯罪的反应也随着犯罪的动态发展而变化。所以一方面犯罪学家不可能给出一个明确的、科学地概括所有犯罪本质的犯罪概念，犯罪学意义上的犯罪行为外延是不确定的、模糊的，是一个开放的空间。另一方面，从犯罪学的任务来说，犯罪学家侧重的是对现实生活中发生的犯罪原因及所应采取的防范对策的研究，从这个目的出发，只需要看到犯罪的大致形态即可，并无必要对犯罪行为作出精确的界定。[③] 从行为的事实性上来说，无论是法律规定的违法犯罪行为，还是社会存在的越轨行为，两者在产生机制（原因）上并无太大的差异，并且都是社会力求控制和防范的行为，共同目的在于恢复损害的社

① 康树华主编：《犯罪学通论》，北京大学出版社 1992 年版，第 92 页。

② 储槐植著：《刑事一体化与关系刑法论》，北京大学出版社 1997 年 1 月版，第 18 页。

③ 冯亚东著：《理性主义与刑法模式》，中国政法大学出版社 1999 年版，第 2 页。

会秩序或集体感情。因此，从外延上说，犯罪学中的犯罪行为具体包括两个方面：一是法律规定的犯罪行为，对这一部分犯罪行为，犯罪学家的任务是：①对这些犯罪行为的形成过程和深层次的成因进行揭示；②根据社会需要对某些犯罪行为进行非犯罪化。二是社会越轨行为[①]或者具有危险的行为，对这一部分犯罪学的任务除了研究其形成过程以期加以控制和预防外，还要通过犯罪化（通过刑事立法）从这些行为中产生法律意义上的犯罪行为。正是在此意义上说，犯罪学更着重研究社会前提条件，刑法的立法过程以及刑法的作用。[②] 这也就是说，一种犯罪现象在社会上的出现，总是首先进入犯罪学家的视野，只有经过犯罪学的研究，这种犯罪现象才能在刑事立法过程中得以确认，成为法定的犯罪。因此，犯罪学的研究立足于刑法规范而又不拘泥于刑法规范，必然超越刑法规范。犯罪学的研究具有先前性和前瞻性，脱离刑法学，犯罪学家虽然不能界定一个犯罪学意义上的“犯罪的概念”，但能够对行为的犯罪化和非犯罪化加以定量和定性，能够对刑法规范规定的犯罪行为和处于其边缘的越轨行为或者危险行为加以深层次的解释和采取必要的社会防卫措施，也只有这样，犯罪学研究才能为刑事立法和刑事司法提供依据。斯特法尼指出：犯罪学的影响首先表现为对立法者的影响。犯罪学对犯罪的原因以及对社会孕育犯罪的过程所作的阐述，对立法者进行各种改革起着指导作用。什么样的行为是犯罪行为，其范围也将因此而发生变化。今后，某些行为将被看作是“具有危险”的行为，是通往犯罪道路的一个通常的阶段。立法者将把

---

① 越轨行为（Deviance；Deviant Behavior）是指偏离社会规范的行为。美国社会学家G. D. 道格拉斯和F. C. 瓦克斯勒的《越轨社会学概论》（1982年）一书，对越轨行为进行了从广义到狭义的10个层次的论述，对各种形式的越轨，如性行为、麻醉药品、暴力、业余不诚实、犯罪亚文化、白领职员与政府官员的越轨行为、认识越轨等方面越轨行为的研究进行了介绍。参见［美］G. D. 道格拉斯和F. C. 瓦克斯勒：《越轨社会学概论》，1987年版。

② ［德］汉斯·约阿希姆·施奈德著：《犯罪学》，中国人民公安大学出版社1990年版，第870页。

这种行为规定为犯罪行为，以便从这一时刻起即采取必要的措施。立法者将要进行干预，一边惩处那些严重的反社会行为的一般先兆，从而减少实行犯罪的手段（在法律上对可能获得犯罪手段的各种条件作出规定）；“危险状态”将被上升为犯罪，并对此作出规定（这样一来，依据新的规则，便可以对那些吸毒者以及对他人具有危险的酗酒者，强制进行戒毒治疗）。[①] 我国刑法和刑事诉讼法出台不久就频繁地修订和增删，就是立法者缺乏对社会了解，缺乏立法预测能力的表现，是刑事立法中犯罪学研究缺位的体现。

（2）在研究对象上，犯罪学的犯罪行为是实质概念。古典学派以来，刑事立法都强调犯罪的法定性，犯罪的概念都是建立在刑法之上的，这就是犯罪的形式概念。所谓犯罪的形式概念，是指作为刑法所规定的产生刑罚权要件的犯罪，这种意义的犯罪，我们可以给它下个定义，就是刑罚所规定的可罚行为。[②] 所谓实质的犯罪概念，是把犯罪视为一种社会现象，是从犯罪的社会内容方面对犯罪本质的界定。犯罪的实质概念不满足于对犯罪的法律界定，而力图揭示隐藏在法律背后的社会政治内容。[③] 由于人们对犯罪实质内容理解的不同，存在着各种各样的犯罪概念。意大利学者指出，各种关于犯罪的实质定义大致分为两大基本类型：一类认为犯罪的本质在于“侵犯了社会生活根本条件（即文明社会和法律秩序赖以存在的条件）；另一类则认为犯罪的本质是违反了共同文明社会的基本规则”（如果没有这些规则，就不会有共同的文明生活或者这种生活会受到严重的损害）。前者强调某些基本的社会价值，后者强调确保社会平静生活的基本规则的必要性。但是这两类犯罪概念的出发点是一致的：规定犯罪的目的在于为社会关系（包括各种政治、

① ［法］卡斯东·斯特法尼等著：《法国刑法总论精义》，中国政法大学出版社1998年版，第53页。

② ［日］福田平、大冢仁主编：《日本刑法总论讲义》，辽宁人民出版社1986年版，第38页。

③ 陈兴良著：《本体刑法学》，商务印书馆2001年版，第142页。

经济、文化等方面的社会关系）有序发展提供基本保障。[①] 在关于犯罪实质概念的界定中，从社会学角度的界定最为普遍，这一般被认为是犯罪学所谓的犯罪的概念。如加罗法洛明确提出需要从社会的立场为犯罪下一个科学的、社会学的定义，即自然犯罪，自然犯罪在所有地方和所有时代都适用，是指“违反了任何年龄的任何人都具有的两种基本的利他情操——正直情操和怜悯情操的行为”。[②] 迪尔凯姆同样认为，犯罪是一种正常的社会现象，是一种触犯某种强烈的、十分鲜明的集体感情的行为。[③] 一般而言，社会学意义上的实质的犯罪是指广泛的反社会的行为，即侵害社会生活利益的行为。在此意义上的犯罪，不论是精神病人所实施的杀人，或是幼童所实施的放火，都包含在了侵害社会共同生活秩序的行为之中。[④] 一般认为，犯罪形式概念属于刑法学对象的犯罪，即所谓狭义的犯罪概念；实质概念属于犯罪学对象的犯罪，即所谓广义的犯罪概念。犯罪形式概念和实质概念的区分是两门学科在研究对象上的分野，这种分野是由两门学科不同的学科任务所决定的。这两种概念是紧密关联的，这种关联主要体现在刑事立法上，体现在犯罪化和非犯罪化的过程中。正如日本学者所说的：在社会上存在着许多反社会伦理的行为，而所有这些行为并不都是刑法上的犯罪。国家从这许多反社会伦理的行为中，对那些值得进行刑罚意义上谴责的行为进行抽样归类，那些违反社会伦理的行为符合法律上的类型者就是刑法上的犯罪。[⑤]

（3）在功能取向上，犯罪学中的犯罪行为研究具有立法、社会

① 杜里奥·帕多瓦尔著：《意大利刑法原理》，法律出版社 1998 年版，第 72 ~ 73 页。

② ［意］加罗法洛：《犯罪学》（中译本），中国大百科出版社 1996 年版，第 2 页。

③ ［法］迪尔凯姆：《社会学方法的准则》，商务印书馆 2002 年版，第 85 页。

④ ［日］木村龟二主编：《刑法学词典》，上海翻译出版公司 1991 年版，第 98 页。

⑤ ［日］福田平、大冢仁主编：《日本刑法总论讲义》，辽宁人民出版社 1986 年版，第 38 页。

防卫和犯罪预防的价值。英国著名学者边沁曾提出要区分两个层次和两种功能的犯罪概念："根据讨论的题目不同，这个词的意义也有所区别。如果这个概念指的是已经建立的法律制度，那么，不论基于何种理由，犯罪都是被立法者所禁止的行为。如果这个概念指的是为创建一部尽可能好的法典而进行的理论研究，根据功利主义原则，犯罪是指一切基于可以产生或者可能产生某种罪恶的理由而人们认为应当禁止的行为。"① 从边沁的界定可以看出，实际上他从两个角度和两个层面来认识犯罪，一方面从立法和司法的角度，另一方面从规范和实质的角度。从立法和实质意义上看，犯罪是产生或者可能产生恶害的行为，从司法和规范意义上看，基于罪行法定的基本原则，犯罪是刑法所禁止的行为。我国也有学者开始关注从立法和司法功能的角度界定犯罪的概念，认为具有双重结构的犯罪概念应当由"立法概念"与"司法概念"组成，前者是指尚未在法律上规定为犯罪但是应当在法律上规定为犯罪的行为的"立法概念"，后者是指已经在法律上规定为犯罪的行为的"司法概念"。② 这种犯罪概念的区分是以刑事立法和司法为出发点和落脚点的，是以刑法学为本位的一种区分，从概念的功能上来说，仅仅限于犯罪化和非犯罪化的刑事立法过程和刑事司法过程，而没有揭示犯罪学研究犯罪的另外一项更重要的任务，就是揭示犯罪原因和先前预防犯罪的发生。

从研究犯罪行为的功能上看，犯罪学上的犯罪要回答的是哪些行为应当被视为犯罪来进行研究，研究的目的在于完成刑事立法、刑事立法和寻找有效的控制途径。③ 刑法规定的犯罪概念要从治罪出发，通过打击、处理犯罪的方法遏制犯罪，因此尽管它在客观上

---

① ［英］边沁：《立法理论——刑法典原理》，中国人民公安大学出版社 1993 年版，第 1 页。

② 王世洲：《中国刑法理论中犯罪概念的双重结构和功能》，载《法学研究》1998 年第 5 期。

③ 刘广三：《犯罪学上的犯罪概念》，载《法学研究》1998 年第 2 期。

也存在着预防犯罪的作用，但其具体运作还是惩处犯罪，所以对预防犯罪来说，必然也存在一定的局限性。法律意义上的犯罪概念对犯罪学不能完全适用，因为适用于犯罪学的犯罪概念必须要将预防犯罪的要素概括进去。[①] 犯罪学意义上的犯罪概念体现了犯罪学的三大功能：一是服务于刑事立法，完成犯罪化和非犯罪化过程；二是防卫社会，控制和预防危害社会秩序的行为；三是批判现实的刑法和刑事司法制度，使其更趋于合理性。

实际上，这三种表现形式说明的问题是一致的。即从整体来说，关于犯罪的界定包括两个方面：法律的界定和社会学的界定，法律关于犯罪的界定是犯罪的形式概念和司法的概念，而社会学关于犯罪的界定是犯罪的实质概念和立法的概念；前者的外延小于后者，后者包括前者；犯罪的形式概念是刑法学的研究对象，犯罪的实质概念是犯罪学的研究对象；两种界定不是对立的，而是紧密相连的，这种联系恰恰反映了两门学科在研究对象和学科任务上的不同。施奈德指出：犯罪学特别对犯罪行为与越轨行为之间的相互作用感兴趣。通过犯罪化（通过刑事立法）从社会越轨行为中产生犯罪行为，而犯罪行为又可能通过立法者（非犯罪化）降格为越轨行为。犯罪行为在个人犯罪化和非犯罪化过程中产生和消失。[②]

犯罪学是从社会学视角考察犯罪，把犯罪看作一个社会现象，看作是存在于社会的与其他社会现象紧密联系的一种客观事实。犯罪学的出现，将人类对犯罪的关注提前到犯罪之前，一方面防范犯罪于未然，另一方面为立法提供依据，这是犯罪学的基本价值所在，也是刑事科学的一次大飞跃。因此，犯罪学家是走在社会前列的“超前的思想家”[③]，超前地研究社会前提条件和新出现的社会

① 宋浩波：《试论犯罪概念的科学化》，载《政法学刊》1999 年第 1 期。

② ［德］汉斯·约阿希姆·施奈德著，吴鑫涛，马君玉译：《犯罪学》，中国人民公安大学出版社 1990 年版，第 73 ~ 74 页。

③ ［德］汉斯·约阿希姆·施奈德著，吴鑫涛，马君玉译：《犯罪学》，中国人民公安大学出版社 1990 年版，第 871 页。

现象，挖掘孕育犯罪产生的土壤，揭示犯罪的生成原因和形态，为刑事政策的科学化和刑事立法的合理化及其社会防卫提供事实的和理论的基础。正是从这一意义上说，法学家对犯罪学仅仅付之一笑的时代已经过去。①

2. 犯罪行为的次级范畴。犯罪行为作为一个基本范畴是一个包括了一系列相互联系的要素的概念系统，这一概念系统中的各要素是犯罪行为的次级范畴，这个概念系统及其中的要素是我们认识犯罪行为的基础。虽然每个具体犯罪行为特征各异，但是犯罪行为作为人类行为之一具有普遍性，具有相同的构成要素和形成机制。一个犯罪行为一般由犯罪人、被害人、犯罪时间、犯罪空间、犯罪行为方式、犯罪过程及犯罪结果等要素组成，这些要素相互作用就导致了犯罪行为的发生。无疑这些构成要素是犯罪行为的基本范畴，也是研究犯罪行为的基本着手点。

犯罪人是犯罪行为的基本构成要素。犯罪学诞生之初就是开始于对犯罪人的研究，通过对犯罪人生物特征、心理特征及其生存环境的研究，揭示犯罪产生的原因，进而发展犯罪防控对策。对犯罪人的研究促使了刑罚制度和犯罪预防措施的变革。犯罪原因论、刑罚个别化和保安处分就是犯罪学对犯罪人研究后的成果。犯罪人特征一般包括生理特征、心理特征和行为倾向三个方面，生理特征包括年龄、性别、神经类型和异常因素等，心理特征包括个性倾向、性格结构、控制系统和人格障碍等，行为倾向一般指犯罪人所具有的不良行为特点，包括越轨行为、不良的行为方式、不良的行为习惯、不良的学习和模仿模式等。犯罪学自产生以来，就建立了大量的关于犯罪人的分类体系。② 犯罪人的分类是与惩罚、矫治或者改造和刑事政策紧密联系在一起的，分类的目的在于针对不同的犯罪

---

① ［法］卡斯东·斯特法尼等著：《法国刑法总论精义》，中国政法大学出版社1998年版，第55页。

② ［英］韦恩·莫里森著，刘仁文等译：《理论犯罪学——从现代到后现代》，法律出版社2004年版，第110页。

行为和犯罪人采取不同的惩罚、矫正和预防措施。

犯罪被害人作为犯罪行为的一个基本范畴是二战之后被害人学发展的结果。根据联合国《为罪行及滥用权力行为受害者取得公理的基本原则宣言》的界定，犯罪被害人是指因触犯现行刑事法律的犯罪行为（滥用权力的作为或不作为）而使身心、感情、经济等基本权利遭受重大损害的个体或整体；并且这里所指的被害人不受犯罪人是否被确认、逮捕、起诉或定罪的影响，也不受犯罪人与被害人的家庭关系的影响；被害人也包括直接被害人的直系亲属、抚养人、援助人及因防止被害而蒙受损失的人。[①] 在当代社会，犯罪被害人已发展成为一个成熟的概念，并围绕着犯罪被害人的保护和救济这一概念已经进入了刑事政策和社会政策的领域，而且犯罪被害人保护和救济制度已初具规模和体系。20 世纪 80 年代以来，随着联合国《为罪行及滥用权力行为受害者取得公理的基本原则宣言》的颁布实施，犯罪被害人研究达到了高潮，并成为犯罪学学科的重要组成部分。犯罪行为研究的范式也从过去的“犯罪行为——犯罪人”的平面研究模式发展成为“犯罪行为——被害行为、犯罪人——被害人、犯罪行为——犯罪人、被害行为——被害人”的立体研究模式，从犯罪——被害立体揭示犯罪行为发生变化的全貌，犯罪防控对策也逐步发展为“犯罪预防——被害预防”的立体模式。犯罪被害人的研究大大拓展了犯罪和犯罪对策研究的视野。

犯罪时间、犯罪空间、犯罪行为方式、犯罪过程和犯罪结果等也是犯罪行为的基本范畴。犯罪时间是指犯罪行为发生的年度、月份和时辰。研究表明，犯罪的发生在时间上呈现出规律性变化。季节与犯罪存在一定的关系，主要表现为不同季节的犯罪量不同和犯罪类型不同。犯罪高发时辰的研究表明，犯罪与时刻之间存在着一定的关系，一日之中，一定类型的犯罪总是会集中发生在一段时间

---

① 联合国《为罪行及滥用权力行为受害者取得公理的基本原则宣言》第 1 条、第 2 条、第 3 条。

内。犯罪与一周的天数也存在着一定的关系。犯罪空间是指犯罪发生的具体场所，不同的犯罪类型倾向发生的空间也不同。犯罪行为方式是指犯罪人实施犯罪行为的方法、手段或途径，同一犯罪行为往往有不同的犯罪方式。犯罪方式虽然多种多样，但是总有一些共同的特征。犯罪行为方式往往联系着犯罪工具，尤其是在暴力犯罪行为中，涉暴工具管理控制的好坏直接关系着社会暴力犯罪的数量和严重程度。

（二）群体犯罪

群体犯罪是指一定时空条件下所发生的各种犯罪行为的总和，是犯罪学的基本范畴之一，群体犯罪的次级范畴包括犯罪测量或犯罪统计、犯罪数量、犯罪率、类型犯罪等。群体犯罪通过犯罪状况、犯罪特点和犯罪规律变现出来。犯罪状况指一定时空犯罪发生的数量、犯罪率、犯罪类型、时空分布、危害程度等。为把握犯罪状况，必须进行犯罪统计和犯罪调查，并进一步对犯罪调查统计资料进行分析。19 世纪初犯罪统计学派的研究开创了犯罪状况调查的先河。犯罪特点指一定时空条件下犯罪现象所表征出来的犯罪的特殊性或者共同性。单独地来说，犯罪特点是一定时空犯罪所表现出的共同性；比较地来说，犯罪特点是犯罪所表现出来的此一时区别于彼一时、此地区别于彼地的特殊性，如犯罪组织形式的特点、犯罪类型结构的变化特点、犯罪手段的特点等。犯罪规律指一定条件下群体犯罪发展变化的稳定性特征和趋势。菲利提出的“犯罪饱和法则”就是犯罪规律的体现。犯罪规律是建立在对犯罪状况、犯罪特点认识的基础之上的，主要表现为那些带有普遍性的、规律性的犯罪现象。

（三）犯罪原因

犯罪原因是犯罪学的一个基本范畴，也是犯罪学研究争论的一个焦点。自从 19 世纪的下半期犯罪学诞生开始，犯罪学家就对犯罪原因孜孜以求，并发展出了多种多样的理论，人类学的、生物学的、心理学的、社会学的等。从这一时期开始，犯罪学对犯罪原因的探求成了一种学科传统，就像对疾病的诊断一样。犯罪学的这一逻辑指向奠定了犯罪学知识体系和成为一门学科的基础。

在犯罪原因的研究中，我们首先要区分两种不同性质的原因的概念。一种原因是指引起他事物或现象产生、作为他事物根源的要素。因果关系的基本特征是事物间的引起和被引起的关系，一事物产生他事物的关系。原因和结果的关系是对应的、统一的，结果是一种自然必然性。例如，行为人甲向乙开了一枪，致使乙死亡。甲的行为是乙死亡的原因。另一种原因指的是可能性，是指导致某一现象产生的相关因素，是一种多因素论。在犯罪学研究中，我们实际上多采用的是第二种原因的概念，揭示犯罪发生的各方面的因素。这一研究方法的选择是由犯罪这一社会现象的复杂性所决定的，而这一研究方法决定了犯罪学研究犯罪原因的多层次、多方面性。需要从犯罪产生的社会根源、社会环境、犯罪人等方面及其相互作用的关系中寻求犯罪发生的原因。塞林认为，犯罪原因不过是犯罪行为发生以前的诸必要要素或条件。对犯罪原因的探究就是对这些因素及其与犯罪行为之间稳定不易的联系的追寻和确定。[①] 这也许就是犯罪学一直寻找不到确定的犯罪原因的根本原因吧。

犯罪原因一般分为两个方面：具体犯罪行为原因和群体犯罪现象原因。具体犯罪行为原因研究一般从个体与社会及其相互作用的角度进行，而群体犯罪原因的研究一般从宏观的社会结构、社会变迁、社会运行等角度揭示群体犯罪现象发生、存在和变化的规律。研究具体犯罪行为的原因一般从生物学、心理学和社会化过程的角度展开，而研究群体犯罪一般从社会学、政治学、经济学等角度展开。

---

① ［美］索尔斯坦·塞林：《文化冲突与犯罪》，载陈兴良主编《刑事法评论（第7卷）》，中国政法大学出版社2000年版，第336页。

具体犯罪行为的原因是复杂的，是个体与环境相互作用的结果，这种作用形式和过程一般也称为犯罪行为的形成机制，即犯罪行为的构成要素及其相互作用最终导致犯罪行为发生的原理。犯罪行为的形成是个体与其生活环境相互作用的结果，是一个动态的过程，图 3.1 反映了犯罪行为形成机制的一般作用原理。具体犯罪行为的原因主要包括犯罪人的生理特征、心理特征（个体因素）和犯罪人所处的社会环境（社会因素）两个方面，个体因素包括犯罪人的遗传得来的和后天形成的生理特征、心理特征，社会因素是指犯罪人所处的各种社会环境及其对犯罪人人格的形成、犯罪行为的产生所发生的影响。如图 3.1 所示，环境包括人最初在母体的先天环境、出生后生活的人格环境和犯罪行为发生时的行为环境。人格环境包括家庭（位置、规模、经济、成员行为、类型、教育方式）、学校（位置、管理、教育方式、学风）、社区（位置、环境、人口、犯罪状况、同龄群交往）及单位等生活环境。行为环境包括犯罪行为发生时的时间、空间、犯罪对象、被害人、工具等条件。一般的具有正常人格的个体在其生活环境中受到不良动机或某种刺激，如挫折、言语、粗暴的行为等的影响，在有预谋或意志力弱化的情况下可以产生犯罪行为，受不良动机影响而产生的有预谋、有计划的暴力犯罪，往往会带来更大的伤亡和财产损失，受某种刺激偶尔发生的暴力犯罪一般属于偶然犯罪或激情犯罪；而具有不正常人格的个体更容易产生犯罪行为，这种不正常人格一般表现为犯罪倾向（如性染色体为 XYY 者）或精神障碍者，具有犯罪倾向或精神障碍的人，一般具有社会道德感和义务感缺乏、自制能力较常人差的特点，所以易发生暴力行为及其他违法犯罪行为，他们实施的犯罪行为往往带有偶然性和缺乏计划性。犯罪倾向和精神障碍有两个来源：一个是天生的，一个是后天养成的。天生的一般是由于不正常的遗传基因带来的，这一部分人曾被龙勃罗梭称为“天生犯罪人”；而后天形成的一般是指出生后正常的个体在不正常的人格环境中形成的人格障碍。

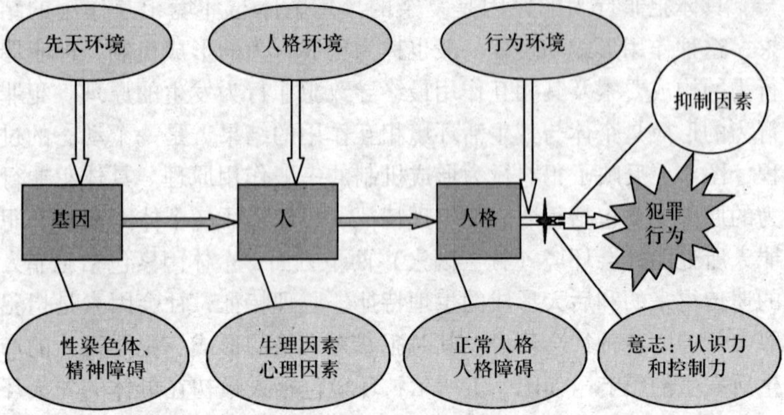

图 3.1　犯罪行为形成机制

群体犯罪现象原因一般是指引起或影响群体犯罪现象产生、存在和变化的社会结构、社会制度、社会变迁、社会条件等因素及其之间的相互运动。犯罪现象是植根于社会的一种社会现象，因此群体犯罪原因需要到社会中去寻找，“因为犯罪率随着社会结构要素的不同而波动，社会变迁影响着犯罪，社会交往也与犯罪紧密相关”。①

犯罪原因的研究必须建立在对犯罪现象研究的基础之上，而研究犯罪原因的目的则在于根据犯罪发生的原因，制定切实的控制和预防犯罪的对策，以达到减少乃至于消灭犯罪的目的。

（四）犯罪对策

犯罪对策研究是犯罪学的基本范畴之一，一直是犯罪学的重点研究内容。世界上一些有代表性的教科书如萨瑟兰的《犯罪学原理》、沃尔德的《理论犯罪学》、施奈德的《犯罪学》等都把犯罪对策列为其主要内容之一。20 世纪以来，在世界范围内，无论欧

① See Larry J. Seigel, *Criminology Theories*, *Patterns*, *Typology*, 4th ed.（New York: West Publishing Company），1989，p. 213.

洲的犯罪学研究，还是美国的犯罪学研究，都表现出重视研究犯罪对策或刑事司法制度的趋势。从而，在犯罪学的发展上形成了以犯罪对策研究为中心的应用犯罪学和以犯罪原因研究为中心的理论犯罪学相互促进、齐头并进的发展趋势。[①] 西方犯罪学一般不把犯罪对策尤其是犯罪预防技术作为犯罪学的基本内容，而侧重于对刑罚、矫正和刑事司法机构运作的研究。实际上这是犯罪对策研究的内容之一，也许是西方的犯罪学家采取了塞林的观点，把没有理论研究价值的犯罪预防措施和技术排出了犯罪学的知识体系之外。

犯罪对策是指为减少犯罪或阻止犯罪的发生而动用各种社会力量和手段所采取的各种策略和措施。从内容上讲，犯罪对策是由犯罪预测、犯罪控制和犯罪预防等措施组成的一个科学的体系。从具体的措施上讲，犯罪对策包括正式的对策和非正式的对策两个方面。犯罪的正式对策是指国家运用刑罚、行政等手段打击和遏制犯罪的策略和措施；犯罪的非正式对策是指国家、社会及个人采取的预防犯罪发生的各种策略和措施，也就是我们所说的犯罪预防策略和措施。这两个方面不是孤立起作用的，只有犯罪正式对策和非正式对策相互配合才能够起到治理犯罪的效果，即一方面充分利用刑罚、行政等手段进行犯罪打击和控制；另一方面通过社会措施进行犯罪预防，这样双管齐下，相互配合，相互补充，才能达到减少犯罪的目的。从犯罪对策凭借的手段上讲，犯罪对策包括刑事政策和社会政策，刑事对策是指国家专门机关采取的对犯罪人进行刑事惩罚、矫治的措施，社会对策是指依靠社会力量，消除犯罪隐患，防止、限制犯罪发生以及监督矫治违法者的犯罪对策，前者以刑罚手段为主，后者以社会政策预防为主。

犯罪对策具有综合性、系统性、实践性、可操作性等特征。犯罪对策的综合性表现在两个方面，一是为犯罪对策措施的综合性，二是犯罪对策制定和实施主体的综合性。犯罪对策措施的综合性决

① 吴宗宪著：《西方犯罪学史》，警官教育出版社 1997 年版，第 315 页。

定了犯罪对策制定、实施或参与力量的多元性，既包括国家，也包括社会和个人的力量。犯罪对策是一个系统工程，是由各种措施构成的一个相互联系的有机系统，因此在犯罪对策措施的制定和实施过程中需要注重各个环节和各个层次的衔接、各种力量的协调和各种手段的配合运用等问题。犯罪对策具有实践性。犯罪对策属于应用犯罪学的范畴，侧重于社会实践，也是检验犯罪学理论的主要途径。犯罪对策必须具有操作性，缺乏可操作性，犯罪对策就丧失了其存在的价值和意义。可操作性特征要求犯罪对策措施要具体、符合现实和具有可行性。犯罪对策是由犯罪预测、犯罪控制和犯罪预防等措施构成的一个完整的体系。

1. 犯罪预测。犯罪预测不是治理犯罪的具体措施，而是一种推测和判断犯罪发展趋势的一种科学的活动，犯罪预测是后两者的基础和前提。犯罪预测的历史最早可追溯到比利时的犯罪统计学家阿道夫·凯特勒。20 世纪以后，世界各国纷纷开始对犯罪预测进行研究，我国的犯罪预测研究始于 20 世纪 70 年代末 80 年代初，最早是针对青少年犯罪进行个体预测，但很快就朝着预测犯罪趋势的方向发展。[①] 预测属于软科学的范畴，是主观见之于客观的一种活动。科学的预测是依据已知的科学事实、科学理论、科学思想和科学方法，揭示客观事物的发展规律，推测未来必然或可能发生的现象。简而言之，犯罪预测就是人们对犯罪现象的未来状况或发展趋势的推测和判断。犯罪预测是运用调查研究、统计等科学方法，建立在各种犯罪理论和犯罪资料信息之上的。犯罪预测已被公认为犯罪学理论体系中重要的组成部分，是犯罪预防必不可少的前提条件。犯罪预测的主要功能，已由初期的以特殊预防为宗旨，发展到对犯罪现象的超前性研究和以一般预防为目的的社会犯罪预防战略的制定和实施的研究。目前，世界各国都程度不同地重视犯罪预测工作，有的国家还建立了专门的犯罪预测机构。

---

① 王牧主编:《中国犯罪对策研究》，吉林人民出版社 2004 年 5 月版，第 149 页。

2. 犯罪控制。犯罪控制是指国家专门机构在犯罪行为发生后或过程中采取的把犯罪数量和犯罪质量限制在正常范围内的强制性手段。[①] 犯罪控制手段一般包括刑罚手段和行政管理手段，这些措施具有事后性。犯罪控制具有下列特点：（1）主体和措施的专门性。一方面包括控制主体的专门性，即犯罪控制的主体是国家专门机构；另一方面是措施和目的的专门性，即目的在于遏制犯罪发展的势头，这一目的决定了犯罪控制措施的针对性。（2）措施的宏观性。犯罪控制针对的是社会整体的犯罪状况而非某一单一的犯罪现象，因此犯罪控制措施是宏观性的、调控性的。（3）实施的强制性。犯罪控制的目的是遏制现有犯罪状态的延续和发展，它是国家专门机关对社会生活的干预，其实施具有强制性。（4）对象的特殊性，即针对正在发生或发生后的犯罪整体而采取的措施，这是相对犯罪预防的事先性措施而言的。犯罪控制可以从犯罪的空间、时间、犯罪人和潜在犯罪人、被害人和潜在被害人、犯罪工具和危险物品等不同的对象发展不同的犯罪控制措施，而且各种控制措施之间相互配合实施运用；犯罪控制也可以通过法律、文化、社会、行政等途径发展控制措施；还可以从犯罪控制主体发展通过主体的控制措施、通过物理的控制措施和通过技术的控制措施。犯罪控制不仅包括对犯罪的打击，也包括对犯罪人的惩罚和矫治。

联合国在2000年第十届预防犯罪和罪犯待遇大会通过的《有效预防犯罪：跟上新的发展形势》的决议明确指出了犯罪控制的途径。犯罪控制主要是指国家通过执法和刑事司法系统的运作措施遏制犯罪的发展。目前各国政府通过种种手段提高这些系统的效率，如加强警察部门、精简司法程序、将不太严重的罪犯转移出该系统、对重罪加大惩罚力度及扩大对惯犯的刑事处理范围。但是目前各国政府都认识到控制手段具有效果不明显和费用持续上涨等方面的缺点，开始注重效果较好、负担较小的犯罪预

① 宋浩波主编：《犯罪学新编》，中国人民公安大学出版社2003年版，第261页。

防措施。①

刑罚措施是控制犯罪的主要手段之一。刑罚不仅是刑法学的基本范畴，也是犯罪学的基本范畴。但是作为不同学科的基本范畴，犯罪学和刑法学对其研究的侧重点和方法是截然不同的。刑法学把刑罚作为一种法律现象进行研究，研究刑罚的运用和刑罚的执行；而犯罪学对刑罚的研究是社会学的研究，相当于刑法社会学的研究。我国学者指出：刑罚不仅作为一种法律规定、法律现象而为（刑）法学家所关注，并以专业（规范分析）眼光加以审视，而且作为一种文化规范、文化现象而为文化学家、社会学家、哲学家等人文社会科学家所广泛思考，思考在立法上如何更理智、科学地设定刑罚，从而促使刑罚在与社会文化的深层良性互动中更好地推动社会的进步。② 犯罪学还从犯罪预防的角度研究刑罚制度，研究刑罚预防犯罪的功能，研究如何从犯罪预防的角度构建刑罚制度，研究如何使刑罚实现预防犯罪价值的最大化。

3. 犯罪预防。犯罪预防是犯罪学的基本范畴，是犯罪学研究的终极目的。犯罪预防是社会对刑罚效果失望的结果，现代犯罪预防是建立在犯罪学基础理论之上的。因此，犯罪预防一方面是犯罪学理论的应用，另一方面是犯罪治理实践的总结。从这个角度说，犯罪预防是一门应用性的学问和技术，属于应用犯罪学的范畴。

20 世纪 60 年代以来，在当代犯罪学研究中，在理论与实践中都强调犯罪预防，而不是惩罚犯罪人，这反映了犯罪治理从被动转向主动的趋势。到了 70 年代，英国的所谓的“行政犯罪学”（Administra-

① 第十届联合国预防犯罪和罪犯待遇大会：《犯罪与司法：二十一世纪所面临的挑战》，《有效预防犯罪：跟上新的发展形势》，维也纳，奥地利，2000 年 4 月 10 ~ 17 日。

② 许发民著：《刑法的社会文化分析》，武汉大学出版社 2004 年版，第 237 页。

tive Criminology)① 家们基于“犯罪病因论”的徒劳和犯罪是由“情境性”机会引起的逻辑起点，把情境犯罪预防理论发展到了极致。这也是犯罪学研究范式的一个重大转变。当人们还在争论这种范式的转变时，犯罪预防政策呈现出拓展到更广泛的刑事司法领域的趋势，如实施经济而有效的犯罪控制措施、运用务实的预防代替“无效的措施”、以正在发生的危险为基础进行预防而不是运用惩罚手段进行社会控制。

犯罪预防减少犯罪是通过识别、评估和减少犯罪风险的途径来实现的，这些犯罪风险包括引起或影响犯罪发生的诱因和机会。因此，所谓犯罪预防指的是罪前预防，是指国家、社会和个人为减少和防止犯罪现象的产生而采取的减少犯罪诱因和机会的各种策略、措施和方法的总称。②

犯罪预防活动经历了一个从依赖刑罚预防到改善环境预防再到综合预防的发展过程。犯罪预防的理念和措施得到充分发展之前，犯罪治理依赖的是犯罪惩罚（如监禁）模式，试图通过刑罚的实施来达到特殊预防和一般预防的目的。但是实践证明，这种模式是失败的，并不能达到减少犯罪的目的，而且社会为之付出了较高的成本和代价，于是人们开始寻求新的犯罪治理模式，即犯罪预防模式。在犯罪预防发展早期，犯罪预防主要以改善环境的政策为主，注重通过“加锁和门闩”等措施来减少犯罪的机会。后来减少犯罪动机和犯罪行为的社会预防或社区预防得到充分的发展。现在，人们逐步把这两个方面的措施结合起来发展犯罪预防的战略和措施，即通过改变社会环境和减少犯罪动机或机会的方式来实现犯罪预防的目的。有学者把犯罪预防的措施归为四类：（1）减少犯罪机会的措施，如报警器、锁匙、技术和邻里照看；（2）监视和发现犯罪的

---

① 行政犯罪学，这个术语常常用来描述那种主要关注相关政策的研究，旨在控制和减少犯罪并提高刑事司法体系效力的犯罪学。这个术语与20世纪70年代起的英国内政部的犯罪预防政策密切联系。

② 李春雷、靳高风著：《犯罪预防理论与实务》，北京大学出版社2006年版，第3页。

措施，如信息情报主导警务、利用监视器监视、收集地方信息情报；(3) 利用合作关系和社会网络以加强社会规范和秩序的措施；(4) 早期预防和治疗犯罪行为的措施，这通常是通过早期的鉴别和发现问题儿童和青少年，并实施针对性的方案而进行的。① 随着情境预防、社会预防、社区预防、综合预防等预防战略的发展，一方面犯罪预防已经逐步由警察机构的专门业务变为了一项由政府部门主导的全社会参与的事业，另一方面犯罪预防的实践逐步通过国家立法的形式表现出来。

从字面意义上看，犯罪预防的概念排除了刑罚预防，但是并不意味着犯罪预防不包括打击犯罪的刑罚和刑事政策，刑罚和刑事政策都具有犯罪预防的意义，尤其是对于预防重新犯罪仍具有极其重要的作用。但是从犯罪预防的角度关注刑罚、刑事政策和刑事司法制度与其他角度不同，更关注它们预防犯罪的价值，关注如何从犯罪预防的角度构建刑罚制度、刑事政策和刑事司法制度，如何使刑罚、刑事政策和刑事司法制度达到犯罪预防价值的最大化，最终达到特殊预防和一般预防功能的最大化。

三、犯罪学具有完善的理论体系

(一) 犯罪学的理论体系

科学的犯罪学理论是指一套关于犯罪现象的、相互关联的、可被实证检验的命题或假设。我们这里所说的犯罪学的理论既包括在人类发展过程中人们对犯罪现象的解释，也包括关于犯罪现象的科学理论。科学犯罪学理论开始于实证学派，从20世纪30年代开始得到了充分的发展，并呈现出百花齐放百家争鸣的局面，不仅古典学派理论、生物学理论、心理学理论、经济学理论，尤其是社会学理论得到了进一步的创新和发展，而且20世纪90年代后寻求犯罪

① ［英］海泽尔·肯绍尔著，李明琪等译：《解读刑事司法中的风险》，中国人民公安大学出版社2009年版，第158页。

一般理论的科际整合理论不断出现。

犯罪学理论是建立在“人与社会关系”的基本假设之上的，这种假设的选择既是犯罪学理论研究的逻辑出发点，也决定了研究者方法选择和最终理论的方向。① 建立在这种假设的基础上，犯罪学理论已经形成了以个体特质为分析中心的微观理论、以社会特质为分析中心的宏观理论及对个人体质理论和社会特质理论进行整合的整合理论为内容的理论体系（见表3.3）。犯罪生物学理论、犯罪心理学理论是以分析个人特质为中心的理论，包括犯罪人类学理论、精神分析学理论、精神病学理论、挫折攻击理论、犯罪诱惑理论（Seduction of Crime Theory）等。犯罪社会学理论是以分析社会特质为中心的理论，犯罪社会学理论即包括以社会解组理论、紧张理论、文化越轨理论、社会冲突理论、马克思主义犯罪学理论、女性主义犯罪学理论、和谐犯罪学理论（Peacemaking Criminology）、风险犯罪学理论等为代表的社会结构理论，也包括以社会学习理论、控制理论、标签理论、发展犯罪学理论等为代表的社会化过程理论。整合理论不仅仅是对现有个体特质理论和社会特质理论的综合，更是用整合的方法创造的新的理论。②

① See Imogence L. Moyer. *Criminological Theories*, SAGE Publications Inc., 2001. pp. 3～6.

② ［美］乔治·沃尔德等著，方鹏译：《理论犯罪学》（第5版），中国政法大学出版社2005年版，第381页。

表 3.3　犯罪学理论体系

学派	代表理论	
犯罪心理学理论	精神分析学理论、精神病学理论、社会心理学理论、挫折攻击理论、理性选择理论、日常活动理论、犯罪诱惑理论	
犯罪生物学理论	犯罪人类学理论、体型与犯罪、遗传生物学理论、生化物质与犯罪	
犯罪社会学理论	社会结构理论	解组理论、紧张理论、文化越轨理论、结构犯罪学、和谐犯罪学
	社会化过程理论	学习理论、控制理论、标定理论、发展理论
	社会冲突理论	冲突理论、马克思主义犯罪学理论、女性主义犯罪学、风险犯罪学
整合理论	微观层面整合：个体特征的生物学和心理学理论	1. 人性理论：古典学派理论、生物和心理理论整合（Wilson and Herrnstein，1985），2. 失范、标签和社会控制理论的整合（Aultman and Wellford，1979），3. 威慑和社会控制理论整合（Minor，1977；Hawkins and Willams，1989）
	宏观层面整合：社会文化、社会结构等	1. 冲突和社会控制理论整合（Hagan，1989），2. 马克思主义、社会控制和标签理论整合（Colvins and Pauly，1983），3. 马克思主义和女权主义整合（Messerchmidt，1986），4. 冲突理论、马克思主义和女权主义整合（Bernard，1987），5. 社会发展理论：社会控制和社会结构理论（Weis，1985）
	微观、宏观跨层面整合：个体特质的生物学、心理学理论和社会结构、社会文化等宏观命题	1. 紧张理论、社会控制和社会学习理论的整合（Elliott al，1985），2. 相互作用理论：社会解组、社会联结和社会学习理论整合（Thornberry，1985），3. 紧张理论、标签理论、社会控制和社会学习理论的整合（Kaplan，1975），4. 重整羞耻理论：标签理论、失范理论、亚文化理论和社会学习理论的整合（Braithwaite，1989），5. 科际整合理论：生物理论、社会理论和心理理论（Jeffery，1989），6. 犯罪的一般理论：生物社会理论、心理学理论、日常活动理论和理性选择理论（Gottfredson and Hirschi，1990），社会防卫理论（Ancel，1954）

（二）犯罪学理论的发展

从犯罪学发展历史来看，犯罪学理论的发展是一脉相承的，一方面在同一的研究方向上理论的发展存在一定的批判、承继和发展的关系，另一方面在不同研究方向上存在着批判、创新和发展的逻辑。前者促进了某一学派理论的发展和深化，后者促使了犯罪学理论的研究方向的变化和多样。表 3.4 反映了犯罪学理论的发展变化过程及其各理论之间的关系，下面我们根据表对犯罪学理论的发展脉络简单加以分析。

表 3.4　犯罪学理论发展顺序时间

时间顺序	犯罪学理论
1870s	犯罪人类学理论
19 世纪后期	法国社会学派（塔尔德、迪尔凯姆）
19 世纪末 20 世纪初	马克思主义犯罪学（邦格）
19 世纪末 20 世纪初	法国环境社会学派（拉科沙尼）
20 世纪初期	遗传和犯罪家族研究
1914 年后	智障理论、孪生子研究、体型理论、内分泌理论
1920s	犯罪心理分析
1920s	犯罪生活史研究
1910s 前期	功能犯罪学（迪尔凯姆）
1930s 前期	失范论
1920s/1930s	社会解组理论（芝加哥学派）
1930s/1940s	不同交往论（萨瑟兰）
1960s/1970s	亚文化理论
1960s/1970s	标签理论
1970s 早期	紧张理论
1960s	当代古典主义理论
1960s 早期	冲突理论、当代马克思主义理论

（续表）

时间顺序	犯罪学理论
1969	社会控制理论
1970s	批判犯罪学
1970s	犯罪的政治经济学分析（戈登）
1976	犯罪经济学理论
1970s 初期	女性主义犯罪学
1980s	理性选择理论和日常生活理论
1990s	科际整合理论
1990s	犯罪的一般理论
1990s	重整羞耻理论
1990s	和谐犯罪学
1990s	犯罪诱惑理论
1990s	后现代主义犯罪学
1990s	生态犯罪学理论
2000s	犯罪全球化研究
2000s	风险犯罪学理论
2000s	恐怖主义犯罪研究

1. 19 世纪末和 20 世纪初的犯罪人类学理论和犯罪生物学理论。龙勃罗梭的核心观点是从人类学和进化论的角度把犯罪归结为是个人异常的生物特征决定的结果。龙勃罗梭建立在对监狱犯罪人观察的基础上认为，犯罪并不是像古典学派所说的是基于合理打算和选择的结果，而是根源于行为人的生物特征。他认为，犯罪人是一种从出生时起就具有犯罪性的人，这是由他们异常的生物特征所决定的。这种异常的生物特征是与生俱来的，是由于隔代遗传或退化的结果，是一种病理现象，这就是龙勃罗梭著名的毁誉参半的

"天生犯罪人论"。龙勃罗梭从医生的角度来审视"犯罪"（更确切地说是犯罪人），认为犯罪是一种病态，只有查明犯罪原因，才能进行有效的防治。

意大利实证学派将犯罪学带上了经验研究的道路，但是由于他们的经验研究过分局限在犯罪人身上，并且理论体系僵化，方法欠科学而受到质疑。同时，也由于其犯罪对策的危险性、与墨索里尼法西斯统治制度的一致性而受到批判。19 世纪末，实证学派的理论受到欧洲社会学家塔尔德（Gabriel Tarde）、乔利（Herri Joly）、麦尔（Georg Von Mayr）、邦格等的尖锐批评，实证主义开始走向衰落，1922 年"菲利法案"被意大利下院否决，标志着实证学派落下了历史的帷幕。[①] 但是龙勃罗梭思想的影响还持续存在着，并有追随他足迹的理论验证者和追随者，于是 20 世纪后龙勃罗梭主义——犯罪生物学研究兴起，包括从体型、内分泌解释犯罪原因的体型理论和内分泌理论，还有从遗传性解释犯罪的理论。典型的研究主要有英国格林（Charles Buckman Goring，1913 年）和美国胡顿（Earnest Albert Hooton，1939 年）的对龙勃罗梭理论进行的系统的犯罪统计学的复查。格林将人体测量与复杂、精密的统计学方法相结合，用生物计量学（生物统计学）方法研究犯罪人的各种特征，特别是行为学特征，他在犯罪人类学方面得出的统计结论对龙勃罗梭的理论给予了最严酷的批判。胡顿曾在哈佛大学主持进行了长达 12 年的犯罪人类学研究，用人体测量和科学统计的方法研究犯罪人的人类学和社会学特征。胡顿认为犯罪人与普通市民之间存在身体上的明显差异（几乎在所有人类学的测量项目上犯罪人都比普通市民低劣）；在社会学上同样存在差异（如犯罪人中结婚者较普通市民少、鳏夫和离婚者较普通市民多、犯罪人多从事天然产业、体力劳动和个人服务者多、在教育成就方面大大低于普通市民等）；不同类型的犯罪人之间也存在人类学差异。造成这种差异的

① 吴宗宪著：《西方犯罪学史》，警官教育出版社 1997 年版，第 306 页。

原因是复杂的，而且是相互影响的。对于他们的研究主要是批评，认为他们的研究根本站不住脚，而且理论具有危险性。[①] 对于格林研究的危险性，犯罪人类学者指出，按照格林的研究看一眼就能够判断出把谁投进监狱。[②] 对于胡顿的研究，犯罪学家认为“对解释犯罪行为几乎没什么贡献”（萨瑟兰），“因而就不值得概括”（曼海姆）。[③] 后龙勃罗梭主义的研究预示着实证学派研究的彻底结束和被社会所抛弃。

后来的犯罪学家在充分肯定龙勃罗梭的犯罪人类学理论及后来的犯罪生物学研究的同时，也对犯罪人类学理论的科学性提出了一定的质疑和批判，其中典型的代表是法国社会学家塔尔德（Gabriel Tarde）、英国精神病学家和犯罪学家格林（Charles Buckman Goring）以及美国人类学家和犯罪学家胡顿（E. A. Hooton）等。塔尔德等社会学家在批判的基础上把犯罪学的研究引向社会学方向，而格林和胡顿的批判则进一步发展了犯罪生物学理论。

2. 20 世纪初的犯罪心理分析：对生物学理论的挑战。20 世纪初期，以弗洛伊德为代表的心理分析的出现使人类行为（包括犯罪行为）的研究发生了突破性的发展。龙勃罗梭的生物学派理论受到了严重的挑战。犯罪心理分析学派认为，犯罪人并不是“天生有缺陷的人”，而是环境因素影响人的行为和心理的结果。弗洛伊德把神经病的病因和行为的主要动机全部归结为被压抑的性欲，认为是幼年时过分恋父或恋母造成的。他们通过对医学临床经验的总结，揭示了心理因素在行为发生过程中的作用，并用此来解释犯罪行为与心理因素的关系。后来，瑞士精神分析学家艾希霍恩（August

① ［德］汉斯·约阿希姆·施奈德著，吴鑫涛，马君玉译：《犯罪学》，中国人民公安大学出版社 1990 年版，第 121 页。

② ［美］弗朗兹博厄斯著：《人类学与现代生活》，华夏出版社 1999 年版，第 77 页。

③ Hermann Mannheim（1965）. *Comparative Criminology*：*A Text Book*，2vols.，London：Routledge & Kegan，p. 239.

Aichhorn）和英国精神分析学家弗里德兰德（Kate Friedlander）运用精神分析理论来研究少年犯罪，发展出了关于少年犯罪的精神分析理论。犯罪心理分析其后逐步发展成为了犯罪心理学理论，主要解释智商、人格、道德、学习、精神障碍等心理因素与犯罪行为产生的关系。

3. 20 世纪初的犯罪社会学分析：对生物学理论的另一种挑战。20 世纪初期，从另一个角度解释犯罪的社会学的兴起对强调犯罪的生物性特征的犯罪生物学理论提出了新的挑战。龙勃罗梭在其后期出版的《犯罪及其原因和矫治》一书中，就大量地阐述了环境因素对犯罪行为的影响，其后其弟子菲利在犯罪人类学理论的基础上，提出了犯罪的“三元论”，并强调社会因素对犯罪行为形成的作用。此后，随着社会学研究的兴起，德国刑法学家李斯特、法国社会学家塔尔德（Gabriel Tarde）和迪尔凯姆、荷兰马克思主义犯罪学家威廉姆·邦格（Willem Adriaan Bonger）及法国环境社会学的里昂学派等的研究开创了犯罪社会学研究的新时代。

犯罪社会学派的代表人物李斯特一方面批判龙勃罗梭的“天生犯罪人论”，否认生物遗传论；另一方面也不同意菲利的三原因论，认为菲利所说的自然原因实际上是社会原因的一种，而且不能将犯罪的社会原因与犯罪的个人原因等量齐观。因此他把犯罪原因归结为社会原因和个人原因两类，认为犯罪行为是由社会原因和个人原因共同造成的。这个观点被后人称为“犯罪原因二元论”。在这二元的犯罪原因中，李斯特更重视犯罪的社会原因的研究，将社会原因看成是影响犯罪的主要原因。基于此，李斯特在刑事政策上提出了教育刑或目的刑，在犯罪预防上提出了“最好的社会政策就是最好的刑事政策”的主张。

在迪尔凯姆看来，犯罪是一种正常的社会现象，是“一种人们虽不愿意但又不可避免的现象”，而且，“犯罪是社会健康的一个因素，是健康的社会整体的一个组成部分”。[①] 他还用统计方法对自杀数据进行了分析，结果表明，自杀率和犯罪率的变化与急剧的社会变迁密切相关，是社会功能调整不适当——社会失范的结果。

塔尔德的最大贡献在于证明了犯罪是一个社会问题，并且必须用社会学的原则和方法解决。作为一名心理学家和哲学家，塔尔德在当法官期间对其审理的刑事案件中所反映的社会问题很感兴趣，1880 年他在《哲学杂志》上写出了一系列批判龙勃罗梭（Lombroso）理论的文章，令人信服地批判了龙勃罗梭的天生犯罪论，并试图调和道义责任论和决定论。而且公正无私的职业习惯促使塔尔德对自由意志论和决定论以及其他学说进行调和和综合，从而提出了一个非教条主义的简单明确的责任标准理论，这无论是对犯罪学还是对刑法学都是非常有益的。[②] 塔尔德另一个对犯罪学有重大影响的理论是其在《模仿规律》（1890）提出的“模仿规律”。塔尔德用模仿规律来解释包括犯罪在内的许多社会现象。塔尔德认为，个体行为包括犯罪是通过模仿习得的，模仿遵循三个规律：距离规律，即模仿取决于交往的程度；方向规律，即由较高社会阶层到较低社会阶层，从城市到农村；插入规律，即当两种相互排斥的行为共存时，新式行为会取代旧式行为。在模仿规律基础上，塔尔德指出，犯罪特别是少年犯罪，都是通过学习产生的，而不是由生理或生物因素、自然因素决定的。塔尔德的这一观点直接影响了后来的包括萨瑟兰在内的一批犯罪学家，在犯罪学史上具有承前启后的重要作用。

同一时期，从社会环境角度分析犯罪现象的环境社会学派也开始兴起。法国犯罪学家、法国环境社会学家和里昂学派的代表人物亚历山大·拉柯沙尼（Jean Alexander Eugene Lacassagne）在 1885

① ［法］迪尔凯姆：《社会学方法的准则》，商务印书馆 1998 年版，第 76 页。

② ［法］加布里埃尔·塔尔德：《传播与社会影响》（中译本），中国人民大学出版社 2005 年版，英译者前言。

年罗马第一节犯罪人类学大会上指出："每个社会都有其当然应该有的犯罪人"（Societies Have the Criminals they Deserve），[①]"社会环境是犯罪的温床，犯罪人就像细菌，能使它发酵的培养液是其产生的重要因素"。[②]

20 世纪初期，以荷兰犯罪学家威廉姆·邦格（Willem Adriaan Bonger，1876—1904）为代表的马克思主义犯罪学理论对传统的犯罪生物学理论挑战最大。1916 年，马克思主义犯罪学家威廉姆·邦格在其出版的《犯罪与经济条件》（*Criminality and Economic Conditions*）一书中强调：犯罪根源于社会，而不是生物特征决定的，犯罪特别是财产犯罪是资本主义制度下的竞争导致的无产阶级贫困的结果。邦格认为，资本主义的竞争、利己主义及其所导致的无产阶级的贫困是资本主义社会固有的组成部分，是资本主义制度本身所导致的社会现象，因此资本主义社会根本消除不了犯罪，只有社会主义才能够最终消减犯罪。因为社会主义社会将更多地关注社会整体的福利，将消除有利于富人的法律偏见。[③]

关于这时期犯罪社会学研究的作用，正如昆尼和威尔德曼指出的：20 世纪的社会犯罪学是对以前只看到个人因素的倾向进行了矫正，这种矫正的程度虽然还没有触及政治、经济以及财富分配方式等根本的社会建筑和统治制度，但已使犯罪学研究的注意力转向了社会条件。[④]

4. 20 世纪二三十年代犯罪问题的社会学研究在美国兴起。在 20 世纪初期，美国社会学的犯罪学研究的兴起为美国犯罪学的发

---

① Stephen（1969），*Theories in Criminology*：*Past and Present Philosophies of the Crime Problem.* New York：Random House，p. 217.

② De Quiro. C. B，*Modern Theories of Crime*，Boston：Little，Brown，1911. p. 85.

③［美］乔治·沃尔德等著，方鹏译：《理论犯罪学》（第 5 版），中国政法大学出版社 2005 年版，第 318 页。

④［美］理查德·昆尼等著，陈兴良等译：《新犯罪学》，中国国际广播出版社 1988 年版，第 62 页。

展奠定了坚实的基础，而且使犯罪学的研究中心也从欧洲转移到了美洲。随着社会工业化、都市化和现代化的迅速发展，美国的犯罪数量尤其是少年犯罪数量剧增，社会科学家开始借鉴欧洲犯罪学的经验，研究犯罪的规律，寻找解决犯罪问题的方案。并在大学的社会学系里开设了专门研究犯罪问题的课程——犯罪学研究成为了早期理论社会学的一个重要组成部分。①

20 世纪初，美国犯罪学家莫里斯·帕米利（Maurice Parmelee）促使了美国社会学与犯罪学的联合，他在其《人类学和社会学原则及其与刑事程序的关系》（*The Principles of Anthropology and Socilogy in Their Relations to Criminai Procedure*）一书中，在巧妙地吸收了龙勃罗梭理论的同时，提出了一种社会犯罪学的理念。后来，美国开始发展综合的犯罪学知识，帕米利在其《犯罪学》（*Criminology*）中讨论了犯罪的社会渊源问题。帕米利著作标志着美国开始由笼统的、折中主义的犯罪学研究转到了社会学层面上的犯罪解释论。②

这一时期，对美国犯罪学发展影响最大的是芝加哥大学社会学系的犯罪生态学研究。美国芝加哥大学社会学系的克利福德·肖（Clifford R. Shaw）和亨利·麦凯（Henry D. Mckay）借鉴 19 世纪欧洲犯罪统计学派社会生态学的犯罪学研究方法，对大城市青少年违法犯罪进行了长期的一系列的研究，形成了著名的“芝加哥学派”和社会解组理论。芝加哥学派最大的成果之一就是发现犯罪率与城市的地理和自然环境有着紧密的联系。他们不仅发现青少年犯罪在城市不同生态区域保持稳定的变化和模式，更重要的是他们发现青少年犯罪高发地区无论流动人口的种族怎么变换都保持稳定的犯罪率。这也就意味着犯罪更多的是由环境变量所决定的，而不是由犯罪人的种族等个性特征所决定的。这打破了当时流行的犯罪生

① ［美］理查德·昆尼等著，陈兴良等译：《新犯罪学》，中国国际广播出版社 1988 年版，第 42 页。

② ［美］理查德·昆尼等著，陈兴良等译：《新犯罪学》，中国国际广播出版社 1988 年版，第 67 页。

物学派的劣等种族论的观念。在这一研究的基础上，他们发展出旨在预防犯罪的芝加哥区域计划：通过改变贫民区的邻里环境、粉碎其犯罪亚文化、重构社区社会环境和文化价值观念的方式减少和预防青少年犯罪。这一计划是美国乃至于世界第一个由犯罪学理论转化为预防犯罪实际行动的预防犯罪计划，对美国和世界犯罪学的发展和预防犯罪活动的展开具有深远的影响。[①] 其后，经过约翰·齐林（John Lewis Gillion）、菲利普·帕金斯、萨瑟兰、塞林等犯罪学家的努力，运用社会学的理论和方法研究犯罪问题成为美国犯罪学研究的主流。并且美国以这种实用主义的研究为主发展成为了现代犯罪学的研究中心，也揭开了现代犯罪学的序幕。直至今天，美国应用犯罪学在世界犯罪学研究中也一直占据着主要的地位。另外，犯罪学也较早地成为了美国大学社会学系的课程。[②]

5. 20 世纪三四十年代美国犯罪社会学理论的繁荣。建立在芝加哥大学社会学专业训练的基础上，美国犯罪学家埃德温·萨瑟兰（Edwin H. Sutherland）1924 年在其《犯罪学原理》（*Principles of Criminology*）扩展和系统化了关于犯罪和犯罪人的社会学解释，试图建立犯罪解释的社会学模型。萨瑟兰是美国 20 世纪最具影响力的犯罪学家之一，提出其著名的不同交往理论的几个假设，基于此他进一步提出了与 20 世纪早期盛行的心理学和生物学的理论针锋相对的关于越轨和犯罪行为的社会学解释。根据不同交往论，一个人的行为主要是由他的社会交往所决定的，一个人犯罪行为的形成，主要是由于同有犯罪行为的人交往的结果。萨瑟兰认为，人们的社会交往由于频繁程度不一样、持续的时间不同、关系的重要性不同以及关系的密切程度不同而有差异，如果一个人首先同罪犯交往，而且同罪犯交往的频繁程度、关系的密切程度和持续的时间都

---

① 吴宗宪著：《西方犯罪学史》，警官教育出版社 1997 年版，第 629 页。

② ［美］理查德·昆尼等著，陈兴良等译：《新犯罪学》，中国国际广播出版社 1988 年版，第 42 页。

超过同一般人的交往，那么这个人就很容易走上犯罪的道路。后来萨瑟兰的学生唐纳德·克雷西（Donald Cressey）发展了萨瑟兰的理论，并运用该理论解释多种犯罪类型。另外，萨瑟兰还对职业（盗窃）犯罪人进行了研究，并提出和发展了白领犯罪的概念。萨瑟兰的理论同肖和麦凯一样，揭示了快速工业化、城市化社会的犯罪规律。

到了20世纪40年代，城市一定区域由于社会解组而具有一定犯因性的概念逐步被另一种新的解释所代替，认为高犯罪率的地区是不同的文化传统冲突的结果。在这种犯罪解释的转变中，宾夕法尼亚大学的犯罪学家索尔斯坦·塞林（Thorsten Sellin）起了关键的作用，1939年出版了他的代表著作《文化，冲突和犯罪》（*Culture, Conflict and Crime*）。塞林认为，在任何一个社会里都存在互相矛盾、互相排斥的各种文化，上层阶级以刑法形式把本阶级的文化规范、道德准则规定下来，要求全社会服从，而不能适应统治阶级文化及其模式的人，就会陷入犯罪。该理论认为社会存在两类文化规范的冲突，一类是随着文明发展而产生的不同时期的文化规范之间的冲突，另一类是同一时期两种对立文化规范之间的冲突。这种文化准则的冲突，必然导致行为的冲突，犯罪行为就是这种冲突的表现。这种文化冲突的理论，不仅适用于地理上分隔较远的地区之间的迁移，而且也适用于毗邻地区之间不同文化集团或其成员的迁移。这是文化冲突的一个方面。而另一方面则是，当社会结构由简单趋向复杂、分层，文化价值由单一状态发展为多元状态时，同一社区和同一文化集团内部也会发生文化规范冲突，产生新的不同社会集团或使原有的文化集团发生分化。由于新集团和原有集团都有各自的特殊文化准则和价值标准，所以就可能产生社会冲突和法律规范冲突，导致犯罪。塞林把前一类文化冲突称为“基本文化冲突”，把后一类文化冲突称为“从属文化冲突”。基本文化冲突是两种不同价值体系之间的规范冲突，从属文化冲突是社会分化过程中产生的规范冲突，反映社会发展的特征性。文化冲突常常引起家庭破裂和群体肢解，因而也是导致犯罪的原因。20 世纪 60 年代，沃尔夫冈（Marvin Wolfgang）和费拉柯蒂（Franco Ferracuti）发展了这种理论，用来解释不同区域、不同种族和不同民族暴力亚文化的差异现象。

与肖和麦凯一样，哥伦比亚的社会学家默顿（Robert K. Merton）也运用迪尔凯姆的功能理论分析社会结构，通过对社会结构的分析来解释犯罪，默顿用“社会结构性紧张”来描述相对稳定的社会与犯罪率的关系，因此默顿所倡导的理论及其追随者的研究被称为“紧张理论”。1938 年，默顿提出了失范理论（Theory of Anomie）。失范论认为，当下层阶级的人们无法用合法手段实现社会承认的成功目标时，就会产生挫折感、愤怒等紧张情绪，这种紧张情绪导致那些缺乏合法机会的人处于一种失范状态，使他们有可能用非法的手段实现成功目标。其后，这一理论分别被科恩（Albert Cohen）和奥林（Lloyd Ohlin）分别用来解释城市下层阶级的少年帮伙犯罪。科恩的少年犯罪亚文化理论（Theory of Delinquent Subcultures）认为，下层阶级少年犯罪多以帮伙形式出现，具有恶意性和否定社会性，但不带有功利目的，因此少年帮伙犯罪是对社会中产阶级主流文化中的规范和价值的一种反抗。美国社会学家克洛沃德（Richard Cloward）和奥林在其合著的《少年犯罪与机会：一种少年犯罪帮伙理论》一书中提出了少年犯罪的不同机会理论，其基本观点认为，犯罪是由个人对获得成功的合法机会和非法机会的不同接近程度决定的；当个人谋求成功的合法机会受到阻碍而产生挫折时，就会利用非法的机会（手段）追求成功，从而导致越轨及犯罪行为的产生。

6. 20 世纪六七十年代反实证主义犯罪学理论促进了刑事立法和司法的变革。在 20 世纪六七十年代，标签理论、冲突理论与马克思主义理论比较流行。标签理论是一组试图说明人们在初次的越轨或犯罪行为之后，为什么会继续进行越轨或犯罪行为，从而形成犯罪生涯的理论观点。标签理论是从象征互动理论发展而来的。标签理论把研究的重点从犯罪人转向对犯罪人及其犯罪行为的产生有重要影响的社会和其他人。根据标签理论，某一行为是否为犯罪行为，是由社会对它的反映所决定的，行为的犯罪性质是由社会、司法机构与他人赋予的，因此犯罪行为既不是疾病，也不是病理行为。而司法机关的活动具有犯因性的作用。犯罪人的本质是由标签过程决定的，标签的过程是人们对犯罪人烙印的过程，是强化他们的犯罪身份的过程。标签理论的刑事政策意义在于提出了非犯罪化、转处等刑事政策的建议。

社会冲突理论是用社会存在的冲突来解释犯罪产生的原因。其基本观点是犯罪是社会中存在的利益冲突、文化冲突或价值冲突等的产物。这一组理论除了塞林的文化冲突理论外，还包括沃尔德（George B. Vold）、特克（Austin Turk）、昆尼（Richard Quinney）、钱布利斯（Chambliss）和塞德曼（Seidman）等的冲突理论。

马克思主义犯罪学包括19世纪后半期和20世纪初期发展起来的建立在马克思和恩格斯著作基础上的犯罪学理论，也包括20世纪60年代以来的当代马克思主义犯罪学理论。这组理论学说一般都认为社会本身具有产生犯罪的性质，犯罪被定义为违反基本人权并损害社会的行为，否认法律所定义的犯罪。研究的重点从指责行为人转向指责社会本身。马克思主义犯罪学家不赞同主流犯罪学家所采取的“价值中立”的立场，主张犯罪学研究应具备政治的或意识形态的基础。他们批判了传统犯罪学只重视寻找引起犯罪的社会条件而忽略社会制度根源的研究模式，认为犯罪学应当研究资本主义社会制度本身所具有的导致犯罪的性质。马克思主义犯罪学理论认为，不消灭资本主义制度，就不能彻底解决资本主义社会的犯罪问题。

7. 20世纪六七十年代古典学派理论复兴和管理犯罪学理论出现。在犯罪学的发展史上，古典学派的理性主义理论和刑罚学说一直影响着后来犯罪学理论的发展。20世纪六七十年代兴起的当代古典主义、理性选择理论、日常生活理论及犯罪经济学理论就是在古典学派理论基础上形成的。当代古典主义影响了刑事司法制度的发展，而理性选择理论、日常生活理论及犯罪经济学理论则是情境预防体系的理论基础。

20 世纪 60 年代，随着犯罪率的持续增长，人们开始怀疑实证犯罪学派解决犯罪问题的能力，出现了一种以政治学家为主导的复古古典学派理论的倾向，开始重新注重刑罚预防的功能，这时期古典学派的复古理论被称为当代古典主义理论，也称为保守犯罪学理论（Conservative Criminology）。该理论继承和发展了古典学派刑罚理论，强调刑罚的威慑功能，支持报应刑，要求恢复死刑，主张大量使用监禁刑。威慑主义是当代古典主义的核心理念，主张通过法律和刑事司法制度创造一个威慑体系，发挥刑罚的一般预防功能，不仅惩罚违法犯罪者，而且威吓他人。当代古典主义的犯罪学理论对美国的刑事政策有很大影响，美国的警察部门、法院希冀通过威慑体系达到预防犯罪的目的。在刑事立法和司法中，贯彻“重重轻轻”的刑事政策，矫治制度向隔离主义和特殊预防主义倾斜，并恢复了死刑制度。当代古典主义理论和实践也受到一定的质疑。反对者认为：首先，研究并未明确证明增加刑期和监禁刑能够降低犯罪率，也并未证明死刑能够减少暴力犯罪，死刑不仅过于残酷，而且执行错误亦无补救之道。[①] 试验研究也证明，严厉的刑罚对犯罪的威慑效果并不明显，死刑的存在和死刑的必然性对杀人犯罪率并没有影响。[②] 其次，威吓主义者忽略了犯罪的社会、心理因素及刑事司法体系运作的复杂性。[③]

理性选择理论（The Rational Choice Perspective）被看成是古典

① 康树华：《美国最新犯罪学派——现代古典犯罪学派》，载《犯罪与改造研究》1996 年第 2 期。

② ［美］罗纳德·L·阿克斯，雷丽清译：“威慑理论”，载陈兴良主编：《刑事法评论》（第 17 卷），中国政法大学出版社 2006 年版，第 305 页。

③ 康树华：《美国最新犯罪学派——现代古典犯罪学派》，载《犯罪与改造研究》1996 年第 2 期。

学派理论的一种发展。所谓“理性”（Rationality）是指犯罪人对犯罪信息的处理和对犯罪选择评估；“选择”是指犯罪人作出的犯罪决定。根据这一理论，犯罪是犯罪人对犯罪各种信息作出思考衡量之后理性决定的结果，即是他衡量这一行为的风险和收益后，根据各种情况决定实施某种特定的犯罪行为。① 理性选择理论丰富和发展了以趋利避害、功利主义、威慑等为核心的古典学派理论，是用现代心理学等学科的理论改造、发展古典犯罪学理论的产物。理性选择理论与古典学派的纯粹理性论相比有很大的不同。首先，古典学派认为犯罪人有自由意志，是完全有理性的人；理性选择理论的理性是“有限的理性”（Limited Rationality），即犯罪人在一定程度上是有理性的，是按照自己的思考决定是否进行犯罪行为的，但是，这种理性思考要受各种因素的制约，包括犯罪人自身的有关因素和大量的环境因素。其次，古典犯罪理论仅仅研究犯罪行为，而理性选择理论则区分了犯罪行为特性（Offense Specific）和犯罪人特性（Offender Specific），认为某种具体的犯罪是这两种特性相结合的产物。但是，这一理论也因过度强调个人的选择而忽视了社会和经济的不平等、理性决策能力的个别差异而受到批判。②

日常行为理论（Routine Activities Theory）是与理性选择密切相关的一种理论。该理论的基本观点是犯罪行为的发生与人们日常工作、消遣和空闲时间的生活方式密切相关。该理论认为，社会上总是存在着大量具有犯罪动机的潜在犯罪人，对我们而言需要知道的是他们决定实施犯罪的目标及范围，就像狮子常在湖边寻找猎物小鹿一样，犯罪人常常到一定的情境中寻找犯罪目标。该理论认为每一个犯罪行为都是下面三个因素的集合体：（1）有犯罪倾向和犯罪动机的犯罪人，如没有工作的少年；（2）适合的目标，如便于运走

① Ronald V. Clarke, Situational Crime Prevention: Successful Case Studies, Harrow and Heston: New York, 1997, p. 7.

② 吴宗宪著：《西方犯罪学》，法律出版社 1999 年版，第 396 页。

的财物；（3）缺乏预防潜在犯罪人犯罪的或有能力的保护人，如朋友、邻居的照看等。而人们日常工作、消遣和空闲时间的生活方式影响着这三个因素，三者缺一不可，缺少任何一个因素，犯罪就无从发生。如果在一定时空内，三个因素都得以加强，犯罪则趋向于增加；如果潜在犯罪人和适合的犯罪目标一定，人们日常工作、消遣和空闲时间的生活方式为潜在犯罪人提供了更多的机会，犯罪也会增加。他们用这一理论来解释美国20世纪60年代以来犯罪率上升的现象。并根据犯罪与日常生活方式的关系，发展出了由整个社区参与的预防犯罪计划，即通过减少适宜的易得的目标、增强保卫力量、减少有犯罪动机的犯罪人来预防和减少犯罪。① 这一理论因过分依赖于传统的关于犯罪和犯罪人的刻板印象或成见、忽视了秘密犯罪（Hidden Crime）和性别问题而受到质疑。②

这一时期，随着犯罪学研究对“犯罪病因学”的质疑和批判，另外一种犯罪学理论和实践兴起，对这一理论和实践，英国著名犯罪学家约克·杨（Young J.）称之为“管理犯罪学”（Administrative Criminology），用此来指当时在英国和美国的犯罪研究中占主导地位的这一理论。行政犯罪学认为，对犯罪原因的寻找是徒劳的，但是引起犯罪产生的机会却是可以控制的。在此基础上，英国把情境预防理论发展到了极致。③ 20世纪60年代，随着美国街头犯罪日趋严重，为解决这一问题，犯罪学家、政治家和社会活动家都开始质疑现行的刑事司法制度和犯罪预防政策，主张为了预防犯罪，政府应当让社会公众知道哪些地方、什么时间被侵害的风险是最大的，应当推广一些有效的预防措施，诸如警察巡逻、安装防盗报警器及专门的防盗锁等。美国政治科学家詹姆斯·威尔逊（James

① SeeLarry Siege, *Criminology* (1995). 4th ed., St. Paul: West Publishing Company. pp. 116 ~ 117.

② 吴宗宪著：《西方犯罪学》，法律出版社1999年版，第400页。

③ ［英］戈登·休斯著，刘晓梅、刘志松译：《解读犯罪预防——社会控制、风险和后现代》，中国人民公安大学出版社2009年版，第76页。

Q·Wilson）认为，犯罪学应放弃其传统基本的使命——阐释犯罪，而应更多地关注于政策分析，尤其是对危险越轨者的预测和管理，从而减少犯罪和越轨。詹姆斯·威尔逊极力主张犯罪学家要成为政策分析家，并且摒弃有关犯罪学的观点，因为后者的显著特征是强调犯罪的根源。产生于这一时期的新犯罪学派极力主张政府应当担当起犯罪控制和预防的责任。但是这一理论和实践也因为行政管理化、犯罪学家政治家化受到了犯罪学界的批判。

后来20世纪90年代出现的调和犯罪学理论（Peacemaking Criminology）也主张同样的犯罪治理理念。其将犯罪定义为侵犯个人财产、人身自由以及共同社区的支配权的行为，理论的焦点是如何改革刑事司法政策修复被破坏的关系，以达到建立和谐社会的目的。这一学派反对刑罚的暴行，认为刑罚的暴行只能使犯罪的暴行不断增加，主张刑事司法应当人道化，应当促使警务、审判、矫正与社区和生活的结合，以达到预防犯罪的目的。

8. 20世纪60年代后社会化过程理论得到了充分的发展

20世纪四五十年代，问卷调查和统计是犯罪学资料收集的基本方法，到了六七十年代随着自我报告方法的推广和对少年犯罪的研究，自我报告代替犯罪统一报告（UCR）而变为了一种主要的研究手段。同时，关于犯罪生涯的纵向研究也逐步兴起。到了20世纪七八十年代，与这些犯罪测量方法紧密相关的社会化过程理论得到了充分的发展，主要包括：一个社会控制理论（Social Control-Theory）、社会学习理论（Social Learning Theory）和生命历程理论（Life Course）。

特拉维斯·赫希（Travis Hirschi）在其著作《少年犯罪的原因》一书中提出了社会控制理论，认为少年犯罪是个人与传统社会的联系弱化或破裂的结果。只有加强个人与社会之间密切的联系，个体才能适应社会规范，不至于走向犯罪道路。这种社会联系包括：（1）个体对父母、学校及同龄群体的依恋。对父母的依恋是最重要的依恋。（2）个体将时间、精力投入到正常的生活方式中。

（3）个体积极参与正常的社会活动。（4）个体尊重社会价值和道德观念。社会控制理论的实践意义在于国家可以通过加强社会联系的方式预防青少年犯罪。

社会学习理论是对萨瑟兰不同交往理论的修正，认为个人的犯罪行为是在社会生活中通过实施或观察犯罪行为而学习获得的；人们是否犯罪取决于其生活的社会环境中的有关因素，这一理论尤其适合解释暴力犯罪。该理论认为，在当代社会中，青少年攻击型行为主要是从三个地方学来的：第一是从家庭成员那里学来的；第二是从周围的社会环境学来的；第三是从媒体那里学来的，电影和电视上的暴力行为往往更加生动具体。①

生命历程犯罪学不同于传统犯罪学研究，生命历程理论研究个体在整个生命过程中（包括童年、青少年和成年）犯罪行为的持续性和变迁，而不仅是研究幼儿及青少年时期个体间犯罪行为的差别。生命历程研究开始于 20 世纪 30 年代的格鲁克夫妇（Sheldon and Eleanor Glueck）的研究，70 年代马文·沃尔夫冈（Marvin Wolfgang）的费城群体研究使犯罪生涯的纵向研究得以复兴，推动了“犯罪生涯”研究范式的发展。马文·沃尔夫冈的研究不仅使犯罪生涯研究成为了一个犯罪学的一个重要分支，并且发现了青少年越轨小群体（6%）实施了比例严重失调的犯罪量（50%），而具有明显的政策性价值，即对顽固犯罪人及其犯罪尤其是严重犯罪的关注将会减少。②对犯罪生涯的纵向研究，逐步发展为犯罪学的分支学科——发展犯罪学（Developmental Criminology）。所谓的发展犯罪学是指通过个体的生物、心理和社会等方面的发展因素的变化来解释犯罪行为的形成、发生和停止的理论体系。发展犯罪学在对犯罪学文献综合处理和归纳的基础上通过建立其建立的理论模型来解

① Akers, Ronald. L., 1997, *Criminological Theories: Introduction and Evaluation* (*Second Edlition*) Los Angeies, California Roxbory Publishing Company.

② John H. Laub, “The life Course of Criminology in the United States: the American Society of Criminology 2003 Presidental Address”, *Criminology* (2004), 1.

释童年时期、青少年时期以及成年时期的违法犯罪行为。[①]

9. 20 世纪 90 年代后整合理论得到了发展

从 20 世纪 70 年代，鉴于对犯罪学缺乏关于犯罪解释一般性理论的批判，犯罪学家们开始整合不同的理论观点，吸收各个理论的合理成分，创造新的综合性的犯罪学理论。这种整合不是各种理论的简单组合，而是有机地把不同的理论纳入一个理论框架中，创造出新的理论。

整合理论包括紧张理论、社会控制理论和社会学习理论的整合理论（Elliott），社会解组理论、社会联结理论和社会学习理论整合的相互作用理论（Thornberry），紧张理论、标签理论、社会控制理论和社会学习理论的整合理论（Kaplan），重整羞耻理论（Braithwaite），生物学理论、社会学理论和心理学理论的科际整合的生物社会理论（Jeffery），社会控制理论、生物社会学理论、心理学理论、日常活动理论和理性选择理论整合的犯罪的一般理论（Gottfredson and Hirschi）等。

科际整合的生物社会理论（Interdisciplinary biosocial theory, 1990）是将生物学理论、社会学理论和心理学理论加以整合来解释犯罪行为，其基本观点认为犯罪行为是社会、心理和生物因素相互作用的结果。该理论认为，整个有机体是三种基本系统的产物，即遗传学、大脑结构与功能、学习，这三种系统之间及它们与环境之间都存在着相互作用。当个人出生时，具有了一定的生物和心理特征，这种特征决定了一定的行为倾向，而且可能会引起某些行为；通过物理环境和生物化学系统的作用，本性和教养之间进行着大量的相互作用，个人与环境之间的不同作用造成了人们之间的差异，从而使一些人犯罪，而另一些人不犯罪。这一观点与其他研究相比，把生物学理论、社会学理论和心理学理论融进了一个有机的理

① ［美］罗伯特·J. 桑普森、约翰·H. 劳布著，汪明亮等译：《犯罪之形成——人生道路及其转折点》，北京大学出版社 2006 年版，第 243～246 页。

论体系，而不是并列地解释犯罪行为。

犯罪的一般理论（General Theory of Crime）是美国犯罪学家戈特弗雷德和赫希（Gottfredson and Hirschi）将社会控制理论、犯罪生物社会学理论、心理学理论、日常活动理论和理性选择理论加以整合提出来的。其基本观点是，犯罪是自我控制力弱和合适犯罪机会结合的产物，即缺乏自我控制力的人遇到了合适的犯罪机会就可能实施犯罪行为。在这种理论中，犯罪性（Criminality）是一个关键的范畴，认为犯罪性是人们在实施犯罪行为方面的稳定的差异，实质是自我控制能力差。具有高度犯罪性的人遇到了合适的环境和机会，就可能实施犯罪行为。这种理论的刑事政策的指导意义在于一方面减少犯罪性因素，另一方面减少环境因素和犯罪的机会。

重整羞耻理论是澳大利亚犯罪学家布雷斯维特（John Braithwaite）整合标签理论、失范理论、亚文化理论和社会学习理论的结果。其基本观点是，在如日本等国家的一些文化中，犯罪被视为一种很羞耻的事情，羞耻观念是减少犯罪的基本途径之一。布雷斯维特把羞耻分为两类：一是使犯罪人感觉到耻辱的烙印化；二是执法者或社会保证重新接纳犯罪人而犯罪人重返社会后感觉到的羞耻，即重整羞耻。一旦打上了羞恶的烙印则会导致高犯罪率，而重整羞耻则会导致犯罪率的降低。因此，为了预防犯罪，社会必须鼓励重整羞耻。

（三）犯罪学理论发展的特点

1. 犯罪学理论随着社会科学方法论和社会科学理论的发展而发展

从犯罪学理论的发展过程来看，其理论的发展变化与社会科学这一发展过程是相应的。龙勃罗梭创立犯罪人类学以来，犯罪生物学理论得到了充分的发展；到了 19 世纪初期，犯罪心理学和犯罪社会学的发展对犯罪生物学理论提出了挑战；其后，犯罪社会学理论主导着犯罪学理论；从 20 世纪 60 年代开始，随着反实证主义的出现，出现了标签理论、当代古典主义理论、马克思主义理论等不同于传统犯罪学的理论。从20世纪70年代，犯罪学理论开始出现了整合趋势，试图发展关于犯罪的一般性理论。

2. 犯罪学理论的内容丰富而多元

犯罪学理论主要是关于犯罪原因的解释，其主要内容的特点表现在：(1) 在犯罪的界定上呈现多元化的观点，除了刑法的定义、社会学的定义外，还有刑法和社会的定义、冲突的定义、功能主义定义和社会风险的定义等；(2) 在犯罪原因的探讨上，从决定论向情境论转变，从寻找犯罪原因向寻求犯罪动机转变，从寻求"为何实施犯罪"向"为何不犯罪和为何终止犯罪"转变；(3) 犯罪解释从单一走向综合，走向寻求关于犯罪的一般理论，从"中距理论"向"总体理论"发展；(4) 犯罪行为研究从"犯罪—犯罪人—犯罪原因—犯罪控制和预防"的平面模式向"犯罪—被害、犯罪人—被害人、犯罪原因—被害情境、犯罪行为控制和预防—被害预防"的立体模式发展；(5) 被害人学兴起，被害预防和被害人权利保护及救济进入了刑事政策和社会政策的领域；(6) 犯罪学理论从微观或宏观的分析，向微观分析和宏观分析相结合的方向发展；(7) 对犯罪的反应模式从古典学派的报应、实证学派的治疗，向社会防卫和正式与非正式的社会控制模式发展；(8) 在刑事政策的选择上，刑事政策从抽象的威慑主义扩大到相对的理性选择主义，并呈现"重重轻轻"的趋势。

3. 犯罪学理论的研究视角多样而综合

犯罪学研究犯罪现象的视角也逐步扩大，从单一视角向综合视角转换，主要表现为：从理想主义扩大到了现实主义（新犯罪学），从抽象主义扩大到了实用主义（现实主义犯罪学）；从男性主义扩大到了女性主义；从地域性、民族性犯罪学研究扩大到了国际性、比较性的犯罪学研究。这一特点与社会科学方法论和社会科学思潮的发展密切相关。

四、犯罪学具有完整的知识体系

一门学科形成了自己的基本范畴和知识体系，就获得区别于其他学科的独立性。犯罪学知识体系一般是指若干相互联系的关于犯罪现象科学理论逻辑构成的一个整体。犯罪学知识体系是否形成和完善是犯罪学学科产生和成熟的关键。

（一）犯罪学的知识体系

在犯罪学诞生之初，以龙勃罗梭、菲利、加罗法洛等为代表的犯罪学精英已经建立了相当完善的知识体系。西方犯罪学在一百多年的发展过程中，犯罪学已形成了以“犯罪行为分析—犯罪行为原因解释—类型犯罪分析—对犯罪的反应措施”为模式的知识体系。该知识体系一方面包括对犯罪事实的考察与分析，另一方面包括社会、司法机构控制与预防犯罪的措施，即社会对犯罪的反应，具体包括犯罪测量、犯罪人和犯罪被害人、犯罪原因、犯罪类型和刑事司法制度等内容。这一知识体系具体体现在欧美国家的犯罪学教科书中。如美国犯罪学家拉瑞·西格尔（Larry J. Siegel）教授的《犯罪学》（第十版），该著作包括四部分内容：犯罪行为、犯罪原因理论、类型犯罪和刑事司法制度。第一部分研究犯罪行为和被害，包括犯罪测量。第二部分介绍了犯罪原因理论体系和主要的犯罪原因解释理论，包括：理性选择理论（Rational Choice Theory）、特质理论（Trait Theories）、社会结构理论（Social Structure Theories）、社会化进程理论（Social Process Theories）、社会冲突理论（Social Conflict, Critical Criminology, and Restorative Justice）、生涯研究理论（Developmental Theories：Life Course and Latent Trait）。第三部分分析了主要的类型犯罪，包括：侵犯人身权利的暴力犯罪、政治犯罪和恐怖主义、财产犯罪、组织犯罪：白领和有组织犯罪、破坏公共秩序的犯罪、网络和科技犯罪。第四部分刑事司法制度主要包括：

刑事司法程序，警察和法院：侦查、逮捕和判决，惩罚和矫治。①另一经典教材由美国弗瑞德·阿德勒（Freda Adler）教授等编著的《犯罪学》同样也包括四大部分：犯罪学概览、犯罪行为的解释、犯罪类型和刑事司法制度。第一部分包括：犯罪学概述、犯罪测量、犯罪学发展历史及其流派；第二部分包括：心理学和生物学理论、紧张理论和文化反常理论、亚文化理论、社会控制理论和其他理论；第三部分包括：犯罪的概念、暴力犯罪、财产犯罪、组织性犯罪及与毒品、与酒精及性相关的犯罪；第四部分包括：刑事司法程序、警察执法、法庭和犯罪矫治。②

在我国，犯罪学的知识体系是“四段论”模式，即“犯罪现象—犯罪原因—犯罪对策（或犯罪预防、犯罪防控）—类型犯罪”的知识体系，这一体系反映了人类认识事物规律的基本模式，即“事物是什么”、“为什么”以及“该怎么办”的逻辑模式，前三个基本范畴实际上回答了“犯罪是什么”、“犯罪是如何产生的”以及“该如何处置犯罪”三个关于犯罪现象的基本问题。“类型犯罪”实际上是前三个基本范畴逻辑构成的犯罪学知识体系的应用，应用这个模式来分析某类具有共同特征的特殊犯罪现象。随着我国犯罪学研究的深入，犯罪学研究者开始反思犯罪学知识体系的科学性和合理性。21 世纪以来，犯罪学学者对犯罪学的知识体系作了一些新的探讨，王牧教授把犯罪学的知识体系概括为犯罪现象发生论、犯罪现象存在论和犯罪现象对策论相互联系的三个部分。③ 白建军教授认为，犯罪学的知识体系包括相互关联的三个部分，即研究范式、犯罪关系和社会反应，而且这三部分分别担任着理论资源、体系内核和理论应用的角色。④

---

① Larry J. Siegel ,“*Criminology* (*Tenth Edition*)”, Thomson Learning, Inc. 2009, Pix.

② Freda Adler, Gerhard O. W. Mueller, William S. Laufer. *Criminology*. McGraw – Hill, Inc. 1996.

③ 王牧主编：《新犯罪学》，高等教育出版社 2005 年版，第 161 ~ 169 页。

④ 白建军著：《关系犯罪学》，中国人民大学出版社 2005 年版，第 9 页。

犯罪学知识体系是由犯罪学的基本范畴及其之间的关系组成的有机整体。从犯罪行为及其产生和群体犯罪行为及其产生的角度，犯罪学知识体系包括两个相互联系的子体系，即犯罪行为的知识体系和群体犯罪行为的知识体系。这两个体系不是分割的，是密切联系的两个系统。从具体犯罪行为和群体犯罪行为的关系来看，犯罪行为和群体犯罪行为是一种个体和整体的关系。因此，犯罪行为和群体犯罪之间、犯罪行为原因和群体犯罪原因之间以及对犯罪行为的反应与对群体犯罪反应之间是一种子系统和系统的关系；相应地，关于它们的知识体系之间也是各子系统和系统的关系。

（二）关于犯罪行为的知识体系

犯罪行为的知识体系包括两个相互联系的理论体系：一是关于犯罪行为规律的理论体系，另一个是关于犯罪行为反应的理论体系。

关于犯罪行为规律的理论体系是关于犯罪行为、犯罪行为的形成和产生及犯罪行为的类型的理论逻辑体系，功能在于揭示犯罪行为的特点、规律和犯罪行为的形成机制。这一知识体系是由犯罪行为和犯罪行为形成机制两个基本范畴逻辑构成的，主要是关于犯罪行为的构成、犯罪行为的特点、犯罪行为的类型、犯罪行为的形成原因等的逻辑体系，重点是分析犯罪行为的特征和解释犯罪行为的形成机理。对犯罪人及其所生存的环境及其之间相互作用的研究构成了犯罪学中的犯罪原因分析，亦即犯罪病因学研究，对犯罪原因的分析构成了犯罪原因解释理论及其体系，这一理论体系是犯罪学知识体系中的主要部分，因此传统犯罪学被称为“犯罪原因学”或“犯罪病因学”。这一体系和分析框架类似于西方犯罪学中的发展犯罪学（Developmental Criminology），其通过个体的生物、心理和社会等方面的发展因素的变化来解释犯罪行为的形成、发生和停止。发展犯罪学通过建立理论模型来解释童年时期、青少年时期以及成年时期的违法犯罪行为。①

关于犯罪行为反应的理论体系主要包括国家、社会和个人对犯罪行为的反应，功能在于针对犯罪行为、犯罪人和被害人的控制和预防政策和措施。在西方犯罪学中，对犯罪行为的反应体系一般称为临床犯罪学或应用犯罪学（Applied Criminology），是一门分析犯罪类型、对犯罪进行分类和预测，尤其对犯罪人特征、个性及行为模式进行剖析的技术（The Art）。② 这一理解侧重于对犯罪人的鉴别、预测、分析和矫治，注重对犯罪行为类型和模式的研究。这种所谓的应用犯罪学在犯罪学教育中一般作为一种技术或者职业进行培训。

建立完整的关于犯罪行为的知识体系是揭示犯罪行为规律的基本途径，也是现代刑事司法制度、刑事政策和犯罪行为预防体系的理论基础。美国学者指出：我们在格鲁克夫妇资料中的发现成为了展望现在的犯罪研究的一个窗口，同时也开启了犯罪和刑事政策之间的对话。发展犯罪学的研究揭示了犯罪行为形成产生的规律，认为：犯罪是根源于社会结构中的不利地位，存在于家庭、学校和工作中的非正式社会纽带的弱化，以及对个体和社会之间提供社会资本的这种关系的破坏。③ 犯罪行为的产生规律为我们控制和预防犯罪行为形成和发生的刑事政策提供了导向：今天占主导的事后控制手段不仅忽视了犯罪发生的社会结构背景，而且也忽视了那些基本的社会团体，这些团体具体指的是家庭、学校和工作机构等，他们能够产生社会资本从而提供非正式的社会控制。因此，我们认为刑事政策的基础并不能完全靠刑事司法体系所提供的正式社会控制，我们要用一种更加综合而长远的观点来建立新的刑事政策，应该认

① ［美］罗伯特·J. 桑普森、约翰·H. 劳布著，汪明亮等译：《犯罪之形成——人生道路及其转折点》，北京大学出版社 2006 年版，第 243 ~ 246 页。

② http://faculty.ncwc.edu/toconnor/criminology.htm。

③ ［美］罗伯特·J. 桑普森、约翰·H. 劳布著，汪明亮等译：《犯罪之形成——人生道路及其转折点》，北京大学出版社 2006 年版，第 266 页。

识到职业、家庭凝聚力以及城市社区内的组织和刑事政策之间的紧密关系，应该重申预防性的社会政策。①

（三）关于群体犯罪的理论体系

群体犯罪的知识体系是关于群体犯罪行为产生、存在规律的理论及对其反应的理论体系，这一知识体系包括三个相互联系的理论体系：一是关于群体犯罪规律的理论体系，二是关于类型犯罪的理论体系，三是关于对群体犯罪行为反应的理论体系。前两者是关于群体犯罪现象产生、存在规律的理论体系，后者是关于控制和预防整体犯罪现象的刑事政策和社会政策的理论体系。这一知识体系类似于西方犯罪学中管理犯罪学（Administrative Criminology）的知识体系。刑事政策和社会政策是犯罪对策的基本内容，刑事政策是通过有效地发挥刑罚的特殊预防和一般预防的功能来达到减少犯罪的目的，重在控制犯罪的发展和预防重新犯罪的发生，社会政策是通过社会管理和社会福利等措施来减少犯罪的诱因和机会，进而达到减少犯罪的目的，这种对犯罪对策的研究就构成了刑事政策理论和犯罪预防理论及其体系。

五、犯罪学具有独特的社会价值

从犯罪学对国际社会及各国的刑事立法、刑事司法、刑事政策和犯罪预防政策的影响可以看出犯罪学的社会价值得到了充分的体现。

建立在犯罪学理论的基础上，联合国强调刑罚虽必不可少，但其功能是有限的，而且成本高并且持续增长，因此必须采取预防犯罪措施，即采取为谋求增进治安和安全且不诉诸于正规的刑事司法制裁的措施，这些非惩罚性措施的目的在于消除犯罪诱因或机会。因为犯罪学研究实践表明，同增加监禁和不直接针对犯罪预防措施

① ［美］罗伯特·J. 桑普森、约翰·H. 劳布著，汪明亮等译：《犯罪之形成——人生道路及其转折点》，北京大学出版社 2006 年版，第 267 页。

的警务预算相比，预防措施更有可能减少犯罪，而且给社会带来的负担更小。经过荷兰、英国、美国等国家的验证，行之有效的预防犯罪措施包括两种：一种是针对潜在犯罪人的社会预防，具体包括儿童发展、社区发展和社会发展三个措施，其社会预防主要是指通过适当的社会政策来减少或者消除犯罪人的犯罪因素；另一种是针对犯罪环境或潜在被害人的情境预防其目的在于减少犯罪机会。并强调这些措施要相互结合使用，使它们相互联系和补充。[①] 联合国主张的这一犯罪对策体系是犯罪学理论研究和实践的结果。

在过去的半个世纪里，英国、美国等国家发展出了一些对世界犯罪学研究和教学进一步发展具有决定意义的、内容极其丰富的犯罪学研究报告，这些报告直接影响着刑事政策、刑事立法及司法和犯罪预防政策的变革。1957 年英国下议院通过的《沃尔芬登报告》在世界范围内引起了一场非犯罪化的运动，对刑法干预性行为的范围进行了明确的界定，该报告指出：发生在非公开的、成人间的、合意的性行为不属于刑法调整的范围。自此，欧洲及北美国家开始把卖淫、同性恋、通奸等符合这一特征的性行为进行了非犯罪化。1967 年，美国执法和司法管理总统委员会提交总统的犯罪报告，不仅运用犯罪学知识分析了美国的犯罪现象，而且根据被害调查对犯罪隐案问题进行了研究。1969 年，美国关于暴力原因及其预防委员会对暴力犯罪进行了研究，为总统在制定关于种族冲突、学生骚乱及暗杀领导人等问题的政策提供参考。[②] 1970 年，美国“关于淫秽和色情问题委员会”提交的关于淫秽和色情问题的报告，建议刑法不再干预成年人之间非公开性的猥亵行为。1980 年，欧洲委员会推出了一个指导各国刑事立法政策和刑事司法政策的非常著名的《非犯罪化报告》，对非犯罪化及其刑事政策作出了明确的规定。

---

① 第十届联合国预防犯罪和罪犯待遇大会：《犯罪与司法：21 世纪所面临的挑战》，维也纳，奥地利，2000 年 4 月 10 ~ 17 日。

② ［德］汉斯·约阿希姆·施奈德著，吴鑫涛，马君玉译：《犯罪学》，中国人民公安大学出版社 1990 年版，第 156 页。

这样一个报告对于战后欧洲的非犯罪化有着重大影响，欧洲很多国家在战后相继把同性恋、堕胎、赌博、药物滥用等行为从刑法中删去。①

总的来说，犯罪学一百多年的发展史和学科制度化过程的完成说明犯罪学在西方已经是一门比较成熟的学科，正如法国刑法学家卡斯东·斯特法尼所说的："面对犯罪学经过长期研究所得到的结果，法学家仅仅付之一笑的时代已经过去。"② 但是犯罪学的发展仍面临着挑战。关于犯罪学的研究对象、学科性质及研究结论的使用效果的争论和反思仍在继续。相对于其他社会科学的学科而言，犯罪学仍然是一门年轻的学科，仍需要进一步的深度学科制度化建设。

---

① 梁根林："非犯罪化和中国的安乐死问题"，载中国法律信息网。

② ［法］卡斯东·斯特法尼等著，罗结珍译：《法国刑法总论精义》，中国政法大学出版社 1998 年版，第 55 页。

第四章 犯罪学的危机与方向

从犯罪学自身来说，当代犯罪学是一个可怜的失败者。致力于揭示犯罪原因，但又解释不清；致力于减少犯罪，但又开不出良方；诚恳地说，我们也没有见到在犯罪学研究上花费更多的社会的刑事司法制度比那些花费少或不花费变得更好。①

——约翰·布鲁斯维特（John Braithwaite）

一旦采取一种自由的但却严肃的办法来进行管理，那就会使我们的现在和未来得到改变。②

——伊曼纽·华勒斯坦（Immanuel Wallerstein）

犯罪学经历了一百多年的发展，学科地位基本得以确立，各层次的研究机构林立，教材、专业杂志和著作众多，理论层出不穷，并直接或间接指导着我们人类认识犯罪和治理犯罪的实践。然而，犯罪学在发展过程中也遭受着各种批判和争论，批判和争论犯罪学的研究对象，批判和争论犯罪学的知识体系，批判和争论犯罪学的学科价值等犯罪学的一些基本问题。这些批判和争论虽然显示了犯罪学发展的困境，甚至使犯罪学的发展在一定程度上陷入危机，但并不是坏事，因为“批判是科学的生命”。由于这些批判和争论，

① John Braithwaite, The state of criminology: Theoretical decay or renaissance? Australian and New Zealand Journal of Criminology, 22 (3), 1989, p. 133.

② ［美］华勒斯坦等著：《开放的社会科学》，三联书店1997年版，第113页。

犯罪学家们开始反思犯罪学的学科建设和发展、研究对象、学科价值、理论和实践状况等基本问题。这些批判、争论和危机是犯罪学研究革命和进一步发展的基础和动力。

关于犯罪学研究的批判和争论在20世纪30年代拉开了序幕，并达到了一个高潮。针对犯罪学的这种发展状况，美国犯罪学家昆尼和威尔德曼指出：“在犯罪学发展史上，20世纪30年代以混乱和评价为标志。”① 当时以萨瑟兰等为主的犯罪学家不满犯罪学以单一因素解释犯罪现象的研究倾向，试图通过多因素论或各种社会事实与犯罪的联系来改变犯罪学的研究范式。当时的犯罪学家们相信：“只要在犯罪的经验主义研究上下到足够的功夫，犯罪行为的原因就能够揭示出来。”② 然而，这时一份关于犯罪学研究的评估报告无疑等于是对当时的犯罪学家们的当头一棒。1933年哥伦比亚大学的两位教授杰罗姆·迈克尔（Jerome Michael）和莫蒂默·J.阿德勒（Mortimer J. Adler）出版了一份犯罪学研究状况的评估报告——《犯罪、法律和社会科学》（*Crime, Law and Social Science*, 1933），该报告指出，在犯罪学领域里没有科学的知识，企图从犯罪学研究的成果去得出犯罪原因的结论是一种谬论，这种谬论是如此的占统治地位，所以它妨碍了进一步的研究和探讨。③ 虽然这份评估报告仅仅代表一种观点，但是该报告给犯罪学研究带来了沉重打击，它试图颠覆犯罪学产生以来所确定的研究对象——犯罪原因，使犯罪学研究面临着连根拔起的毁灭性的危险。这份评估报告的严厉批判对犯罪学学科的影响是深远的，不仅影响着后来的犯罪学研究的方向和犯罪对策的变革，而且直接影响着当代犯罪学的发

---

① ［美］理查德·昆尼等著，陈兴良等译：《新犯罪学》，中国国际广播出版社1988年版，第72页。

② ［美］理查德·昆尼等著，陈兴良等译：《新犯罪学》，中国国际广播出版社1988年版，第73页。

③ ［美］理查德·昆尼等著，陈兴良等译：《新犯罪学》，中国国际广播出版社1988年版，第73~74页。

展。因此，在半个世纪后，美国著名犯罪学家沃尔德指出，迈克尔和阿德勒的评价即使在今天也是很尖锐的。面对这些批判和争论，激进犯罪学派的代表人物马斯乌斯（Matthaws）和扬（Young）的声音振聋发聩：声称“科学的”犯罪学的理论面临着破产，犯罪学现在处于深刻的危机之中。[①]“危”和“机”是辩证的，有危机也就意味着有新的机遇，只要危中求机、转危为机，就会有新的发展。犯罪学的事业在危机和机遇中不断得以前进和发展。

第一节 犯罪学的危机与重构

自这两位教授的批判以来，犯罪学研究一直处于批判和争论之中。表面看来，这些批判和争论是对犯罪学研究的批判或否定，而实质上这是犯罪学家对犯罪学发展的一种焦虑和反思，他们就像犯罪学的“医生”，在诊断犯罪学发展中存在的问题，以便突破“瓶颈”和提供治疗方案，为犯罪学的发展寻找更合适的路径。归根到底，这些批判和争论的焦点主要集中在四个方面：（1）关于犯罪学学科价值的质疑，认为犯罪学没有起到减少犯罪的作用；（2）关于犯罪学研究对象——犯罪原因的研究的质疑，认为寻求犯罪原因是不可能的，是一种缘木求鱼式的、南辕北辙式的徒劳研究；（3）关于犯罪学知识和知识体系的批判，认为犯罪学理论众多但缺乏统一的知识体系；（4）关于犯罪学研究方法或范式的批判，认为犯罪故步自封，缺乏开放性，导致其知识旧而无用。

一、对犯罪学学科价值的质疑和批判

犯罪学的学科价值的实现在一定程度上决定着犯罪学学科的成熟和发展，犯罪学还没有发展为相对比较成熟的学科，可能与犯罪学社会价值实现的程度密切相关。王牧教授指出，犯罪学的社会价

① Matthews. R. & Young. J.，Confronting Crime，London：SAGE，1986，p. 1.

值体现在预防和减少社会存在的犯罪，这是犯罪学学科的直接任务，也是犯罪学理论的出发点和落脚点，是确定犯罪学理论框架、研究对象和评价各种理论的根本标准。犯罪学存在的各种问题，几乎都与学科任务不明确或不正确有不同程度的联系，其中，影响学科成熟的一个比较大的问题，就是混淆了刑法学与犯罪学的学科任务，把刑法学的犯罪概念、理论方法等，直接移到犯罪学之中，作为犯罪学的犯罪概念和理论方法。[①] 因此，对犯罪学社会价值的质疑和批判主要集中在犯罪学学科功能的实现方面。社会科学家们认为，犯罪学在预防和减少犯罪方面所起的作用不是很大。澳大利亚犯罪学家约翰·布鲁斯维特指出：说当代犯罪学家们是一群悲观主义者和愤世嫉俗者，看起来理由很充分。我们的科学在很大程度上并没有作出可以防止犯罪的刑事司法政策。[②]

当代犯罪学出现危机，可能有两个方面的原因。一方面是犯罪学自身造成的，面对频繁变迁的社会和复杂的犯罪现象，犯罪学研究有点跟不上形势发展的需要。20 世纪末期犯罪现象的变化已经证明了犯罪学理论的尴尬：大部分当代的犯罪学理论已经过时而且面对犯罪的变化有点无能为力的感觉。犯罪现象的变化和犯罪人的改变可以说是对犯罪行为病理学研究范式的挑战，尤其是对犯罪生物学、犯罪心理学的理论是一个致命的打击。政治性暴力的持续增长和可习得性的暴力衰弱加速了现有犯罪学理论的终结。犯罪现象的这些变化就需要犯罪学知识的更新和发展，需要新的犯罪学理论来解决新的犯罪问题，但是犯罪学理论的发展有点令社会失望。另一方面，可能更重要的是犯罪学的研究得不到推广和适用。对犯罪学家而言，他们对政治、经济、社会政策决策的影响力是有限的，这也就是 20 世纪 60 年代以来美国社会主张犯罪学家向政治家靠近

---

① 王牧：《学科建设和犯罪学的完善》，载《法学研究》1998 年第 5 期，第 130 页。

② John Braithwaite, "Reducing the Crime Problem: A not So Dismal Criminology", 25 Australian and New Zealand Journal of Criminolog (1992), 1.

的缘由；从国家政策制定的角度来看，也许法国学者乔治·比尔说得更确切些，他指出：政治领导人的盲目往往使他们更热衷于使用那些陈旧的镇压办法，而不愿意采纳犯罪学家的建议。①

针对犯罪学这种困境，澳大利亚犯罪学家约翰·布鲁斯维特（John Braithwaite，1989）悲观地指出：从犯罪学自身来说，当代犯罪学是一个可怜的失败者。致力于揭示犯罪原因，但又解释不清；致力于减少犯罪，但又开不出良方；诚恳地说，我们也没有见到在犯罪学研究上花费更多的社会的刑事司法制度比那些花费少或不花费变得更好。② 犯罪学的这种研究状态直接影响着犯罪学的学科建设。

二、对犯罪原因研究的批判和重构

（一）对犯罪原因的批判

自从19世纪的下半期犯罪学产生以来，犯罪学家们就开始了对犯罪原因的孜孜追求，并发展出了多种多样的犯罪原因解释理论，既有生物学的、心理学的、社会学的，也有综合性的。他们所建立的犯罪学实际上是犯罪病因学或犯罪原因解释学。从这一时期开始，犯罪学对犯罪原因的探求成了一种学科习惯和学科的逻辑起点，对待犯罪就像人类对待疾病，首先查找其产生存在的原因，然后才能够“对症下药”。犯罪病因学是建立在犯罪原因是寻求犯罪治理对策的基础这一坚定的学科信念基础之上的。在犯罪学诞生之初，犯罪学家们坚定地相信：“只要在犯罪的经验主义研究上下到足够的功夫，犯罪行为的原因就能够揭示出来。”③ 犯罪学的这一

---

① ［法］乔治·比卡著，王立宪、徐德瑛译：《犯罪学的思考与展望》，中国人民公安大学出版社1992年版，第73页。

② John Braithwaite，“The State of Criminology：Theoretical Decay or Renaissance?”，22（3）Australian and New Zealand Journal of Criminology（1989），p. 133.

③ ［美］理查德·昆尼等著，陈兴良等译：《新犯罪学》，中国国际广播出版社1988年版，第73页。

逻辑指向和内容奠定了犯罪学知识体系和成为一门学科的基础。

然而，犯罪学诞生半个世纪之后，当犯罪学家们回顾和评估犯罪学的研究时，发现对犯罪原因的探讨并没什么实质的进展。因为这林林总总的研究，无论是单独的还是联合的，并没有对犯罪原因求出满意的结论。于是犯罪学家开始了对犯罪的病因学研究的口诛笔伐，要求重新审视犯罪学研究的假设、命题和逻辑起点，进而把无止境的、无结果的对犯罪原因的寻求转向更有用途的、更容易的犯罪现象本身的分析和刑事政策的制定上来。美国政治科学家詹姆斯·威尔逊（James Q·Wilson）指出：就我所知，一直以来关于犯罪问题的论争发生于这样两方之间，一方希望依靠刑事司法体系解决犯罪问题，一方主张从犯罪根源上治理犯罪。我一直站在前者的阵营中，因为反对者们所描述的诸如失业、种族、居住条件差、欠缺的学校教育、缺乏自信这一类犯罪根源，经过详细的考证，并不是犯罪的主要原因，犯罪学尤其是犯罪学理论“不能为倡导公共政策提供可信的依据”。①

美国犯罪学家莫尔斯（Norval Morris）和霍肯斯（Gordon Hawkins）指出：犯罪学家认为需要加强对犯罪原因的研究，通过病因学的研究寻求特殊的犯罪行为的形成原因和行为模式，如果忽略犯罪原因的研究将会不利于犯罪控制或治理。然而，不幸的是事实告诉我们关于犯罪原因的知识并不必然地意味着相应地能够加强犯罪控制和预防能力。而且，还有大量的其他研究证明进一步加强对根源或者犯罪原因的探讨将是一种对有限资源的巨大浪费。② 英国犯罪学家鲍克斯（Steven Box）把这种对犯罪原因的执著追求称为是难以消除的“过时的、可鄙的、病原学——犯罪原因的怀旧情

---

① John H. Laub, “The Life Course of Criminology in The United States: the American Society of Criminology 2003 Presidental Address”, 42 Criminology, 2004, 1

② Norval Morris & Gordon Hawkins, The Honest Political's Guide to Crime Control, Chicago: University of Chicago Press, 1969, p. 50.

结”。[①] 犯罪病因学的批判者普遍认为，犯罪学如果把犯罪原因作为自己的研究对象，不仅过去的努力没有结果，将来的研究也一样是徒劳的。原因主要表现为以下几个方面。

首先，犯罪行为是复杂的社会行为，因此犯罪原因是复杂的，确切寻找犯罪产生的一般原因几乎是不可能的。[②] 日本学者大谷实指出：由于犯罪是以人格中的自发的非决定性的要素为媒介而实现的，所以即使从宏观上能找到犯罪发生的规律，但在微观上，对个别犯罪原因的实证法则进行把握仍极为困难。对于犯罪而言，“并不存在像自然法则一样，对其所有情况均适用的规律”的说法并不过分。[③]

其次，在社会科学研究中，没有学科是以原因为研究对象或者把原因理论化的。[④] 王牧教授指出，政治学研究政治现象，经济学研究经济现象，而唯独犯罪学例外，犯罪学的这个理论前提预设是错误的，错误的根源在于 19 世纪实证学派犯罪学对犯罪学学科任务——“消灭犯罪”的错误认识：“为了消灭犯罪，必须寻找犯罪原因”，于是犯罪学把研究精力几乎全部集中到对犯罪原因的探讨上，岂不知这一起点违背认识事物的基本规律，从认识的一般规律上看，除了犯罪学之外，没有其他的学科放弃自己研究对象本身的客观存在不研究，而只研究对象产生原因的。[⑤] 莫尔斯和霍肯斯同样指出，按照犯罪学病因学研究的逻辑，民事侵权行为及其他有害的行为也应当探求犯罪原因，但是以这些行为为研究对象的学科并没有研究，而这些行为与犯罪行为在事实上是没有什么区别的，只

---

① Steven Box, Recession, Crime and Punishment, 1987, London: Macmillan. p. 194.

② ［法］乔治·比卡著，王立宪、徐德瑛译：《犯罪学的思考与展望》（中译本），中国人民公安大学出版社 1992 年版，第 20 页。

③ ［日］大谷实著，黎宏译：《刑事政策学》，法律出版社 2000 年版，第 53 页。

④ See Ezzat A. Fattah. (1997), Criminology: Past, Present and Future: A Critical Overview, ST. MARTIN'S Press, New York, p. 251.

⑤ 参见王牧：《根基性的错误：对犯罪学理论前提的质疑》，载《中国法学》2002 年第 5 期。

不过违反的法律规范不同而已。在我们的社会里，除了交通安全事故外，没有调查侵权行为产生的社会或心理学的原因是什么的。[①]

最后，犯罪是一个法律范畴的社会行为，法律的时间和空间的相对性及犯罪行为本身的差异预示着探求犯罪原因，寻求关于犯罪的一般性理论是一种徒劳。[②] 莫尔斯和霍肯斯指出：犯罪，与疾病一样，不是一种单一的现象，因此单一的理论不可能解释所有的犯罪行为，就像单一的理论不可能解释所有的疾病一样。[③]

总结而言，对犯罪原因研究批判的理由无外乎两种声音：一种是犯罪原因是找不到的，犯罪学寻找犯罪原因的努力是徒劳的；第二种是寻求犯罪原因是没用的，找到了犯罪原因并不意味着就找到了合适的、有效的犯罪对策。

（二）犯罪病因学的转移

随着对犯罪学关于犯罪的病因分析批判的深入，一些犯罪学家开始呼吁犯罪学要中止对犯罪原因的无效的追求，转换犯罪学的研究范式，寻求犯罪学研究的新路径。犯罪学家们主张的犯罪学的新路径大致有四条：

1. 放弃犯罪原因的追求，转而对特别犯罪模式进行微观研究，为政策制定提供基础。犯罪学家威斯伯恩（Weatherburn）指出：犯罪学，像其他社会学科一样，并没有发展出像物理或化学那样学科突破性的理论，后来又缘木求鱼地试图发展出能够揭示所有犯罪形态的一般理论。犯罪学理论的发展应该转向特殊犯罪模式的微观理论的研究，为犯罪预测和政策制定提供导向。[④]

---

① Norval Morris & Gordon Hawkins，The Honest Political's Guide to Crime Control，Chicago：University of Chicago Press，1969，p. 46.

② See Robert Maciver，social Causation，Boston：Ginn，1942，p. 88.

③ Norval Morris & Gordon Hawkins，The Honest Political's Guide to Crime Control，Chicago：University of Chicago Press，1969，p. 45.

④ D. Weatherburn，On the Quest For a General Theory of Crime，Australian and New Zealand Journal of Criminology，26，1993，pp. 35 ~46.

2. 把犯罪学研究对象转到社会现实的犯罪现象上，揭示犯罪存在、发展的规律。有犯罪学家指出，犯罪学研究应当放弃对犯罪原因的探索，因为这种探索孤立地说明了犯罪是区别于其他社会行为的个别事实，而忽略了犯罪是怎样成为我们社会的一部分的事实。① 我国犯罪学家王牧教授也坚持这一观点，认为犯罪学产生之初把犯罪学定位于主要研究犯罪原因是一个研究逻辑指向的根基性的错误，并主张犯罪学必须在犯罪必然存在的理论前提下来重新考虑犯罪学的研究，把犯罪现象论放到犯罪学研究的核心和首位对待，真正像政治学对待政治现象、经济学对待经济现象那样来研究犯罪现象，集中力量认识犯罪本质，发现和挖掘犯罪现象的发展、变化规律，才有可能真正实现犯罪学的目的，才能正确确定刑事政策，实现对犯罪问题的认识和对策上的真正的理性和理想。②

3. 转变犯罪学的任务，转变为寻求犯罪对策。这是美国保守犯罪学家（Conservative Criminologists）③ 的代表性观点。詹姆斯·威尔逊（James Q·Wilson）极力主张犯罪学家要摒弃对犯罪根源的追求，转向政策分析。对威尔逊而言，结果是政策分析取代了犯罪原因分析，他指出：政策分析与原因分析相反，它源于一个非常不同的视角，政策分析不是关注问题的原因而是关注犯罪企图实施犯罪的条件，外在的条件是能够评估的，政府可以针对性地实施一定的政策，这些政策一旦适用则会以合理的成本改善那些外在条件，

---

① See S. Henry & G. Milovanovic, The constitution of constitutive criminology: a post-modern approach to criminological theory, In David Nelken (ed), The futures of criminology, SAGE Publications Ltd., 1994, p. 120.

② 王牧：《根基性的错误：对犯罪学理论前提的质疑》，载《中国法学》2002 年第 5 期。

③ 代表人物有莫尔斯（Norval Morris）、霍肯斯（Gordon Hawkins）、汉格（Van den Haag）、威尔逊（James Wilson）、艾哈里希（Issac Ehrlich）及弗格尔（David Fogel）等，他们被视为“法律和秩序运动派的知识分子”（Intellectuals for Law and Order）。

进而起到我们所期望的效果。[①] 原联合国预防犯罪顾问马尼埃尔·罗佩兹·雷先生也主张，犯罪学的任务不是发现犯罪的所有原因，而是向政府提出一个刑事政策的方法，以使犯罪行为降低到一个合理的水平。[②] 这种观点受到了一些犯罪学家批判，澳大利亚犯罪学家约翰·布鲁斯维特（John Braithwaite）认为，19世纪那些宏大的功利主义教义——威慑、剥夺资格、矫治——很明显都是非常失败的。在犯罪学上古典主义的回归——公正的赏罚运动——甚至比失败更糟糕。这是向前迈出的灾难性的一步。[③]

4. 转变犯罪学的研究重心，转到对犯罪原因研究结论的应用上来。北欧的女性主义犯罪学家托努德（Patrick Tŏrnudd）主张犯罪学应当把对犯罪原因的探求转到对犯罪学研究结果的运用上来，提高犯罪学对犯罪现象波动预测和司法程序对犯罪及犯罪人认定的能力。[④]

（三）犯罪病因学的坚持与回归

然而，终结犯罪学的病因性研究的主张并不是得到了所有犯罪学家的认可，长期的批评也没有减弱犯罪学家对犯罪原因探求的热情和执著。一方面20世纪60年代以来对犯罪原因持续的探求说明了这一点；另一方面那些主张终结病因性犯罪学研究的犯罪学家受到了激烈的反击。美国著名犯罪学家克雷西（Don Cressey）旗帜鲜明地极力反对任何放弃犯罪原因研究的企图，指出：当代犯罪学家们放弃对犯罪原因的探求而加入政治家的阵营的发展趋势是当代犯罪学的悲剧，如威尔逊、汉格、艾哈里希、弗格尔、莫尔斯和霍肯

---

① John H. Laub, "The life course of criminology in the United States: the American Society of Criminology 2003 presidental address", 42 Criminology (2004), 1.

② ［法］乔治·比卡著，王立宪、徐德瑛译：《犯罪学的思考与展望》（中译本），中国人民公安大学出版社1992年版，第18页。

③ John Braithwaite. Reducing the Crime Problem: a Not so Dismal Criminology. Australian and New Zealand Journal of Criminology. 25 (1992), p. 1.

④ Patrick Tŏrnudd, The Futility of Searching For Causes of Crime, Scandinavian Studies in Criminology. 3, pp. 23~33.

斯等，他们不努力发展更好的关于犯罪为什么日趋严重的犯罪学思想，而是更倾向致力于寻求如何制定抑制犯罪的对策，发展如何使刑事司法更有效的技术犯罪学……如果越来越多的犯罪学家步其后尘，犯罪学最终只会有一个“戴着镣铐跳舞”的未来。[①]

英国著名犯罪学家、激进犯罪学派的代表人物之一扬（Jock Young）对这种“病因学危机”进行了分析，认为这是发达国家面对犯罪高增长困惑的一种选择，他们把犯罪的增长归结为犯罪学研究的无能，实际上是他们没有理解社会与经济环境的提高可能伴随着犯罪率的上升，犯罪学研究完全撤出犯罪原因探讨是没道理的，应该敦促犯罪学研究重新回到病因学上来。[②] 情境预防的困境也显示了犯罪病因学研究的价值。情境预防不关注犯罪人，而仅仅关注犯罪行为发生的环境，其起到的作用仅仅在于把许多犯罪从已经实施了措施的地方转移到其他地方或事件，或转换为其他的犯罪形式，不能解决犯罪的根本问题。情境预防理论研究者也开始关注当犯罪人面对犯罪预防措施时将会怎么行为，开始关注犯罪人的决策过程，但是他们主要还是关注那些能够直接控制犯罪产生的情境措施。[③]

20 世纪 70 年代以来的对犯罪病因学的批判很激烈，但是并不是说犯罪病因学研究完全消失了，它仍是大多数研究者的主要工作，如英国剑桥大学犯罪学研究所教授法灵顿（D. P. Farrington）的《人类发展与犯罪生涯》。我们现在需要明白的是，那个时期病原学事业出现一种游离的趋势或潮流，尤其是在社会学家之间，然

---

① Don Cressey，Criminological Theory，Social Sciece，and The Repression of Crime. 16，1978，pp. 179 ~ 187.

② Young，The failure of Criminology：The Need for A Radical Realism. In R. Matthews&J. Young（eds），Confronting Crime，1986，London：Sage. p. 4

③ ［英］克莱夫·科尔曼、詹妮·莫尼罕著，靳高风等译：《解读犯罪统计数据预防——揭示犯罪暗数》，中国人民公安大学出版社 2009 年版，第 168 页。

而，有证据表明最近几年人们的兴趣又重新回归到这个话题。①

三、对犯罪学研究方法的批判与革命

（一）犯罪学研究的故步自封

在社会科学家领域，社会科学家感觉到当代犯罪学（尤其是英语地区犯罪学）不仅在理论思想方面没有什么创新，而且还不关心其他领域的发展。为了使当代犯罪学的发展摆脱这种困境，有意识的、有针对性的犯罪学元研究兴起，一些从事理论犯罪学研究的学者开始对犯罪学研究本身进行反思，反思其他领域的理论发展与犯罪及犯罪控制理论的关系。过去，我们总把犯罪学研究与社会学、心理学、法学或医学等一些主流学科紧密地联系在一起，犯罪学从那些学科中发展自己的概念和理论。或者把它作为一门提供专门政策的激进的政策科学来对待。然而，现在看来，这门学科的发展紧紧靠引进社会学或者其他相关主流学科的最新理论和研究成果是远远不够的，从这个角度来说，当代的犯罪学研究是故步自封的，而且这种与其他学科理论研究脱离的状况是由来已久的。犯罪学这种故步自封的研究状况导致了学科理论的贫瘠和解决现实问题的乏力，这种研究状况在整个社会科学研究的综合化、整体化的大背景下是不能够适应社会发展需要的。当代犯罪学的发展，尤其是美国犯罪学的发展，一方面过分注重实用，试图把犯罪学变成一门实用的政策学科，不注重犯罪学科学理论和理论体系的建设；另一方面不积极地借鉴其他自然科学和社会科学的研究成果，不注重犯罪学理论的时代性。这正如有的学者所指出的，犯罪学由于过度注重实用而忽视理论发展，导致理论的贫瘠，而当社会急需理论指导时，不得不求助于社会学等其他学科的知识和理论。②

---

① ［英］克莱夫·科尔曼、詹妮·莫尼罕著，靳高风等译：《解读犯罪统计数据预防——揭示犯罪暗数》，中国人民公安大学出版社 2009 年版，第 168 页。

② John H. Laub, "The life course of criminology in the United States: the American Society of Criminology 2003 presidental address", 42 Criminology (2004), 第 1 期。

(二) 社会科学发展：跨学科犯罪学构建的机遇

社会科学的发展也为犯罪学的发展提供了新的机遇。截至20世纪上半叶，社会科学各学科的专业化和制度化建设都已经基本完成。专业化和学术化加深了各学科对各个领域内社会现象的认识，人类对自然界和自身的生存环境的认识，取得了飞跃的发展，但是与此同时，知识的急剧发展和知识范围的迅速扩大，除增加了人类主宰和控制自然界的能力外，也同时带来了不少前所未有的问题，如生态的破坏、战争的威胁、社会秩序的急剧转变等，在这些新出现的问题面前，现代世界各种越来越复杂而庞大的学术体制似乎有点无能为力。因此，有学者指出，社会科学面临着一场深远的危机，面临着一种新的挑战。① 德特令（Dettling. W.）和彼特·瓦格纳（P. Wagner）也指出："社会科学从未像现在这样拥有那么多的院校和学生，但是他们实际的公众影响却比以前小得多。"② 这种现象产生的原因在于社会科学的专业化和学术化在给社会带来种种利益的同时也导致了知识的破碎和学科之间的壁垒，滋生了一系列的新的问题。正如美国社会科学家华勒斯坦所指出的：现今的学术知识生产已深深地和各种社会权力、利益体制相互交缠，导致学术体制的内部组织和关于知识发展开拓的规划都受制于关乎学科分类的偏见及这些偏见所体现出来的权力和利益关系。偏狭的学科分类，一方面框限着知识朝向专业化和日益互相分隔的方向发展，另一方面也可能促使接受这些学科训练的人日益以学科内部的严格训练为借口，树立不必要的界限，以谋求巩固学科的专业地位。这种学科制度的优点是能够建立完整和融贯的理论传统和严格的方法学训练，但同时也有使学术体制成为偏见的生产地，以服务自己的利

① ［英］吉尔德·德兰逊著，张茂元译：《社会科学——超越建构轮和实在论》，吉林人民出版社2005年版，前言和致谢第2页。

② 转引自［英］吉尔德·德兰逊著，张茂元译：《社会科学——超越建构轮和实在论》，吉林人民出版社2005年版，第2~3页。

益为尚，建立虚假的权威之虞。①

针对社会科学的深重危机，社会科学家提出要重建社会科学。1996年，古本根重建社会科学委员会的报告指出：我们正在步入一个多种知识领域之间不存在对抗的时代，在那里，自然科学、社会科学和人文科学之间的三元划分再也不是像以前那样那么明显。因此，我们能够在21世纪看到一个统一的、强大的科学体系。因此，我们必须进行学科制度的新尝试和改革，重建社会科学，号召社会科学工作建立一种更开放和更“扎实可靠的知识”（Valid Knowledge）。我们重建的社会科学拒绝把知识零碎化，进行一些弹性的跨学科的制度改革。社会科学家要进行跨学科的整合性研究，包括跨学科的研究计划、强制性的跨学系联合聘用教授制度、跨学系联合培养研究生等。②

（三）犯罪学的重建

面对社会科学的发展和犯罪学的危机，犯罪学家们开始对犯罪学学科的发展进行反思和规划。英国社会学家和犯罪学家大卫·尼尔肯（David Nelken）指出：在某种意义上，未来犯罪学面临的真正危机不仅仅是发展途径问题，如果像美国著名社会学家阿尔文·古尔德纳（Alvin W. Gouldner）在《新犯罪学》序言里所评论的那样——《新犯罪学》在学术和专业上赢得尊重的原因在于它把犯罪学与社会理论紧密地联系起来，那么，当前犯罪学研究所面临的挑战是如何对待犯罪学的裂化和学科的自负。虽然犯罪学家适应社会

① ［美］华勒斯坦等著：《开放的社会科学》，三联书店1997年版，第15~39页。

② 为了探索当代学科分隔背后更深广的历史原因和社会科学的改革，古本根基金会组织了一批以厄姆顿大学（Binghamton University）布罗代尔研究中心主任华勒斯坦（I. Wallerstein）为首的国际知名学者——其中六位来自社会科学，两位来自自然科学，两位来自人文科学，共同从事一项研究计划，其宗旨是要对社会科学的目前状况和未来前景进行思考。1997年他们以多种语言出版了一份题为《开放社会科学：重建社会科学报告书》（三联书店/牛津大学出版社1997年版）。参见（美）华勒斯坦等著：《开放的社会科学》，三联书店1997年版，第111~113页；华勒斯坦等著：《学科知识权力》，三联书店1999年版，第14页。

和学科发展的需要，发展了一些如女性犯罪学、后现代犯罪学等新的理论，但是未来犯罪学的发展并不仅仅如此，这也不一定是最好的选择。[①] 在尼尔肯看来，犯罪学学科的裂化和自我的满足是学科发展的障碍，一味地发展单一的理论并不是发展的方向，也不是犯罪学的未来，犯罪学只有与其他学科紧密联系起来才会有个光明的前景。

在犯罪学家们看来，20 世纪犯罪学的发展是不尽如人意的，没有学科创立之时的辉煌，只有“一地鸡毛”式的混乱。英国剑桥大学犯罪学研究所教授法灵顿（D. P. Farrington）在回顾 20 世纪犯罪学的历史、展望 21 世纪犯罪学的发展时指出：20 世纪的犯罪学主要研究犯罪行为、犯罪原因和预防犯罪措施三个方面的内容，虽然在这三方面均有所进展，但不幸的是均未有根本性的突破，因此需要 21 世纪的犯罪学继续来解决这些问题。[②] 21 世纪，犯罪学的发展任重道远，希望在下一个世纪当犯罪学家们在回顾 21 世纪展望 22 世纪时，再没有这些“老大徒伤悲”的感慨，希望犯罪学能够像经济学、社会学、法学等学科那样更好地解决犯罪问题。面对 21 世纪重建社会科学的新趋势，犯罪学作为一门跨学科的学科面临着巨大的机遇。在这种背景下，犯罪学如何在重建社会科学框架内进行学科建设、如何发展科学的理论、如果构建缜密的知识体系及如何发挥学科的社会价值将是犯罪学面临的重任。根据 20 世纪 30 年代以来犯罪学发展的经验和教训，在吸收犯罪学家们的批判和建议的基础上，21 世纪犯罪学的发展应当向更深的专业化、更广的综合化的方向发展，应当充分发挥跨学科研究的功能。

1. 深化犯罪学学科的专业化和综合化研究。自社会科学产生以来，一方面学科分化和细化一直没有终止，呈现出日益专门化、

① David Nelken（1994）. The Futures of Criminology, ed. SAGE Publications Ltd. pp. 1 ~ 3.

② 转引自戴宜生：《新情况，老困惑——补论 21 世纪犯罪学面临的挑战》，载《福建公安高等专科学校学报——社会公共安全研究》1999 年第 6 期，第 4 页。

专业化的趋势；另一方面20世纪中期以来学科的综合化、整体化和跨学科研究显示出了更为强劲的势头。社会科学的这两种发展趋势并不矛盾，专门化和专业化是一门学科按照自身规律深入发展的途径，而综合化和整体化是整个社会科学综合发展的途径，而这种综合发展也是专业化发展的方法，是科学发展的基本规律。犯罪学研究必须强调整体性、综合性的跨学科研究，原因在于犯罪学研究一直处于单一学科或者多学科简单联合的研究态势下，所以犯罪学理论的科学性和解决实际问题的能力受到质疑，于是犯罪学家开始了整合性的创新研究，因此进行整体性的、综合性的跨学科研究是犯罪学揭示犯罪现象规律的保障。然而，这种跨学科研究也是学科本身进行专业深化的表现，如果用一棵大树来比方，犯罪学就是树干，社会学、心理学、人类学等各个学科就是那些盘根错节的树根，通过树根，养分输送到树干，使树干逐步变粗变大，且枝叶繁茂，使犯罪学学科逐步实现专门化和专业化，以实现硕果累累的终极目的。实际上，那些犯罪学家发展综合的、一般性的犯罪学理论也是在深感犯罪学缺乏关于犯罪的宏观理论，难以立身的困境的一种选择，试图发展犯罪学自身的本体理论或者关于犯罪的一般性理论。通过综合性的跨学科研究而实现犯罪学的终极目的——专业的深化。

2. 推动犯罪学研究向相关领域的拓展。犯罪是一种与其他社会现象相关的社会现象，因此犯罪学只专注于犯罪现象的研究，是很难找到真正的犯罪现象的规律的。因此，犯罪学研究应当向相关学科的研究范围拓展，这是基于扩大犯罪学研究视野的需要，而不是盲目的扩张和混淆科际界限。我们认为，犯罪学研究应当向社会问题拓展。未来犯罪学研究向社会问题拓展不是把社会问题纳入犯罪学的研究范围，而是把犯罪问题和其他社会问题结合起来研究犯罪，是一种研究视角的转换。有的犯罪学家指出，传统的犯罪学研究不是整体地研究犯罪，而是把它从社会问题中分离出来孤立地或单独地进行研究。社会学家罗宾逊（Robinson）指出，在今天的社会，这样研究犯罪是不可能对犯罪作出正确的解释的，也不可能发展出有效的犯罪对策，同样，研究困扰我们的其他社会问题也一样。他列出了当代社会问题中的34个主题，发现其中大多数问题这样或那样地涉及刑事司法制度，而且几乎所有那些问题都是相互关联的。在这种情况下，许多犯罪学家仍孤立地或单独地研究犯罪问题。刑事司法研究者总是凭兴趣挑选一个犯罪问题来研究，寻求它的犯罪原因，诸如青少年犯罪的原因、毒品滥用的原因、帮伙冲突的原因，等等。这种研究方法就像一种玩具修理的方法。假设我们的社会是一个盛产大量次品的玩具厂，我们这些研究者就像那些单独地坐在工厂外的不同修理工，有人修理手、有人修理头、有人修理耳朵、有人修理左腿、有人修理右腿等。根本没有人考虑整个玩具的问题，也没有人来问工厂有没有问题。实际上，如果我们不弄清楚这些问题，我们就不可能确定正确的方向，也不可能找到问题的答案。因此，未来犯罪学必须认真对待社会问题，因为犯罪问题不仅仅是社会问题的一部分，而且是与其他社会问题相互关联的现象，他们产生于相同的社会、经济、文化条件下，是我们研究犯罪的逻辑起点。

3. 加强犯罪学的历史比较研究。加强犯罪学的历史比较研究包括两个方面：一是加强犯罪历史的比较研究，二是加强犯罪学历史的比较研究。这两个方面在目前的犯罪学研究中是薄弱环节，前者的缺失，不利于犯罪规律的探究；后者的匮乏，不利于犯罪学的发展。不知过去无以图未来。

犯罪的历史在犯罪学研究中一直是一个薄弱环节，但是，犯罪作为人类社会的现象与人类社会共生共灭，不了解犯罪及人类对犯罪反应的历史，想对犯罪作出一般的解释，发现犯罪的规律是很难做到的。一般历史学家忽略对犯罪历史的研究，或者认为是一个太小的问题而不愿涉及，而犯罪学家们只顾专注于犯罪个体的病因学分析，对犯罪的历史同样很少顾及。

法国著名思想家福柯（Michel Foucault）关于刑罚历史的研究

值得我们敬仰和借鉴。福柯《训诫与惩罚》(*Discipline and Punish*)一书中研究了刑罚的历史，但是这一著作又不仅仅是一部关于刑罚方式演变的历史著作，其所涉及的远远超出刑罚的历史。在福柯看来，刑罚不仅仅是刑罚，而应当理解为一种政治上的战术——存在于权力关系领地的一种政治上的战术；也不能仅仅将刑罚视为一种镇压和压迫的机制，因为现代刑罚是有其正面影响的，现代刑罚的发展是与关于人的科学——诸如社会学、心理学、犯罪学、精神病学以及医学等的产生、发展和运用紧密地、内在地相联系的。因此，在福柯看来，对罪犯的性格或灵魂的关心应当视为人类社会关于如何处置人的躯体的漫长历史上的最新发展。[①] 福柯的研究为我们关于犯罪的历史研究提供了新的视角、方法和理论基础。对犯罪历史研究应当包括对历史上犯罪形态变化及对犯罪反应的政治学、经济学、社会学和人类学等的历史分析，还包括对犯罪研究思想的梳理和阐释。

同时，犯罪学对其自身历史发展研究也是匮乏的。美国犯罪学家拉布认为，犯罪学是一项积极健康、生机勃勃的事业，犯罪学不断取得的所谓的“新”进展是在整体地遗忘历史的背景下涌现的。因此，犯罪学的历史研究是贫乏的，“忘记自己过去的科学将会失去自己”，犯罪学只有了解自身历史才能理解那些关于犯罪问题的思想，才能够理解犯罪学尤其是犯罪学理论对刑事政策的作用。随着我们跨入新世纪，我们要改变现状，认真对待犯罪学的历史，以更好地创造犯罪学的未来。[②] 犯罪学通过对自身发展史的研究可以检讨自身理论的连续性，可以发现犯罪学理论在现实社会中的意义。正如一位历史学家所说的：对现世的误解是忽视过去的必然的结果。

---

① 苏力：《福柯的刑罚史研究及对法学的贡献》，载《比较法研究》1993 年第 2 期，第 175 页。

② John H. Laub, “The Life Course of Criminology in The United States: the American Society of Criminology 2003 Presidental Address”, 42 Criminology (2004), 1.

4. 加强犯罪学的横向比较研究。犯罪学研究具有地域性、民族性或国家性，正如美国后现代主义犯罪学家莫里森（Wayne Morrison）所说的：长期以来，犯罪学理论皆是于民族国家（尤其是于西欧及北美之民族国家）的疆界之内演化发展。传统犯罪学表面看来是各国司法实践不同的体现，实际上是各国特殊传统、具体环境及特定地域的问题相互作用的结果，是民族国家国情的体现。[①] 这种地域性特征就需要我们进行比较性研究，一方面对犯罪及背后的社会现象进行比较，另一方面对犯罪学理论进行比较、鉴别和本土化改造。社会经济发展水平和传统文化的差异导致犯罪现象和司法制度的不同，需要进行比较分析；基于这种差异而产生的犯罪学理论也一样并不是放之四海而皆准的理论，也需要因地制宜地进行“扬弃”。因此，莫里森指出，由于我们面对的大多是犯罪学的知识帝国，所以需要读者以丰富的想象力超越其中的限制。[②]

在犯罪学研究中，犯罪学的比较研究也是一个被忽略的领域，在大部分的犯罪学教科书中，很难见到犯罪学比较研究的内容。比较犯罪学是指把犯罪、犯罪原因调查以及犯罪控制视为社会的一个构成要素，就不同社会背景下的犯罪及其控制加以比较研究。犯罪以及犯罪的考察和控制被认为是在一定的社会经济背景和政治结构下形成的现象，这种现象被放到不同的社会、经济和政治背景下进行国际范围内的比较和解释，以期深刻认识导致犯罪大量发生的社会、经济和政治原因。此外，当代比较犯罪学还努力尝试各种社会控制机制，以探索建立更为有效的犯罪控制模式。[③] 有犯罪学家认为，犯罪学比较研究是不可能的，因为每个国家的社会发展水平不

---

① ［美］韦恩·莫里森著：《理论犯罪学——从现代到后现代》，刘仁文等译，法律出版社2004年版，序第1页。

② ［美］韦恩·莫里森著：《理论犯罪学——从现代到后现代》，刘仁文等译，法律出版社2004年版，序第1页。

③ ［德］汉斯·约阿希姆·施奈德著，赵宝成译：《比较犯罪学：目的、方法与结论》，载《中国刑事法杂志》2003年第4期，第118页。

同，而且政治、文化传统存在很大的差异，有太多的难以搞清楚的变量。① 还有的西方犯罪学家认为没必要了解其他国家的犯罪和犯罪学的发展，"西方犯罪学家最缺乏的是对非西方国家犯罪学的了解"，因为对他们而言不了解其他国家的犯罪学并没有什么损失。②

然而，犯罪学的比较研究在艰难地进行着，而且越来越受到重视，一些犯罪学教科书中已经新辟了比较犯罪学专章，也有关于比较犯罪学的著述出版。③ 而且，比较犯罪学研究的实践也已经在世界范围内展开，如联合国一直在对世界范围内的犯罪进行着比较研究。联合国从1970—1980年先后组织过四次"世界犯罪调查"。前两次调查显示，在1970—1980年，世界各国的暴力犯罪增长了两倍，财产犯罪则增长了三倍。正如德国学者指出的：任何一位试图评价本国犯罪问题的研究者，都需要对国际犯罪趋势加以了解。④

犯罪学理论更需要比较的研究，此时此地的理论未必适合彼时彼地的情况，因此就需要首先对理论产生和适用的社会背景和历史背景进行比较考察，然后才考虑理论的适用、移植或者改变等本土化问题。尤其是像中国等犯罪学研究欠发达的国家，更需要这方面的比较研究。实现犯罪学研究的本土化首先要了解自己的犯罪学研究传统，然后要研究自己的社会背景，最后才考虑其他犯罪学研究的本土适用或转化问题。

5. 构建开放的跨学科的犯罪学研究模式。面对这种学科专业化和学术化所带来的知识的支离破碎，20世纪中后期，已经充分制度化了的学科重新受到了挑战。人们在开始追问各门学科之间的

① Ezzat A. Fattah, Criminology: Past, Present and Future: A Critical Overview, ST. MARTIN'S Press, 1997, p. 330.

② 周愫娴：《断续之间：台湾犯罪学发展》，载《中国社会的犯罪、法律与司法——全球化挑战及本土回应国际学术研讨会论文集》，第91页。

③ ［德］汉斯·约阿希姆·施奈德，赵宝成译：《比较犯罪学：目的、方法与结论》，载《中国刑事法杂志》2003年第4期，第118页。

④ ［德］汉斯·约阿希姆·施奈德，赵宝成译：《比较犯罪学：目的、方法与结论》，载《中国刑事法杂志》2003年第4期，第118页。

区分是否有效，提出了学科再制度化的问题。同时，社会科学内部也发生了巨大的变化：一方面各国对社会科学经济上的投资促使社会科学朝着更进一步、更充分的科学化方向发展；另一方面，更重要的是专业社会科学家数量剧增，多学科发展趋势明显，社会科学家交叉地侵入临近学科领域，各学科在研究主体和方法论方面出现日趋重合的局面，这种重合导致了“跨学科”的出现，这种重合使相关学科的研究对象的界限模糊化和扩大化，从而形成独特化的研究对象或研究方法而成为一种跨学科的社会科学。①

犯罪学的任务是认识犯罪现象，揭示犯罪现象产生、发展和变化的规律，最终实现其控制和预防犯罪、维护社会秩序的目的。犯罪现象与经济现象一样，有微观和宏观之分，微观犯罪现象即犯罪行为的形成是动态的、系统的和复杂的，是个体和其所生存的环境相互作用的结果。也就是说犯罪行为作为一种社会现象，既要把犯罪作为个体现象来研究，又要把犯罪行为作为社会现象来研究。正如法国学者所说：犯罪现象具有双重的外部表象，具有特殊性和复杂性，一方面犯罪是一种“人的现实”，是人类的行为之一，所以首先会引起医生、心理学家、精神病学家，甚至文学家的关注；另一方面犯罪又是一种“社会现实”，是一种正常的社会现象，所以犯罪又会受到社会学家与法学家的关注。② 因此，犯罪学在进行个体研究的同时，更关注宏观群体犯罪现象。因此，犯罪学的研究对象——作为个体现象和社会现象的犯罪现象的特殊性决定了犯罪学研究必须是开放的。从单一学科的角度研究特殊的复杂的犯罪现象，是完不成犯罪学寻找犯罪规律的任务的。“凡是研究人，研究人的本质、人的行为表现，研究人的性格，研究社会的形成与发展变化以及人与其环境相互作用的所有学科，都对犯罪学的发展与进

① ［美］华勒斯坦等著：《开放的社会科学》，三联书店 1997 年版，第 37 ~ 38、50 页。

② ［法］卡斯东·斯特法尼等著，罗结珍译：《法国刑法总论精义》，中国政法大学出版社 1998 年版，第 1 ~ 2 页。

展起着有利的作用。”[①] 犯罪学研究的片面性，是犯罪学理论受批判的主要原因，也因此影响着犯罪学的学科成熟。如塞林、萨瑟兰、杰弗瑞、赫希、布鲁斯维特等诸多犯罪学家都注意到了这个问题，一直试图对犯罪现象进行整合研究，克服以往研究者从各自的学术背景出发研究犯罪现象的片面性，进而发展关于犯罪的一般性理论。如美国当代犯罪学家 C. R. 杰弗瑞（Clarence. Ray Jeffery）在其 1990 年出版的《犯罪学：多学科的方法》一书中，试图构建以系统论原理为指导的，以生物学、心理学和社会学为支柱的，整合多学科知识系统研究犯罪现象的，促使犯罪控制惩罚模式和医疗模式结合的“科际整合犯罪学”（Interdisciplinary Criminology），认为“科际整合犯罪学”才是真正的科学犯罪学，这样的犯罪学即区别于以发展犯罪控制惩罚模式的“法学犯罪学”（Legal Criminology），又区别于单科的片面犯罪学。[②] 对于犯罪学研究的这种整合趋势，台湾学者林山田总结说：“近来犯罪学的研究趋势，已渐趋犯罪多元性与科际整合犯罪学的研究，即综合与犯罪问题有关的学科，诸如法学、心理学、社会学及精神医学等，以这些相关科学与犯罪问题有关部分，以科际整合的整体观点，来从事犯罪行为与犯罪人之研究的现代犯罪学。”[③]

犯罪学的跨学科研究也是当代科学发展整体化和综合化趋势的结果，20 世纪后半期以来，用一种或几种学科的方法研究特定的对象，是科学发展最有前途的方向。因为跨学科融合了不同学科的研究范式，推动了以往被专业学科所忽视领域的研究，打破了专业化的垄断现象，增加了学科的交流。跨学科研究创造了以解决问题

① ［法］卡斯东·斯特法尼等著，罗结珍译：《法国刑法总论精义》，中国政法大学出版社 1998 年版，第 49 页。

② Clarence. Ray Jeffery，Criminology：an Interdisciplinary Approach，NJ：pretice - hall，1990.

③ 林山田著：《犯罪问题与刑事司法》，商务印书馆 1976 年版，第 88 页。

为中心的研究模式，对解决重大的、复杂的社会问题具有重大作用。[①] 所以，未来犯罪应当在开放社会科学的背景下，顺应社会科学方法发展的趋势，在原有整合性研究的基础上，进一步进行有意识的跨学科整合，建立开放的犯罪学。

开放的犯罪学建立在多学科、多方面整合性研究的基础之上，在进行犯罪学内部理论整合创新的同时，应当加强科际整合的力度，在自然科学和社会科学两大门类之间寻求研究犯罪的最佳途径。开放的犯罪学首先要打破目前故步自封、构建学科堡垒的局面和想法，向别的学科敞开胸怀；其次，应当跳出犯罪学的视野，放弃那种站在犯罪学立场上运用其他学科知识和方法来解释犯罪现象的研究方法，而从多种学科着手来研究犯罪现象；再次，应当跳出那些对犯罪学影响较大的所谓的“母学科”或“主流学科”诸如法学、社会学、心理学、生物学等学科的窠臼，从自然科学和社会科学的视角，从上向下地探求犯罪现象的规律；最后，在跨学科研究中，犯罪学家应当树立犯罪学学科本位主义的思想，保持犯罪学学科在众多学科交叉研究中的主导地位，全力以赴地协调参与犯罪学研究的各个学科的关系，以达到犯罪学跨学科研究的目的。

根据跨学科研究的经验和开放社会科学的要求，构建开放的犯罪学研究需要从以下几个方面着手。一是要建立新型的研究体制。在新型研究体制中，科研结构和教育结构应当具有明显的跨学科特征，科研活动或教育活动的组织管理也应围绕着跨学科而不是单学科来进行的。一些犯罪学研究机构和大学的刑事司法学院、犯罪学中心已经开始了这种新型的体制，如联合国国际犯罪预防中心展开的犯罪研究等。二是可以通过联合不同学科的专家进行课题研究，打破那种局限眼光的某一学科专家垄断的研究模式。三是可以扩展大学内部或大学联合建立的各类关于犯罪问题的研究机构，集合各方面的学者围绕某一犯罪问题主题展开定期的共同研究。四是可以

---

① 《中国大百科全书》（哲学 I），中国大百科全书出版社 1987 年版，第 408 页。

在大学内部打破系、院的界限，进行整合的研究计划；五是联合或者跨专业培养研究生，诸如招收不同专业背景的研究生，或者强制研究生选修其他专业的课程或从事其他专业相关的课题研究等。六是建立跨学科研究的职业化队伍。犯罪学咨询机构、研究中心不仅要有一些具有犯罪学专业背景且掌握跨学科知识和技能的知识分子，而且还应当具有一些经过专门培养的具有跨学科知识和技术的跨学科人才。因此，我们应当以犯罪学研究中心、政府智囊机构或大学犯罪学研究机构为依托，建设专业的犯罪学跨学科队伍。七是要实现跨学科研究的国际化，这可以通过联合从事犯罪学的比较研究、犯罪调查的比较研究、建立跨国思想库、成立跨国犯罪学组织来实现。长此以往，将如华勒斯坦所言："一旦采取一种自由的但却严肃的办法来进行管理，那就会使我们的现在和未来得到改变。"①

四、对犯罪学知识体系的批判与重构

（一）对犯罪学知识体系的批判

自20世纪30年代罗姆·迈克尔和莫蒂默·J. 阿德勒批判犯罪学领域没有科学的知识以来，关于犯罪学知识及其知识体系的争论一直没有停止过。这一争论从20世纪60年代开始变得尤为剧烈。这一争论的焦点集中在犯罪学是否具有科学的理论、犯罪学是否具有完整的知识体系、犯罪学是否具有宏观的"总体性理论"及犯罪学是否具有本体理论等基本命题上。这些问题的争论直接关系着犯罪学学科的独立和成熟。

美国犯罪学家瑞斯（Albert Reiss Jr.）认为，犯罪学没有自己学科的科学理论，指出：尽管犯罪学有一些关于犯罪的理论，但是其自身并没有在自己学科范围内发展出什么特别的理论来，犯罪学知识体系更多地来源于心理学和社会学的研究模式和理论。萨瑟兰

① ［美］华勒斯坦等著：《开放的社会科学》，三联书店1997年版，第113页。

认为，犯罪学缺乏真正科学的理论，指出：尽管几十年来至今收集了许许多多的事实，但犯罪学还未成为一个真正的科学，它的主要缺陷就是没能把这些事实上的因素融合为一个有逻辑的、被证实的理论。[①] 我国学者王牧教授认为，缺乏“总体性理论”是犯罪学不成熟的主要标志之一，指出：一百多年来产生了犯罪人类学理论、犯罪生物学理论、犯罪心理学理论、犯罪社会学理论等，每种理论之中，还有很多学说、观点。但是其中任何一种学说都不能圆满而有说服力地、完整科学地说明犯罪的产生，不能构筑起犯罪学学科。只以某种学说作为支点，不可能建立起科学而严整的犯罪学学科，不过，这些学说，在其所在领域对犯罪的产生，进行了颇有成效的研究，并取得了很大成就，而犯罪学作为综合性学科，没能很好地概括、吸收这些学科的成果为己所用，致使犯罪学没能形成“宏观理论”。[②] 我国另一位学者陈兴良教授认为犯罪学没有坚实的本体理论，缺乏学科的知识体系。他指出：当前犯罪学研究呈现“盲人摸象”和“大杂烩”状况。一方面，研究者从多视角研究犯罪，因此每一个视角就成为犯罪学的一个研究领域，形成犯罪学的一个分支学科，这种状态确实有助于全方位地把握犯罪现象，但也使每个研究者的视野受到限制，形成盲人摸象的局面，注意犯罪的某一方面的特征，产生一种“深刻的片面”，往往以某一视角的犯罪学替代整体犯罪学。另一方面，当我们从犯罪学的学科角度对各分支学科进行整合时，只是简单地综合，而没有形成犯罪学科的内在逻辑体系。[③]

的确，犯罪学可以说是一个理论的“百花园”，多种多样，多姿多彩，但是这并没有改变人们对犯罪学学科不成熟的看法。这正如迈克林陶克（McClintock）所概括的：“犯罪学家们关于犯罪行

---

① ［法］乔治·比卡著，王立宪、徐德瑛译：《犯罪学的思考与展望》（中译本），中国人民公安大学出版社 1992 年版，第 20 页。

② 王牧：《学科建设与犯罪学的完善》，载《法学研究》1998 年第 4 期。

③ 陈兴良：《刑事一体化视野中的犯罪学研究》，载《中国法学》1999 年第 6 期。

为的研究可以说是层出不穷：犯罪生态学派、功能主义的失范论、文化及亚文化的解释、标签理论及符号互动主义、社会现象学、控制理论，还有强调从政治和社会控制界定犯罪的激进犯罪学派。最近又开始从微观层面研究犯罪行为中的特别因素，典型的就是关于犯罪被害人的研究。然而，这些不懈的努力也很难为犯罪学争得一个积极的评价。”①

（二）犯罪学知识体系的重构

面对这些批判，犯罪学家们独辟蹊径，进行理论整合，即对各式各样的犯罪学理论进行整合，发展出新的更合理的、更有效的、更具有解释力的理论，并试图发展关于犯罪的一般性理论。沃尔德指出：重整这些理论以互相增强部分解释力，这条出路并不像通常所说的那样难。如果我们不能坚持这条出路，留给我们的将是世间最坏的犯罪学。于是，从 20 世纪 70 年代开始，犯罪学理论研究开始尝试综合化的整合道路，美国著名的犯罪学家戈特弗雷德森和赫希发展了“犯罪的一般理论”。澳大利亚犯罪学家约翰·布鲁斯维特在犯罪学家们发现的 13 个关于犯罪的共同特征的基础上，发展出了另外一个一般性理论“重整羞耻理论”。②

布鲁斯维特一方面认识到构建犯罪一般理论的难度，他指出：“犯罪并非一种单维建构，因此对于可以解释所有犯罪类型的一般理论，不宜过于乐观。事实上，直到最近之前，我还一直对这种努力持悲观态度，视其为一种误导。显然，用来解释诸如强奸现象的变量和用来解释侵占的变量，是大异其趣的。”另一方面也发现了构建一般理论的可行性，指出：“尽管归于各犯罪类型之下的行为有诸多差异，但不同的犯罪类型之间仍有足够的共同之处，以至于可以诉诸一个一般的解释。这种共通性并非相关的乖张行为之固有

① McClintock，F.（1988）. Criminology perspectives. In Actes du XI Congres International de Dèfense Sociale. Buenos Aires. p. 253.

② See Leo Katz & Michael S. Moore & Stephen Morse（1999），Foundation of Criminal Law，法律出版社 2005 年版（影印本），第 11 ~ 15 页。

属性，它乃是源自这样一个事实：犯罪不论是如何实行的，与大多数其他行为相比，在社群中总是被唾弃的行为，并且对这种行为之唾弃乃是建制化的。而对这种针对恶行的建制化了的非难，犯罪人再不能偷偷摸摸地为非作歹了。因此，与标定论者不同，我采取了这样一种观点：大多数犯罪乃具有行为的性质。举动和行为之区别在于，举动不过是物理意义上的，而行为则是一种社会赋予的意涵。对于越轨行为的认识，根本上改变着将要作出的选择的性质。"① 因此，采取开阔的视野，重整和综合那些看上去并不相容的主要的理论传统——这些理论传统大多是美国犯罪社会学派带给我们的——控制理论、亚文化理论、不同交往理论、紧张理论和标签理论，再更关键地注入一个犯罪学理论所缺失了的重要因素——关于施加羞耻感的重整，构建一个新的关于犯罪的一般性理论——重整羞耻理论。②

这些关于犯罪传统理论的整合和关于犯罪的一般理论的发展，都是一种犯罪学理论化和方法论的尝试和探索，是对犯罪学学科发展忧虑、反思和探索的进程和结果。同时犯罪学的实践也在走向综合化，国际犯罪学会一直在努力试图把犯罪学各种有见地的全部材料整合起来，发展具有建设意义的归纳综合的犯罪对策。③ 具体而言，犯罪学知识体系构建可以重点从下列方面着手：

1. 加强犯罪学理论整合，完善犯罪学知识体系

针对多种多样的犯罪学理论，沃尔德指出，出发点不同，对犯罪的解释就不同，每一种研究方法都自认为是充分的，根本不求助于其他研究者的认可或认同，因此，每个人都认为自己对犯罪的解

① John Braithwait, Crime, Shame and Reintegration, Melbourne. Australia: Cambridge University Press, 1989, p. 4.

② John Braithwait, Crime, Shame and Reintegration, Melbourne. Australia: Cambridge University Press, 1989, p. 4.

③ ［法］卡斯东·斯特法尼等著，罗结珍译：《法国刑法总论精义》，中国政法大学出版社 1998 年版，第 53 页。

释是最合理的，最大化地解释了犯罪问题，不欢迎也不接受其他观点的批判。但是事实却如另外一位美国犯罪学家唐·C. 吉本斯所指出的，没有任何一种理论是尽善尽美的，也没有任何一种理论未受过行家的批驳。从个体解释犯罪的，把犯罪作为一个独特的实体进行研究，而忽略了把犯罪作为一般人类行为的研究。沃尔德断言，在人类行为一般理论没有得到充分发展之前，与之相应的犯罪理论得出满意的或者充分的解释是很困难的。犯罪不是一个单一的现象，没有单一的理论可以解释多样的犯罪行为。而从社会角度解释犯罪的，仅在主流社会学理论框架内进行，而没有把犯罪与历史学、经济学和政治学等联系起来。而且也失败于从社会文化人类学视角探讨犯罪和社会的进化过程。[①] 因此，未来犯罪学应当扩大视野，在更宽广的多学科的理论框架内进行理论整合和创新，从一般人类行为和一般社会现象的视角研究犯罪现象，发展关于犯罪的一般性理论或“总体理论”，一方面增加对犯罪规律的解释力，另一方面完善犯罪学的知识体系，使犯罪学学科逐步走向更成熟，更具有现实指导价值。

2. 加强犯罪学的应用研究，促进理论犯罪学发展

按照联合国教科文组织的定义，应用研究是指具有特定的应用性目的的实验研究和理论研究。[②] 应用犯罪学研究包括两个方面的研究，一是学科类型的应用研究，这类应用研究侧重于犯罪学理论在现实社会中的应用，这一类应用研究的中心在于发展犯罪学学科及其理论。第二类是研究项目的应用研究，或称为决策趋向的研究，这类研究一般以研究项目的形式出现，针对现实问题进行描述、分析，提出解决方案。

应用犯罪学的研究在路径上可以通过积极争取更多的政府机

---

① Ezzat A. Fattah, Criminology: Past, Present and Future: A Critical Overview, ST. MARTIN'S Press, 1997, p. 304.

② 何祚庥:《“稳住一头”应包括应用研究》，载《科技日报》1994 年 4 月 18 日。

关、社会机构、新闻媒体等部门的支持来实现。在研究方法上，展开跨学科的研究，一方面通过课题组织不同学科的研究人员进行攻关，另一方面通过刑事一体化的研究理念发展适当的刑事政策。

应用犯罪学应当注重对实际犯罪问题的研究，研究的目标就是解决犯罪问题。但是并不是应用犯罪学不研究理论。应用犯罪学主要是通过现实犯罪问题的研究，发展“中矩理论”（Theory of Middle－range），即非常具体的、应用范围明确的、有关具体问题的、比较专门的理论。犯罪学理论大部分都是这种意义上的理论，如芝加哥学派的社会解组理论等。与“中矩理论”对应的是“总体理论”（Grand Theory），即关于犯罪整体的、较为抽象的理论。20世纪70年代以来一些犯罪学家孜孜以求的“一般理论”属于这一类意义上的理论，如赫希的一般犯罪理论、布鲁斯维特的重整羞耻理论等。只有通过“中矩理论”的发展，才能实现“总体理论”的构建。因此，我们可以通过应用犯罪学“中矩理论”的发展促进理论犯罪学的发展，进而完善犯罪学学科制度。只有把应用犯罪学研究与理论犯罪学研究结合起来，才能够相互促进，共同发展。

第二节　犯罪学的挑战与机遇

犯罪现象是一种植根于一定社会的、与其他社会现象相互关联的社会现象，因此，犯罪产生于社会，并随着社会的变迁而变化。所以犯罪率随着社会结构要素的变化而波动，不仅社会变迁影响着犯罪现象，而且社会交往也与犯罪紧密相关。[①]“近代统计学之父”——比利时的统计学家凯特勒在对法国、比利时、卢森堡和荷兰的犯罪率统计分析的基础上指出：社会制造犯罪，犯罪人仅仅是

① See Larry J. Seigel, Criminology Theories, Patterns, Typology, 4th ed. (New York: West Publishing Company), p. 213.

社会制造犯罪的工具而已。马克思在凯特勒犯罪统计数据的基础上进一步认为:"社会的这一或那一部分国民犯罪行为的平均数与其说决定于该国的特殊政治制度,不如说决定于整个现代资产阶级社会所特有的基本条件。"① 也就是说在马克思看来整个资本主义社会的基本条件决定着资本主义社会犯罪现象,"犯罪——孤立的个人反对统治关系中的斗争,和法一样,不是随心所欲地产生。相反地,犯罪和现行统治产生于相同条件"。② 法国犯罪学家、法国环境社会学家和里昂学派的代表人物亚历山大.拉柯沙尼(Jean Alexander Eugene Lacassagne)在1885年罗马第一届犯罪人类学大会上指出:"每个社会都有其当然应该有的犯罪人"(Societies Have the Criminals they Deserve),③ "社会环境是犯罪的温床,犯罪人就像细菌,能使它发酵的培养液是其产生的重要因素"。④ 因此,不同的社会必然伴随着相应的犯罪现象,这是由一定社会的社会条件所决定的。

对犯罪学知识体系和社会价值的质疑使犯罪学的发展处于危机之中,如何处理这种危机是犯罪学面临的挑战之一。另一方面,新的社会变迁和犯罪现象的变化也考验着犯罪学的发展前途。社会发生了变迁,犯罪现象随之也会发生巨大的变化,相应地,犯罪学理论、犯罪学学科价值的实现及犯罪学对犯罪的反应——法律、司法制度、刑事政策和犯罪预防都面临着严峻的挑战。不断变化的犯罪现象使犯罪学面临着一次又一次的挑战和机遇,犯罪学在整体社会科学发展的指导下,不断迎接挑战,获得新的飞跃。

---

① 《马克思恩格斯全集》,中文版,第8卷,第580页。

② 《马克思恩格斯全集》,中文版,第1卷,第379页。

③ Stephen (1969), Theories in Criminology: Past and Present Philosophies of the Crime Problem. New York: Random House, p. 217.

④ De Quiro. C. B., Modern Theories of Crime, Boston: Little, Brown, 1911. p. 85.

一、犯罪与现代化：犯罪的代价与超越

农业社会向工业社会转变的现代化进程促进了人类社会的进步。但是，也带来了现代化的副产品——犯罪的增长。

美国犯罪学家路易斯·谢利对现代化与犯罪的关系进行了深刻的论述。她对世界范围内的现代化与犯罪从历史和空间两个角度进行了研究。其在《犯罪与现代化》一书中认为，现代化不仅带来了犯罪的增长，也带来了犯罪类型的变化。“在犯罪方面，现代化的标志是从暴力犯罪占优势的社会转变为日益增多的财产犯罪为特征的社会。”①

谢利通过对世界范围内的现代化进程中的犯罪现象进行研究后，得出了“现代化的犯罪代价论”的结论：无论是致力于本国经济的社会主义国家还是资本主义国家，都避免不了工业化和城市化所造成的犯罪方面的后果。②

到底是什么原因导致了犯罪现象的这种变化？马克思主义认为是资本主义制度，它促使了社会道德的堕落，并制造了更多的犯罪机会。马克思和恩格斯在《英国工人阶级状况》、《“模范国家”比利时》和《反杜林论》等文献中对资本主义工业化、城市化对犯罪的影响进行了深刻的阐述，认为：工业化、城市化带来了犯罪的上升，因为一方面现代化促使了工人人性的堕落和道德败坏，从而走向犯罪道路，另一方面也为犯罪提供了物质基础，导致财产犯罪的增多。③ 美国犯罪学家认为生活方式的改变和犯罪机会的增多导致了犯罪的增加。美国犯罪学家劳伦斯．科恩（Lawrence Cohn）和马库斯·费尔森（Marcus Felson）根据对美国20世纪六七十年代

① ［美］路易斯·谢利：《犯罪与现代化——工业化与城市化对犯罪的影响》，群众出版社1986年版，第160页。

② ［美］路易斯·谢利：《犯罪与现代化——工业化与城市化对犯罪的影响》，群众出版社1986年版，第159～161页。

③ 邱国梁著：《马克思主义犯罪学》，上海社会科学出版社1999年版，第45页。

犯罪增长现象的研究认为，现代化改变了人们日常工作和生活的方式，进而为潜在犯罪人提供了更多的机会，犯罪因此增加。谢利认为，“现代化的进程发展给过去和现在各方面极不相同的国家带来共同的犯罪情况，犯罪是现代化进程中的一种代价，城市化和工业化是导致犯罪增加的主要原因”。①

后来联合国“社会防卫”项目的主任威廉·克里福德在其《社会发展与犯罪》一书中对现代化与犯罪的关系进行了总结，指出，经济高速发展本身并不能够抑制犯罪，而相反经济的增长增加了犯罪机会、增多了犯罪的诱因，有可能导致犯罪的增加，尤其是无计划的盲目发展和计划不周的发展。发展中国家由于急于发展经济，经济发展迅速而其他社会配套措施滞后，因此很难完全控制犯罪的增长。所以犯罪增长在发展中国家的发展过程中是难以避免的，是经济增长必然付出的代价。②

作为现代化带来的犯罪增长的结果，导致了人们对现代化本身的疑虑和对现代化社会的恐惧症。

然而，现代化进程以犯罪的增长为代价并不是一种必然，实践经验证明了这种犯罪增加的代价是可以避免的。亚洲的日本、新加坡，非洲的埃及，欧洲的瑞典、瑞士等国家经历了工业化和城市化过程而避免了犯罪的增长就是明证。③ 因此，我们在犯罪的增长面

---

① ［美］路易斯·谢利著，何秉松译：《犯罪与现代化》，中信出版社 2002 年版，第 67 页。

② 转引自荆轲著《峰谷探迷——中国犯罪问题的数量分析与预测》，中国人民公安大学出版社 2000 年版，第 72 页。但是不少实证研究并不支持这一观点，例如联合国就曾抽样提取 29 个不同国家、进行了时间跨度为 11 年的调查研究；联合国亚洲远东预防犯罪研究所对 1980—1986 年东亚各国犯罪率与 9 项社会经济指标进行了回归计算；美国犯罪学家沃尔夫冈教授在 20 世纪 70 年代首次提出了理论计量模型。这些研究一致得出的结论是：犯罪与现代化没有显著相关关系。参见王智民、黄京平主编：《经济发展与犯罪变化》，中国人民大学出版社 1990 年版，第 43 页。

③ ［美］路易丝·谢利著，何秉松译：《犯罪与现代化》，群众出版社 1986 年版，第 90 ~91 页。

前并不是无能为力的，也不是无事可为的，如何采取措施减少或消除犯罪产生的诱因，减少犯罪机会，预防犯罪的发生，把犯罪控制在一定的范围之内，不至于威胁到现代化建设的进程，是正处于现代化进程国家应该做的，这也是威廉·克里福德对发展中国家避免犯罪增长的主张。

随着现代化所带来的犯罪的增长，作为对犯罪积极反应的犯罪学也得到了充分的发展，第一次工业革命后，在欧洲犯罪浪潮汹涌而至的社会背景下，实证犯罪学诞生，实证学派的犯罪学家以寻求治理犯罪的济世之策为己任，在治理犯罪的同时发展了犯罪学知识，进而也促进了其他刑事科学的进步和发展。第二次工业革命时期，现代犯罪学在风行实用主义的美国兴起。世界进入了后现代化社会，犯罪现象将进一步发生变化，正在进行现代化的国家也面临着现代化所带来的、不同于那些先行国家的新的犯罪现象。面对犯罪现象这些新的变化，犯罪学陷入了危机，进入了一个挑战和机遇并存的新时代。挑战在于后现代社会犯罪学的研究使我们的社会超越“现代化的代价”，实现了这种超越，犯罪学必然会腾飞，是继续发展的又一次机遇，如果继续着它的失败，无疑，犯罪学面临着生存的危机。

二、后现代社会的挑战与机遇

犯罪现象是一种社会现象，是社会行为的一部分，是生活在一定社会中的人的行为。因此，犯罪现象决定于其存在的社会形态，有什么样的社会就有什么样的人，就有什么样的犯罪。21 世纪后，全球开始进入后现代社会，后现代社会是一个以“知识”为基础的社会，它是信息社会的扩展，后现代社会是知识社会，全球化、信息化和知识化是这一社会形态的基本特征，这将影响着整个社会的文明进程，包括犯罪现象的存在和变化形式。犯罪现象的变化必将导致犯罪学研究的变革和发展。

（一）后现代社会及其犯罪现象的特点

1. 全球化：“地球村”中生存和生活

全球化是当今世界发展的最主要趋势，世界经济论坛主席施瓦布在2001年中国企业高峰会上指出，全球化就像新升的太阳，这是一个无可争辩的事实，21世纪将由全球化所主宰，就像20世纪被工业化所主宰一样，这种新的全球化的经济发展的驱动力将会使那些没有充分利用这种驱动力的人或企业受到惩罚。[①] 所谓全球化，依照联合国《1999年人类发展报告》的描述，是指在金钱和贸易自由流动的同时，还伴随着由新技术驱动的思想和信息流动的解放力量。[②] 美国著名社会学家罗兰·罗伯森在谈到全球化时曾指出：“作为一个概念，全球化即指世界的压缩，又指世界是一个整体意识的增强。”[③] 因此，全球化一方面是指全球范围内经济、政治、文化活动的空间和时间的压缩，通过反应灵敏的国际市场、全球贸易的快速增长和资本、劳动力的流动、各种便捷的交通和通讯手段以及发达的大众传媒，整个世界正在逐渐变成一个“地球村”，不同经济活动主体之间的时空距离大大缩短；另一方面，全球化是一种新技术驱动的一种社会思潮和理念，人类社会变得越来越相互依靠，地缘性的政治、经济、文化变得日趋淡化。目前，全球化已经深入世界各地，以西方为基地的跨国公司与原来的南方、外围、第三世界全球化等地理、政治与经济实体的互动，加上南方、外围、第三世界的分化，以及以非西方为基地的跨国公司的成功，使“全球经济”越来越名副其实。[④] 全球化与其他社会现象一样具有两面

① 2001年4月23日，新华网。

② 联合国开发计划署：《1999年人的发展报告》（纽约，牛津大学出版社，1999年），V，3，11段。

③ 罗兰·罗伯森著：《全球化：社会理论与全球化文化》，上海人民出版社2000年版，第11页。

④ 庞中英：《“反全球化”——另一种全球化》，载《中国经济时报》，2001年3月30日。

性，一方面受到人们的称赞，另一方面受到人们的责难；称赞它带来的种种社会、经济和政治惠益，责难它同时带来的种种负面效应。犯罪现象的变化和新的犯罪形式的出现就是这一负面作用的体现，也是犯罪现象伴随着社会变迁而变化的必然结果。正如法国著名的社会经济学家浦吉兰在提交联合国的课题报告《犯罪致富——毒品走私、洗钱与冷战后的金融危机》中所指出的：冷战结束后所制定的贸易全球化的宏伟计划，今天正在受到毒品走私和洗钱病毒的感染，在当今经济全球化、贸易和金融自由化加快发展的新形势下，新兴工业国和转轨国家尤其要高度重视犯罪经济对金融领域的侵蚀和渗透，警惕因腐败而走上"经济犯罪化"的道路。① 联合国在2000年维也纳第十届联合国预防犯罪和罪犯待遇大会上通过的《全世界犯罪和刑事司法状况——秘书长的报告》中指出："全球化为新的犯罪形式和犯罪形式的扩大化创造了成熟的条件，营造了一个良好的环境。贸易、金融、通信和信息结构的变化帮助促成了使犯罪活动突破国家界限的一种环境。犯罪活动越来越多地跨越国界，在许多情况下具有全球性质。犯罪组织以类似于公司企业一般的结构从事犯罪活动，运用高技能人才和机制协助谋取利润和隐藏利润。还有一点也是同合法经济中的组织十分相似，犯罪组织完全能够不断作出调整，使自己适应市场变化，迎合公众对商品和服务的需要。犯罪规模在扩大，而且变得越来越复杂，对于这一点，政府决策者、刑事司法人员、经济发展专家或学者都不会有很大的争议。战争对稳定的破坏，恐怖主义以及旧的世界秩序的崩溃，再加上某些经济滑坡国家或新兴国家在经济上的脆弱性，给非法活动开辟了肥沃的土壤。即使是蓬勃发展的经济体也面临着某些类别的犯罪日益增多。尤其是那种运用高技术的犯罪类别。需要迎接的挑战是一方面了解罪案扩张的规模，另一方面建立起减少和防止犯罪的

① ［法］浦吉兰著，李玉平、苏启运译：《犯罪致富——毒品走私、洗钱与冷战后的金融危机》，社会科学文献出版社2002年版，第152页。

机制。”①

2. 信息化：资讯集市中信息交换

计算机，尤其是因特网，成为了当今人类社会所用过的最强大的一种全球性工具，这种工具使人类实现了全球范围的即时通讯，并产生了新的“大社会”——一个自由的、迅速成长进化的计算机王国（CYBWATION）。资讯科技像一只无形的巨手，推动着各个科技环节的发展，冲击着我们的日常生活，计算机、网络、电子晶片及数码科技将彻底融入人类的衣食住行之中。1974 年起领导美国麻省计算机科学实验室的迈克·德托罗斯（Michael L. Dertouzos）指出，未来的计算机与网络世界将有如一个“资讯市集”，任由人们在这里做买卖、自由地交换资讯与服务。在地球村内生活的大多数经济个体，将浮沉在虚拟空间之内，由网络来串联起每一个生活细节，被真假信息全面围绕，过着全信息储存、毫无隐私的生活。“现代人匪夷所思的高科技智慧产品也会纷纷出笼，使人类的生活面貌大为改观。一两百年后，相信所有的计算机、电子与电器配备，甚至是每一栋房子及建筑，都将进化为‘个性化’的智慧产品，懂得听人类的指示办事，兼具通讯与数码功能，成为日常生活中不可或缺的好帮手。”

今天，我们已经活在一个没有计算机或媒体就不能活下去的时代。因此，信息化改变了人类的生活方式和交流方式，这一过程将随着时间的推移更加深化。但是，像汽车等其他代表着科技进步的工具一样，这种工具也难以避免地成为犯罪的工具和对象，而且直接改变了传统犯罪的时空概念和对象概念。计算机和网络作为犯罪工具，瞬息间穿越时空，行为于无形之间，“抢劫犯穿着数字化伪装比穿戴面具更有效，因为他们不会留下任何指纹。大量无法追踪的、完美无缺的电子伪币可以轻轻地按个键产生，银行如果不学习先进的技术，它们的前景难以预测，甚至可能破产”。因此美国 In-

① 联合国：《全世界犯罪和刑事司法状况》A/CONF. 187/5。

ter & Pact 公司的通信顾问温·施瓦图警示道："当恐怖主义者向我们发起进攻时……他们轻敲一下键盘，恐怖就可能降临到数以百万计的人们身上"，"一场电子战的珍珠港事件时时都有可能发生"。[①]在计算机王国这个虚拟的社会里，数据、信息是资本和财富，网络是交流的媒介，所以也容易成为犯罪的对象，于是在这个虚拟王国里一样盗贼四起、黑客滋生。有通过互联网从事传统的盗窃、诈骗的，有从事新兴的国际洗钱的；有传播淫秽物品的，有从事卖淫交易的；有恶意传播计算机病毒的，有非法攻击系统的；有盗窃银行的，有进行信用卡诈骗的……在今天，各国法律和司法制度的不协调以及警察的地方保护主义同日趋猖獗的有组织跨国犯罪活动形成鲜明的反差。

数字化犯罪无形、快捷和不易取证等特点向犯罪预防和控制提出了挑战。近几年由于出现了不少利用网际网路诈欺的案例，因此金融行动工作小组（FATF）会员国执法部门担心这些新的支付技术由于使用和监管的不当等因素会成为有组织犯罪集团的洗钱工具。[②]

面对金融走向电子化和网络化的趋势，2000 年，瑞士、意大利、西班牙、比利时、波兰、葡萄牙和法国的 11 名大法官们痛心疾首地指出："只需 20 分钟就能在全球任何地方完成一笔电子划款。但是，一个法官要获得同一笔转到国外的与金融交易相关的文件，需要一年，而且这是在其要求得到回答的条件下，何况他们的要求并非都能得到回应。"[③]

---

① 转引自陈兴实、付东阳：《计算机·计算机犯罪·计算机犯罪的对策》，中国检察出版社 1998 年版，第 39 页。

② Financial Action Task Force on money laundering, 1998 ~ 1999 Report on money laundering typologies, 10 February 1999, pp. 1 ~ 20.

③ 转引自陆象淦：《经济全球化与"黑手党现象"的国际化》，载《国外社会科学》，2001（6）。

3. 知识化：知识改变社会和生存方式

2001 年，现代管理学之父彼得·德鲁克（Peter F. Drucker）为《经济学人》杂志描绘了“下一个社会”——知识社会。他认为，传统的知识只能提升个人的教养，现在的知识却能通过有效率的企业系统扩张成为对全人类有益的经济商品；知识终于直接和经济联结，人类社会进入到知识经济化的时代。“我们现在认为的知识是知识显示于行动之中。我们现在所说的知识是在行动中有效的信息，着重于效果的信息。结果是在个人之外，在社会和经济之中，或在知识的自身进展中。”知识社会是以知识为主要资源、知识工作者为主导的社会。在知识社会，知识是个人所拥有的最基本的资源，也是整个经济活动中最基本的资源。知识直接影响着人的价值观念、行为和生活方式，影响着社会的政治和经济。德鲁克指出：“知识已经变成了关键的资源，而不是通常意义上的一个资源，……它从根本上改变了社会的结构，它创造了新的社会动力。它创造了新的经济动力。它创造了新的政治学。”知识社会里社会主体的人、人生活的方式、凭借的手段及心理、情感等都会发生一系列的变化，“即使做个工人，在知识时代也必须是会思考、能提出合理化建议的工人”。具有后现代性的知识社会的很多人将会变得很富有：教育——专长——技术——知晓，但是价值观、世界观、心理特征也会发生一些新的变异。一方面，把人当作机器或动物来研究的科学主义思想日益泛滥起来，从而造成许多人深感人生意义的失落和精神价值的丧失。美国社会学家丹尼尔·贝尔（Daniel Bell）指出，在后现代社会中由于外部世界迅速变化导致人在空间感和时间感方面出现错乱；另外，宗教信仰的泯灭、天堂希望的失落以及关于人生有限、死后万事空的新意识共同铸成了自我意识的危机。因此，人们就走到了一个缺乏生命意义的空白边缘地带。[①]

① 转引车文博：《后现代主义思潮与人本心理学》，载《心理行为科学》，2003 年第 2 期。

在社会情感上，美国社会学家罗宾·科恩和保罗·肯尼迪提出了“后现代情感”的概念，认为，在后现代社会，由于强调独立生活，很多人都戴着一副面具，很少在别人面前流露自己的真情实感与内心想法，导致社会情感单薄。情感需要表现为不愿意被孤立、被隔离，需要别人关心，需要友谊，需要爱情，需要别人的许可和接受，需要别人的支持和合作，人们既想发泄内心深处的不安全感，渴望社会生活，同时又不想被伤害，恐惧陌生人群中随时出现的欺骗与不信任。① 而同时激烈的竞争使人们感受到巨大的精神压力，心理容易变态。另一方面，后现代社会商品化过程更为彻底，人们越来越置身于无边无际的商品化的广告、电视、录像、电影、杂志、网络所构成的信息海洋之中，普遍有被商品化、程序化和异化的社会心态，因此，后现代社会的失业、犯罪、吸毒、精神病和道德堕落等现象都十分严重。②

（二）后现代社会的犯罪现象

我们有理由预期，21 世纪世界经济将有更大、更快、更新的发展。世界上有不少经济学家估计，到 2010 年，信息软件、生命科学、新能源和可再生能源、新材料科学、海洋科学和有利于环保的高新技术产业等的总产值，将全面超过汽车、建筑、石油、钢铁、运输和纺织等传统产业。这显示未来将是一个强调知识、科技和创意的时代，传统行业将远远落在后头。但是 21 世纪也会产生新的社会问题。有人预期：国家之间贫富悬殊的现象将更严重，而贫穷国家将继续是恐怖主义和犯罪势力的温床；国家的分裂引发了无数冲突和战争；战乱频仍、种族屠杀惨剧不断；世界经济两极化，大大助长了恐怖主义和国际犯罪集团的势力；国际犯罪集团势力日增；在落后国家境内，犯罪集团是实际掌权者，犯罪集团以国

① 肖诗鸣：《“网络同居”热背后的心理学分析》，http://www.youth.cn/qsnyj/t20060309_302926.htm。

② 乐国安：《后现代主义思潮对社会心理学的影响》，载《文化研究》2003 年第 5 期。

家主权为掩护，进行研制武器、毒品、侵害性电脑软件等勾当，它们富可敌国，拥有庞大的军队和人造卫星……

全球化、信息化和知识化改变了传统犯罪的空间特征、行为方式和犯罪人的面貌，直接导致了新的犯罪类型产生，扩大了犯罪的规模，增加了犯罪的复杂性和对社会的危险性。后现代社会特征对犯罪现象的影响主要表现在：

1. 全球化使新的跨国犯罪形式得以产生，跨国有组织犯罪在范围、程度和复杂性方面都大大增加。一方面跨国犯罪组织在逐步增多。欧洲毒品犯罪案件猛增的情况证明了这一点。欧洲毒品犯罪案件从 1995 年的 15000 起增加到了 1997 年的 185000 起，同时妓女、敲诈（Blackmail）和杀人案件也逐步增多。① 另一方面犯罪活动范围越来越广，规模越来越大，犯罪收入金额越来越高，危害也越来越严重。联合国第十一届预防犯罪和罪犯待遇大会指出：跨国有组织犯罪不断蔓延，涉及非法药物贩运、洗钱、贩卖人口、偷运移民、非法贩运武器和恐怖主义等各个方面，并且这些犯罪之间存在着千丝万缕的联系②，这些跨国有组织犯罪对人民生活和世界各区域的社会和经济发展具有毁灭性影响。③ 根据联合国 2001 年的一项国际有组织犯罪研究，估计有组织犯罪的总金额为 160 亿亿美元(1.6 trillion)。这是保守估计，实际上每年国际有组织犯罪的涉案金额和利润要比这个数目大得多。④ 而据国际货币基金组织估计，世界有组织犯罪活动的年交易额高达 7000 亿—10000 亿美元，约占世界国内生产总值的 4%，其中将近一半即 3000 亿—5000 亿美

① Joseph D. Doudlass Jr., Russian Organized Crime and Financial Markets, Counterterrorism & Security Reports（VOL. 8, NO. 6）, p. 4.

② 例如，犯罪组织与恐怖主义的联系，犯罪组织利用恐怖主义方法实现自己的罪恶目的，而恐怖主义分子则利 用犯罪组织所得来资助恐怖主义。

③ 联合国第十一届预防犯罪和罪犯待遇大会：《协作与对策：建立预防犯罪和刑事司法战略联盟》（曼谷宣言），2005 年。

④ Joseph D. Doudlass Jr., Russian Organized Crime and Financial Markets, Counterterrorism & Security Reports（VOL. 8, NO. 6）, p. 4.

元来自毒品交易。又根据1986年美国总统委员会的报告，有组织犯罪的收入每年超过2260亿美元。[①] 根据联合国统计，不法之徒每年非法移民达400万人之多，从中获取的总利润为70亿美元。[②]

2. 犯罪规模扩大，对世界政治经济的安全构成重大威胁。2001年9月11日美国发生的“9·11事件”就是明证。恐怖主义被认为是对自由、民主、人权、国际和平与安全最具严重威胁之一，在人类进入21世纪后将继续存在，并有可能进一步恶化。新的经济和金融犯罪的快速增加、地域范围上的蔓延以及影响，这对各国经济和国际金融系统构成了重大威胁。[③]

3. 新的犯罪类型和传统犯罪的新行为方式不断出现。全球化和信息技术驱动了经济和金融犯罪类型和手段的增加，根据联合国的调查，世界范围内，利用电话、电子邮件和因特网进行欺诈的发生率显著增加；盗窃和滥用身份资料的现象不断增多；能产生收益的上游犯罪的数目大量增加并且范围大幅度扩大；以及出现了一些专门从事犯罪活动所得资金洗钱的集团（这些集团不一定与从事上游犯罪的集团直接相关）。

4. 犯罪是一种动态的社会现象，未来一些传统的犯罪如盗窃、诈骗、抢劫、杀人等将继续存在，而一些犯罪将被新的犯罪形式所代替。现代化时期影响犯罪的主要工具汽车，改变着犯罪的时空特点。计算机技术对犯罪的影响在20世纪末已经开始，在计算机技术和网络技术发展过程中不仅出现了众多的新型犯罪，也对传统犯罪的方式、时空发生了根本性的影响，而且犯罪人完成这些类型犯

---

① President's Commission on Organized Crime, The Impact: Organized Crime Today, (Washington D. C.: U. S. Government printing office, 1986).

② 联合国经济与社会发展委员会《预防犯罪》，http://www.un.org/chinese/esa/crime.htm。

③ 联合国第十一届预防犯罪和罪犯待遇大会：《协作与对策：建立预防犯罪和刑事司法战略联盟》（曼谷宣言），2005年。

罪的速度快捷，所需时间较短，所留证据和痕迹较少。早在20世纪80年代末，《洛杉矶每日新闻》报道称头号黑客米特·尼克“可以在10分钟内颠覆全世界”。

5. 未来一代违法犯罪人也将失去其传统的面孔和形象，许多将会是聪明的、受过良好教育和富裕的社会体面人士。犯罪人的年龄、性别、宗族的区别可能不像过去和现在那么明显。社会关于守法和违法的二元价值判断将会发生变化，社会对犯罪人的态度也会发生质的变化，他们可能不再作为我们的对立面而存在，而是我们的一员。① 香港电影《新警察故事》② 和美国电影《七宗罪》(Seven)③ 就给我们展示了犯罪人的新面孔和犯罪动机发展变化的迹象。《新警察故事》中除了犯罪集团组织者——全因当警察的父亲实施家庭暴力导致的“暴力循环”的心理外，犯罪集团中五人基本上都以心理快感为目的，无任何动机地有组织地模仿游戏中情境进行系列枪杀警察犯罪。而《七宗罪》探讨了有意义的暴力与无意义的暴力的差别，正如一个网友所评述的：“在我们越来越把目光投向高科技，投向物质和现代民主的时候，导演却在影片中为我们打开了‘潘多拉的盒子’——古老宗教中的七宗该下地狱的罪恶。当帷幕落下时，在观众心头挥之不去的是对上帝及现代人性的思考。在人们普遍对‘完善的’法律体系越来越抱有乐观态度的今天，这部电影似乎给了我们这种乐观信念狠狠的一击。正如凶手所说的：

① See Ezzat A. Fattah. (1997), Criminology: Past, Present and Future: A Critical Overview, ST. MARTIN'S PRESS, New York, p. 125.

② 故事梗概：五个年轻人组成的犯罪集团，在攻陷银行保险库之后，主动报警，直接挑战警方，模仿网络游戏的猎杀过程，把警察作为“游戏人物”连环枪杀警察，从中获得心理的快感。

③ 故事梗概：一个疯狂的凶手自认上帝，按照天主教七大死罪（饕餮、贪婪、懒惰、淫欲、傲慢、嫉妒和暴怒）的惩戒逐条实施杀人，一个警察在追凶的过程中，最终成为凶手计划中的七宗罪的执行者，面对爱妻的头颅，暴怒的他枪杀了罪犯而入狱。影片对犯罪心理学作了详尽的描述，而罪犯通过《圣经》的道德审判来杀人，更具社会意义，也显示了当代社会生活秩序的混乱。

‘作品完成了，大功告成，人们目瞪口呆，而又无话可说’。”① 现实中的犯罪人黑客组织——“诈骗高手小组”的创建者之一、黑客约翰·李坦称黑客犯罪的心迹和刑罚的效果：虽然坐牢“一点都不好玩”，但他肯定不能抵制再干一次的诱惑。后现代社会犯罪动机就会变得更加复杂，犯罪人的形象也将不断更新和多变。如果我们回顾在20世纪初的情况，美国著名犯罪学家萨瑟兰发现了犯罪并非穷人专利，富裕阶层的白领犯罪更为严重，从而改变了人们头脑里“犯罪人是有生理缺陷的人或贫困阶层的人”的犯罪人的形象，告诉人们有人用枪抢劫我们，也有人用圆珠笔抢劫我们，只不过这些以圆珠笔作为工具的抢劫犯隐藏得更深，看上去更文明，但对我们的危害却不比传统犯罪小，而且更不容易受大刑事司法的追究。正如法国犯罪学家乔治·比尔指出的：随着工业社会的发展，犯罪也从手工业阶段进入产业阶段，罪犯的形象也会出现新的改变，世界各地都存在着“犯罪社会”，还存在一个真正的犯罪工业——有组织犯罪，这个工业有自己的领导和跨国公司。也许21世纪犯罪学家将揭露出认知精英中存在着更严重的犯罪，毕竟现代化必将导致犯罪，而高速的经济发展也将与高发犯罪率共生。同时，以国家、政府为主体犯罪已经出现了一些新的特点，这也将是21世纪犯罪变化的特点之一。

6. 犯罪的机会将会大大增多。随着网络技术进入人类的工作和生活，互联网的无国界性和开放性特点（选择是适合的法律环境，逃避打击和法律的制裁），使犯罪人将会有更多的犯罪机会，就好像现在黑客利用互联网漏洞攻击系统、盗窃财物一样。② 犯罪机会的增加，意味着犯罪的增多。美国20世纪六七十年代犯罪增长现象就是人们生活方式的改变导致了更多的犯罪机会的结果。

---

① 转引自魏楚豫：《一生要看的50部电影》，北京工业大学出版社，载新浪网读书频道，http://book.sina.com.cn/longbook/1080096344_sutramovie/82.shtml。

② 参见联合国第十届预防犯罪和罪犯待遇大会：《涉及计算机网络的犯罪问题讲习班背景文件》，2000年。

根据美国《时代周刊》报道：美国国防部安全专家对其挂接在互联网上的12000台计算机系统进行了一次安全测试，结果88%入侵成功，96%的尝试破坏行为未被发现。这些都是犯罪机会增多的外在表现。同时，犯罪对象和被害人的特征也将会出现新的特点。

7. 犯罪损失大大增加，而且国家的政治、经济系统显得比较脆弱。美国每年因信息与网络安全问题所造成的经济损失高达75亿美元，企业计算机安全受到侵犯的比例为50%，美国国防部全球计算机网络平均每天遭受两次袭击。美国康奈尔（Cornell）大学的研究生莫里斯（Robbert T. Morris，Jr.）通过美国最大的计算机网络系统，把自己设计的病毒程序输入五角大楼远景规划网络，结果导致美国军事基地和国家航天航空局的6000多台计算机全部瘫痪，给美国造成直接经济损失近1亿美元。

8. 网络安全和虚拟社会犯罪将成为人类社会面临的最大的社会问题。网络和信息化的普及不仅带来了新的犯罪类型，改变了传统的犯罪模式，丰富了犯罪方式，而且其带来的网络安全问题将成为人类社会面临的最大社会问题。虚拟社会将成为人类生存的第五大空间，因此我们所说的网络犯罪已不再仅仅指传统的网络攻击或利用网络实施的犯罪，网络作为人类生存的另一个社会将成为一个新的犯罪空间，也必将会产生新的犯罪现象，刚刚发生的棱镜事件[①]已经让各个国家意识到网络安全的重要性，也让社会民众意识到了网络生活狰狞的一面。因此，虚拟社会的犯罪将成

① 2013年6月，原中情局（CIA）原职员爱德华·斯诺登将两份绝密资料交给英国《卫报》和美国《华盛顿邮报》。2013年6月5日，英国《卫报》披露：美国国家安全局有一项代号为“棱镜”的秘密项目，要求电信巨头威瑞森公司必须每天上交数百万用户的通话记录。6月6日，美国《华盛顿邮报》又披露称，过去6年间，美国国家安全局和联邦调查局通过进入微软、谷歌、苹果、雅虎等九大网络巨头的服务器，监控美国公民的电子邮件、聊天记录、视频及照片等秘密资料。这起美国有史以来最大的监控事件，引起了美国及全球社会的关注。

为人类社会面临的最严重的犯罪问题之一。

人们已经看到，整个 20 世纪是一个犯罪迅速增长的世纪，这个趋势到下个世纪也不可能被抑止。21 世纪犯罪现象将发生巨大的变化，它与其他社会现象一样具有全球化、信息化和知识化的特征。毒品犯罪、有组织犯罪、经济犯罪均大幅度增加，经济全球化与知识经济之发展更加使犯罪复杂化、严重化。由于犯罪学被界定为关于犯罪的科学，所以未来犯罪学的发展必然受未来犯罪特点和形式的影响。在未来几十年里，犯罪的结构、规模和趋势与犯罪学的发展方向有着密切的关系。

三、犯罪学的革命和方向

从现代犯罪学的批判和争论我们可以看出，未来犯罪学发展的关键在于路径的选择：(1) 应当研究什么，是继续沿着前人的足迹上下求索模糊的、多变的、多样的、多层次的犯罪原因？还是抛弃这一传统，改变路径，把犯罪学更多地引入规范科学（Normative Science）的领地？(2) 在犯罪学理论发展方面，是继续借用那些主流学科的方法和理论发展新理论，还是在犯罪学领域内发展新理论？是整合原有各种理论发展成新理论，还是发展关于犯罪的一般性理论（宏观理论或本体理论）？(3) 在犯罪学学科发展方面，如何选择实现犯罪学独立的路径？是通过构建关于犯罪的一般性理论脱离那些主流学科来确立独立的地位，抑或通过跨学科的界定来实现独立的目的？

因此，在批判和争论浪尖上的今天的犯罪学，就像我国古代的杨朱（杨子），面临着歧路的选择。① 杨朱见衢涂而哭泣，是因为路径选择的困难，歧路纵横交错，无从选择，一旦选择不当，便会差之毫厘，谬以千里。所谓“一念得失，可知毕生，不必果至千里

① 《淮南子》：杨子见歧路而哭之，为其可以南可以北；墨子见练丝而泣之，为其可以黄可以黑。

而觉其差也”。[①] 这种“杨子见歧路而泣”的境状是一种消极的、无奈的反应和选择。无论就一个人的行为选择还是一个民族的历史抉择来说，如果总是在歧路衢涂、三岔路口或十字街头痛哭流涕、裹足不前，无论如何都不是明智之举。对于犯罪学学科的发展亦然。面对歧路应当是一种超越杨子的积极选择，哭泣仅仅是面对选择困难的现实而焦虑的一种反应，是一种积极探索路径的外在表现。泪干时分，应是彩虹初现。对于犯罪学因批判和反思而带来的歧路境状，社会科学家们应当在批判和反思中给出一定的路径，但是我们很多时候面临的境状是破坏多于建构。犯罪学家道恩斯（Downes，1988）和饶可（Rock）指出，社会学家和犯罪学家有效地对前辈和当代犯罪学家的工作提出了质疑，但是他们的质疑是破坏，而不是建构的努力。[②] 这无疑不利于犯罪学学科建设和问题的解决。

面对社会变迁和犯罪现象的变化，犯罪学理论、犯罪学学科及对犯罪反应的法律、司法制度和刑事政策都面临着严峻的挑战。这种挑战一方面来自对犯罪学研究及其功能的质疑，另一方面来自于新的社会变迁和犯罪形态的变化。犯罪学的历史发展证明，犯罪学的产生和每一次大发展都是犯罪现象发生巨大变化的结果，是社会现实的需要。也就是说，犯罪现象的变化在挑战未来犯罪学的发展的同时，也为犯罪学的发展提供了一定的机遇。

关于对犯罪学功能的质疑，主要是关于犯罪学在治理犯罪方面所起的作用不是很大。澳大利亚犯罪学家约翰·布鲁斯维特对犯罪学的前景充满着忧虑：“说当代犯罪学家们是一群悲观主义者和愤世嫉俗者，看起来理由很充分。我们的科学在很大程度上没有作出

---

① 王先谦：《荀子集解》，中华书局 1988 年版。

② D. Downes & P. Rock, Understanding Deviance – A Guide to the Sociology of Crime and Rule – Breaking (2nd), Oxford: Clarendon Press, 1988, p. 327.

可以防止犯罪的刑事司法政策。”① 这种悲观和危机感的出现，可能一方面是犯罪学自身造成的，面对频繁变迁的社会和复杂的犯罪现象，犯罪学研究有点跟不上形势发展的需要；另一方面，可能更重要的是犯罪学的研究得不到适用。对犯罪学家而言，他们对政治、经济、社会政策决策的影响力是有限的，这也就是 20 世纪 60 年代以来美国社会主张犯罪学家向政治家靠近的缘由；从国家政策制定的角度来看，也许法国学者乔治·比尔说得更确切些，他指出：政治领导人的盲目往往使他们更热衷于使用那些陈旧的镇压办法，而不愿意采纳犯罪学家的建议。②

犯罪形态的变化促使犯罪学必须更新和发展过去的理论。20 世纪末期犯罪的变化已经证明了犯罪学理论的尴尬：大部分当代的犯罪学理论已经过时而且面对犯罪的变化有点无能为力的感觉。犯罪特点的变化和犯罪人的改变可以说对犯罪行为病理学研究范式的挑战，尤其是对犯罪生物学、犯罪心理学的理论是一个致命的打击。政治性暴力的持续增长和可习得性的暴力衰弱加速了现有犯罪学理论的终结。犯罪现象的这些变化继续更新和发展新的犯罪学理论。英国犯罪学家大卫·尼尔肯（David Nelken）在其《犯罪学的未来》一书中指出，犯罪学家适应社会和学科发展的需要，发展了如女性犯罪学、后现代犯罪学等新的理论，但是未来犯罪学的发展并不仅仅如此，也不一定是最好的选择。这也就是说单一理论的发展是不能适应社会需要的，必须对犯罪现象进行跨学科的、多角度的研究。

在（西方）社会科学家领域，社会科学家感觉到当代犯罪学（尤其是英语地区犯罪学）不仅在理论思想方面没有什么创新，而且还不关心其他领域的发展。为了使当代犯罪学的发展摆脱这种困

① John Braithwaite. Reducing the crime problem: a not so dismal criminology. Australian and New Zealand Journal of Criminology. 25（1992），p. 1.

② ［法］乔治·比卡著，王立宪、徐德瑛译：《犯罪学的思考与展望》（中译本），中国人民公安大学出版社 1992 年版，第 73 页。

境，有意识的、有针对性的犯罪学元研究兴起，一些从事理论犯罪学研究的学者受命对犯罪学研究本身进行反思，反思其他领域的理论发展与犯罪及犯罪控制理论的关系。

就犯罪学自身的发展而言，犯罪学研究这种与其他学科理论研究脱离的状况由来已久。犯罪学作为研究犯罪及犯罪控制的一门学科，一贯因其过度变成一门实用政策学科而遭受批判，由于犯罪学过度注重实用而忽视理论发展，所以导致当它必须需要理论指导时不得不求助于其他学科的知识和理论。过去，当我们谈到犯罪学的发展途径时，总是把它与社会学、心理学、法学或医学等一些主流学科紧密地联系在一起，从那些学科中发展自己的概念和理论；或者把它作为一门提供专门政策的激进的政治化学科来考虑。然而，现在看来，这门学科的发展紧紧靠引进社会学或者其他相关主流学科的最新理论和研究成果是远远不够的。

在后实证主义和后现代主义的背景下，学科的基本概念和进程面临着当代智力劳动的挑战。同时，社会进程的推进和社会形态的改变导致的政治经济文化的变化也将必然推动社会科学的发展。

犯罪学研究在针对犯罪现象治理效果的同时，还必须坚持法治，在法治的背景下发展犯罪学。面对日益增长的犯罪和被侵害危险的增加，政治家们和社会公众为了秩序往往会失去法律的理性而选择极端的措施。一方面，“刑事膨胀”或“刑法肥大症”就是社会和政治对犯罪的这种反应。斯特法尼指出，每当公共权力机关进一步对人们的活动加以规范时，总是要大量运用刑罚制裁的方法，这就导致了“刑事膨胀”现象，尤其是国家对经济领域的干涉是“刑事膨胀”的主要原因。[①] 另一方面，民众对秩序的诉求和呼唤也强化了社会对刑罚的依赖。斯特法尼指出，民众的不安全感所引

① ［法］卡斯东·斯特法尼等著，罗结珍译：《法国刑法总论精义》，中国政法大学出版社 1998 年版，第 25 页。

起的集体心理状态的一种典型表现便是强烈要求惩罚犯罪。[①] 有时候法治内在要求的权利保障和犯罪减少的措施是一对矛盾，正是在此意义上，李斯特说："刑法典是犯罪人的大宪章。它既不是在保护法律制度，也不是在保护集体，而是在保护它所抵御的人。它同犯罪人达成一项文字保证，对他们的惩罚只是当具备法律条件时才在法律规定的限度内实施。法无明文规定不为罪，法无明文规定不处罚，这两句话是一道屏障，保护公民免受国家权威、多数人的权利、利维坦的侵害。我早就指出过，刑罚是受法律制约的国家的惩罚权。现在，我可以说，刑法是刑事政策不可逾越的樊篱。"[②] 我们社会最近正在进行的关于警察开枪的讨论[③]，民众对被抓到的盗窃犯私刑的使用，警察的刑讯逼供，等等，都说明了在犯罪持续增长的背景下，国家和社会民众的诉求可能会走向法治的对面。因此，王牧教授指出：犯罪要减少，法治也必须坚持。在两者之间寻找到恰当的平衡点是理论家和社会管理者的共同责任。[④] 犯罪学发展犯罪治理对策必须符合法治原则，必须在保障人权的范围内进行

---

① ［法］卡斯东·斯特法尼等著，罗结珍译：《法国刑法总论精义》，中国政法大学出版社 1998 年版，第 29 页。

② 转引自［日］庄子邦雄：《刑罚制度的基础理论》，载《国外法学》1979 年第 4 期。

③ 2006 年 4 月 4 日，广州市维稳及综治委召开的第一季度治安形势分析会上，市委副书记、政法委书记张桂芳要求，干警要敢于履行职责，用法律武器打击犯罪。尤其是在执勤中面对砍手党等严重威胁群众和干警安全时，干警要敢于开枪，否则，"那是民警的悲哀"（参见《广州市委副书记称民警面对砍手党要敢于开枪》，载《南方报业》，2006－04－05）。这种"要求警方敢于开枪"的观点引起了社会的强烈反响，在有近万名网友参与的调查中，八成以上的人赞成"警方要敢于开枪"。一个支持的网友说：对保护人民的财产和安全是政府义不容辞的责任！强烈支持广州市政府最近一系列政策！对这些犯罪分子手软，就是对人民百姓的犯罪，对这些犯罪分子讲人权，就是不维护人民百姓起码的人权！广州市这位副书记敢为老百姓做主，是个好官！我们期盼全国社会环境能长治久安……（参见 http://news.21cn.com/domestic/yaowen/2006/04/11/2539276.shtml）。

④ 王牧：《犯罪学与刑法学的科际界限》，载《中国法学》，2004 年第 1 期，第 140 页。

研究和发展犯罪控制和预防的方案，这是法治社会的必然要求。

法治是现代社会的基本要求。犯罪学研究必须在法治社会的背景下进行，深刻吸取法西斯主义“素质说”反动种族主义的教训。“素质说”是法西斯主义反动种族主义的理论基础。法西斯主义认为，人类的素质是人类行为的原因，犯罪的原因要到犯人的素质中去寻找。由于人种不同，素质有高低之分。因此，犯罪也分素质高的人也会偶尔犯罪和由于素质低而犯罪两类。相应地，对这两类犯罪人的刑罚也不同，对于素质低贱的犯罪人处以死刑或无期拘禁等重刑，对于偶发性的犯人以“防卫为主”，即使处刑也科以轻刑。如1933年德国刑法规定了对“危险的习惯犯”的处罚，对于习惯犯，无论其犯罪与否，都给予包括阉割在内的保安处分。[①] 因此，实证主义犯罪学被认为是危险的。美国新犯罪学派认为，实证主义犯罪学派之所以被认为是危险的，就在于它突破了古典学派的法治理念，尤其菲利和加罗法洛的后期生涯，欣然地使他们的主张与墨索里尼的法西斯主义相适应，走向与法西斯主义政治上的联盟，这成为了后来的研究者和其他法律学派对实证学派批判的焦点。[②] 他们为了达到对现实犯罪的治理目的，主张用刑罚替代性措施预防犯罪，主张用犯罪人的人身危险性作为刑罚的标准，主张保安处分，这些措施的价值取向偏重于追求解决现实犯罪问题的效益，但是实施不当却面临着侵犯人权的危险，这是实证学派为后人所诟的主要理由。

现代法治原则包含社会秩序、人权保障、限制政府权力等基本内涵，犯罪学研究如果坚持法治原则，就会避免犯罪学研究及其犯罪对策带来的一系列的伦理和道德问题，就会成为真正科学的犯罪学。[③]

---

① 史广全著：《法西斯主义法学思潮》，法律出版社2006年版，第134页。

② ［美］理查德·昆尼等著，陈兴良等译：《新犯罪学》，中国国际广播出版社1988年版，第51页。

③ 关于犯罪预防措施尤其是情境预防措施的道德、权利和责任问题，参见联合国第十届预防犯罪和罪犯待遇大会文件：《犯罪与司法：二十一世纪所面临的挑战》。

第五章 中国犯罪学学科建设与发展

希望本是无所谓有，无所谓无的。这正如地上的路；其实地上本没有路，走的人多了，也便成了路。

——鲁迅《故乡》

从事犯罪学研究，尤其是在中国从事犯罪学研究，是一项异常艰难的事业，如果研究者对这门学科没有高度的热爱和忠诚，没有一定的奉献精神，是难以把犯罪学研究作为自己长久的学术事业的。尤其是在高等法学院校就更是如此，因为犯罪学不仅不属于法学的所谓 14 门主干课程，而且，现在也不是必选课程，实际上成了可有可无的课程。在这种情况下选择以犯罪学为自己的研究领域，在有些人看来，似乎是不智的。①

——王 牧

第一节 中国犯罪学的发展历史

虽然我国的先哲们一直在从不同角度思考着犯罪问题，且其中不乏真知灼见，但也仅仅算作是关于犯罪的思想，他们还没有系统地有意识地从一门学科的角度来考察犯罪现象，这些闪光的片言只

① 王牧教授为赵宝成教授《犯罪学专论》一书所作的序。参见赵宝成著：《犯罪学专论》，中国人民公安大学出版社 2005 年版，《序》第 2 页。

语还没有形成一定的知识体系。中国犯罪学建设开始于20世纪的20年代，发展大约不到百年的时间。今天的中国犯罪学一方面不仅取得了巨大的成就，发展出了相对完整的知识体系，另一方面还指导着中国与犯罪作斗争的实践，并开始了其学科制度化过程。

一、中国犯罪学学科的发展历程

从整个中国历史发展来看，我们可以把中国犯罪学的发展分为四个阶段：20世纪20年代的开始时期、新中国成立初期的零星研究时期、20世纪六七十年代的停滞时期和20世纪70年代末至今的繁荣时期。犯罪学不同发展阶段及其特征是与其所处的社会时代背景、政治制度及犯罪现象紧密相关的。

（一）20世纪20年代：辉煌的开始时期

开始时期是指20世纪20年代至新中国建立这一时期，这一时期的主要特征是系统的犯罪学研究开始。一方面开始大量地译介国外的犯罪学著作，另一方面在西方犯罪学的基础上开始了针对中国犯罪现象的犯罪学研究。有美国学者认为，犯罪学作为一门学科介绍到中国的大学里是近代（1927~1937）的事了，这时期日本、美国、意大利等国的犯罪学著作被翻译成中文出版，中国人自己写的一些犯罪学著作也在这一时期应运而生。这个时期中国的社会学和犯罪学相当发达，这在西方国家以外是罕见的。①

这时期介绍到我国的著作如《朗勃罗梭氏犯罪学》（意大利龙勃罗梭著，刘麟生译，1922年出版）、《审判心理学大意》（德国马勃著，陈大齐译，1922年出版）、《犯罪心理学》（日本寺田精一著，张庭键译，1927年出版）、《犯罪社会学》（日本胜水淳行著，郑玑译，1929年出版）、《实证派犯罪学》（意大利菲利著，许桂庭译，1936年出版）、《犯罪学及刑罚学》（美国齐林著，查良鉴译，

① Freedman, Maurice. Sociology in and of China. In British Journal of Sociology, 13 (1962), pp. 106~116.

1936 年出版)。其中，查良鉴翻译的美国犯罪学家齐林的名著《犯罪学与刑罚学》，于 1937 年和 1938 年两次被列入“汉译世界名著”，该书的翻译与出版，对于系统地研究刑罚制度与犯罪改造的关系有着启发性的价值。①

这一时期国内出版的主要著作和教材有：《犯罪学大纲》（徐鹏飞著，1923 年出版)、《犯罪学》（李剑华著，1932 年出版)、《犯罪学概论》(鲍如为著，1933 年版)、《犯罪社会学》（李剑华著，1935 年出版）等，20 世纪 40 年代还有《犯罪学教程》（重庆国民党宪兵学校)、《预防的理论与实际》(李时雨)、《刑法与犯罪研究》(余天民)、《犯罪学大纲》(刘仰之）等。

更值得一提的是，1934 年我国著名的社会学家、犯罪学家严景耀先生在经过对各地监狱进行大量调查的基础上，对当时中国的犯罪现象进行了深入的研究，在美国芝加哥大学完成了其博士论文——《中国的犯罪问题与社会变迁的关系》。严景耀先生主张应当把犯罪问题的研究置于相应的社会和文化背景之中进行，在论文开头其明确指出：“犯罪不是别的，不过是文化的一个侧面，而且因文化的变化而发生异变。”② 在论文中，严先生认为中国犯罪现象是社会变迁而引起的文化冲突尤其是法律冲突的结果。他指出：犯罪行为是在突然和迅猛的社会变迁中发生的，是在对新的社会环境失去适应能力的情况下发生的，是在传统形式被破坏的情况下发生的。③ 并认为犯罪人是社会变迁、文化矛盾的结果，“犯罪人本身是在迅速改变的社会环境中失去适应能力的受害者……他们行为的不稳定和矛盾不过是文化的不稳定和矛盾的表现，他们是受文化

① 赵国玲、兰全军：《二十世纪的中国犯罪学》，载《中外法学》，1998 年第 1 期。该书 2003 年由中国政法大学出版社列入《中国近代法学译丛》重新出版。

② 严景耀著，吴祯译：《中国的犯罪问题与社会变迁的关系》，北京大学出版社 1986 年版，第 2 页。

③ 严景耀著，吴祯译：《中国的犯罪问题与社会变迁的关系》，北京大学出版社 1986 年版，第 203 页。

影响的”。[①] 严先生在揭示犯罪产生的原因的基础上，对犯罪预防问题进行了论述，指出：预防犯罪需要对文化的各个方面作透彻和勇敢的再检验，对于社会的、政治的和经济生活的迅速变化，应以不停顿的与之相适应的观点来考察。他指出人类要努力争取与变化着的文化的需要减少矛盾与不稳定，以免使人们在不协调的社会变迁面前无能为力。把犯罪看作是与文化冲突和不协调的症状，因而寻求它发生的原因和过程，从而重新修改制度中的一些规章条文，以求人们加以适应，则犯罪的预防是可能的。[②] 从严先生的研究路径来看，侧重于从社会变迁和文化冲突的社会学视角研究犯罪问题，是受当时芝加哥学派影响的结果，他指出：对于犯罪问题的研究途径和适当的了解必须从努力调查文化变迁的过程、矛盾和不稳定中去探求。[③] 从严景耀先生的研究来看，当时的犯罪学教育不仅重视理论学习，而且还注重实际调查。根据雷洁琼教授为1986年出版的严先生这篇博士论文所作的《序》介绍，严先生当时面对中国犯罪问题的研究既缺乏专著书籍，又无可靠资料借以参考的情况，他志愿去北京的监狱当“犯人”，以求掌握第一手资料。随后，他在任教期间，又带领学生对中国20多个城市的犯罪情况进行了调查，收集了大量的第一手资料。[④] 根据吴桢先生的《译者序》介绍，严先生在写这篇博士论文之前，早在北京、河北、山西、河南、湖北、江西、安徽、江苏、浙江等处监狱进行过调查，广泛地访问犯人，接触实际，阅读了大量中外文文献，积累了300多个案

① 严景耀著，吴祯译：《中国的犯罪问题与社会变迁的关系》，北京大学出版社1986年版，第204页。

② 严景耀著，吴桢译：《中国的犯罪问题与社会变迁的关系》，北京大学出版社1986年版，第208～209页。

③ 严景耀著，吴桢译：《中国的犯罪问题与社会变迁的关系》，北京大学出版社1986年版，第209页。

④ 严景耀著，吴桢译：《中国的犯罪问题与社会变迁的关系》，北京大学出版社1986年版，《序》第1～3页。

史，若干统计图表，才写出了这篇论文。[①] 严景耀有关犯罪问题的研究和犯罪问题的调查方法至今仍有启发和借鉴意义。且不说严景耀先生这种参与观察、调查研究的方法对我们当代犯罪学研究的意义，仅就严景耀先生的这种研究精神而言，就不仅令我们扼腕称道、高山仰止。相比之下，我们当代的犯罪学研究者应当有汗颜之感，严景耀先生的实证研究精神为我们当代的犯罪学研究者所不逮！

这一时期，犯罪学开始在中国大学里讲授。如 1928 年严景耀先生从燕京大学毕业后开始留校讲授犯罪学课程，后来 20 世纪三四十年代他先后又在东吴大学、燕京大学社会学系讲授犯罪学课程。[②] 有学者研究后指出，在抗战时期和内战时期（1937 ~ 1949 年)，犯罪学一直是许多大学里的课程，但是犯罪学还没有在大学里成为一个单独的学术研究单元。[③]

从译介到著述，从研究到讲授，都反映了这一时期中国犯罪学发展的显耀，以辉煌的开始开启了中国犯罪学学科制度化建设的大门。有学者指出，在“西学东渐”的背景下，犯罪学与一些其他学科一样，从西方传播过来，并在中国发展起来，逐渐形成一门独立的学科。[④]

（二）新中国成立初期到 20 世纪 50 年代末：关于犯罪现象和犯罪原因的研究

在新中国成立初期到 1957 年，关于犯罪学问题的探讨也零星地存在着。[⑤] 由于犯罪学还不是一个独立的学科，所以犯罪学的相关问题多作为政治现象和法学问题来研究。犯罪现象问题的分析主

---

① 严景耀著，吴桢译：《中国的犯罪问题与社会变迁的关系》，北京大学出版社 1986 年版，《译者序》第 8 页。

② 严景耀著，吴桢译：《中国的犯罪问题与社会变迁的关系》，北京大学出版社 1986 年版，《序》第 1 页。

③ Cao liqun, “The state of criminology in china”, Criminologist, 4 (2004), pp. 1 ~5.

④ 赵国玲、兰全军：《二十世纪的中国犯罪学》，载《中外法学》，1998 年第 1 期。

⑤ 曹子丹主编：《中国犯罪原因综述》，中国政法大学出版社 1993 年版，第 2 页；参见阴家宝主编：《新中国犯罪学研究综述（1949—1995)》，中国民主法制出版社 1997 年版，第 1 页。

要体现在文件和报告中，还不是一种学术研究，而是包括在对社会形势的分析之中。关于犯罪原因的探讨一方面主要体现在一些刑法学教材中。如1956年法律出版社出版的由中国人民大学刑法学教研室和北京政法学院刑法学教研室共同编订的《中华人民共和国刑法教学大纲》、1957年法律出版社出版的中央政法干校刑法学教研室编著的《中华人民共和国刑法总则讲义》等，这也成了后来个别刑法学学者把犯罪学视为刑法学的一部分的理由。① 另一方面，也有一些关于犯罪原因探讨的文章，如1956年《教学简报》第20期发表的覃日辉的文章《我国过渡时期的经济制度是不是产生犯罪?》，这篇文章引起了当时关于社会主义经济制度是否引起犯罪的争论。这时期关于犯罪原因的探讨，主要集中在过渡时期社会主义社会是否还存在犯罪根源的问题上，如1957年李光灿发表在《新建设》杂志第1期的《犯罪的阶级性》一文，对犯罪的阶级根源进行了分析。②

有学者认为，新中国成立初期的关于犯罪原因问题的研究虽然成果不多，但是学术思想比较活跃，探讨所涉及的范围、领域也较为广泛和敏感。③ 不仅注意犯罪原因研究的针对性、应用性、目的性，强调犯罪原因研究要运用到司法实践、服务于与犯罪斗争和揭示资本主义的腐朽性，还关注到了犯罪原因的层次结构性，即强调对犯罪的社会根源的分析，也强调具体犯罪原因对犯罪产生的作用，还要求关注导致犯罪现象产生的客观条件。但是这一时期的犯罪学研究还没有形成系统的体系，还处于萌芽时期，是一种自发的零星的对犯罪原因问题的讨论。令我们遗憾的是，这一良好的犯罪学研究传统与其他社会科学一样，因特定社会时期的政治原因而受

---

① 靳高风：《犯罪学的界定：从实然到应然》，载《刑事法评论（2005第17卷）》，中国政法大学出版社2006年版，第398页。

② 曹子丹主编：《中国犯罪原因综述》，中国政法大学出版社1993年版，第2页。

③ 曹子丹主编：《中国犯罪原因综述》，中国政法大学出版社1993年版，第3~4页。

到干扰并消失，一直停滞了近20年的时间。

（三）20世纪60～70年代末：寂静的停滞时期

中国犯罪学发展的过程与西方犯罪学发展的过程有异曲同工之妙，都是在社会现实和社会科学发展的背景下曲折前进，只不过中国犯罪学，尤其是新中国成立后的犯罪学（包括社会学等其他社会科学）受当时的政治环境和大专院校学科建设政策的影响较大。1952年，在全国大专院校院系的调整中，犯罪学和社会学在高等院校的课程中被撤销，随之，犯罪学研究和教学在中国大陆大地上销声匿迹了，一直到70年代末期，才重新冒出一丝充满生机的新绿。宋浩波教授论及这段历史时沉痛地指出，在新中国成立后的前10年，由于众所周知的原因，如受以政代法、以言代法等法律虚无主义的影响（1979年以前就连重要的基本法——刑法典也未制定），接连不断的政治和群众运动，严密的社会控制体系造成的低犯罪率，以及犯罪学学科的独立地位被刑法学的淹没和吞噬等，导致了犯罪学理论研究的枯萎，甚至沦于泯灭。①

然而，这一时期犯罪学研究和教学在台湾地区仍在微弱地生存着。在1949年以后的时间里，犯罪学研究在台湾地区大学继续作为一门课程生存着，虽然一直不能打进主流大学中去。1966年以前，犯罪学是中央警察（员警）大学的教学研究专业之一。此后，台湾地区犯罪学学科制度化得到大发展。1967年中央警察（员警）大学增设了犯罪预防学系，犯罪学在台湾中央警察（员警）大学正式成为一个独立的学术单位；1974年该校把狱政学系与犯罪预防学系合并为犯罪防治系，该系以犯罪预防及犯罪行为矫治为主要研究和教学任务，招收本科生、硕士及博士研究生，同时接受世界知名大学的交换留学生、进修生及访问学者。其后犯罪学在台湾各大学开始成为主要课程，并逐步成立了专门的学术研究机构，招收犯

① 宋浩波：《新中国犯罪学辉煌发展的20年》，载《山东公安专科学校学报》1999年第6期。

罪学专业的学生，如国立中正大学的犯罪学专业。这时期一些代表性的研究成果也陆续出版，如周治平著的《犯罪学概论》、蔡敦铭著的《犯罪心理学》、张甘妹著的《犯罪学原论》、谢瑞智著的《中外刑事政策之比较研究》、林山田著的《犯罪学》、杨士隆和林健等合著的《犯罪矫治：问题与对策》、周震欧著的《犯罪心理学》、沈银和著的《中德少年刑法比较研究》、许春金著的《犯罪学》等。

(四) 20世纪70年代末至今：犯罪学的繁荣时期

犯罪学在我国社会和大学里销声匿迹数十年后，在20世纪70年代末80年代初重新复出，犯罪学的新生与西方犯罪学一样，是社会现实的“犯罪浪潮”推动的结果。经历了“文化大革命”之后的社会，犯罪现象日趋严重——不仅整体犯罪数量激增，而且青少年犯罪、暴力犯罪、流氓犯罪数量激增，社会影响巨大的恶性大案要案多发，导致当时有些地方的职工白天不敢上班，妇女晚上不敢出门，社会公众没有任何安全感。这一时期的治安形势正如国家哲学社会科学“七五”重点项目《中国现阶段犯罪问题研究》课题组所描述的：犯罪分子“目无国法，经常在光天化日之下结伙起哄、寻衅闹事、聚众斗殴、掠夺财物、打家劫舍，追逐调戏妇女，强奸轮奸妇女，胆大妄为，无恶不作，严重扰乱社会正常的工作秩序和生活秩序，威胁人民群众的生命财产安全”。[①] 在这种社会背景下，中共中央开始寻求治理犯罪的对策，于是犯罪学也顺应改革开放带来的宽松的社会环境和学术、思想蓬勃发展的潮流应运兴起。一大批有志于中国犯罪问题研究的专家、学者和司法工作者开始运用哲学、政治学、社会学、法学、生理学等学科以及其他现代科学技术知识，对我国青少年犯罪等问题进行广泛而深入的研究，取得了大量的研究成果。20世纪80年代以来，出版了多种犯罪学

---

① 俞雷主编：《中国现阶段犯罪问题研究》（总卷），中国人民公安大学出版社1993年版，第45页。

著作，包括教材、专著及博士论文等，发表了大量犯罪调查报告和论文，涌现了一大批犯罪学研究者。从犯罪学成果来看，犯罪学研究日趋繁荣，理论日益丰富，学科体系也逐步得以完善。于是中国犯罪学研究得以振兴，并迅速发展，也重新开始了其学科制度化过程。

二、中国犯罪学学科制度化建设

新中国把犯罪学有意识地作为一门学科进行建设开始于20世纪70年代末期，是随着改革开放后犯罪问题尤其是青少年犯罪问题的严重而诞生的。从这一时期开始，犯罪学开始了其作为一门学科在中国制度化的过程。这一过程主要表现在两个方面：一方面犯罪学学科制度化建设的重大历史事件标志着犯罪学学科制度化建设的进程；另一方面，犯罪学作为一门学科制度化的标志已经形成。

（一）中国犯罪学学科制度化进程

中国犯罪学研究首先从青少年犯罪研究开始，然后逐步向全面研究、纵深研究的方向发展，并逐步加快了犯罪学学科制度化建设的步伐。在犯罪学学科制度化建设的过程中，一系列重大的关于犯罪的决策、关于犯罪问题的研究及犯罪学学科建设的事件直接推动了犯罪学学科制度的进程：

——1979年6月，八大中直机关、社会团体联名向党中央提交了《关于提请全党重视解决青少年违法犯罪问题的报告》，在报告中指出了当时青少年犯罪形势的严峻现实，分析了原因，提出了社会治安综合治理的思路。

——1982年6月，中国青少年犯罪研究会创办了会刊《中国青少年犯罪研究》。

——1983年8月25日，中共中央通过了《中共中央关于严厉打击刑事犯罪活动的决定》。随后全国人大常委会颁布了《关于严惩严重危害社会治安的犯罪分子的决定》和《关于迅速审判严重危害社会治安的犯罪分子的程序的决定》，自此开始了三年为一期的“严打”活动，“严打”成了我国刑事政策的一个主要内容。

——1985 年 10 月，中共中央发出《关于进一步加强青少年教育，预防青少年违法犯罪的通知》，强调加强青少年教育，预防和减少青少年犯罪是一项综合治理的“系统工程”，提出了十项综合治理措施。

——1985 年，中国法学会劳改法学研究会成立，并于 1991 年更名为中国劳改学会，1996 年改为现名中国监狱学会。

——1991 年 2 月，中共中央、国务院颁布了《关于加强社会治安综合治理的决定》，同年 3 月 2 日全国人大常委会通过了《关于加强社会治安综合治理的决定》，指出社会治安综合治理是解决中国治安问题的根本出路。

——1991 年，北京大学开始招收刑法学专业犯罪学方向的博士研究生。

——1991 年全国人大常委会颁布了《未成年人保护法》。

——1992 年 4 月 22 日，中国犯罪学研究会在北京成立，标志着中国犯罪学进入了一个有组织的发展阶段。

——1992 年，中国警察学会成立。

——1993 年，国家哲学社会科学“七五”规划重点研究项目——“中国现阶段犯罪问题研究”课题报告——《中国现阶段犯罪问题研究》出版，分为总卷一卷，阶段性研究成果论文集两卷，分课题报告 18 卷，总字数约达 700 万字，带动了这一时期整个犯罪学领域的应用研究。

——1996 年，中国犯罪学研究会应邀参加了在汉城举行的国际犯罪学大会。

——1999 年全国人大常委会颁布了《预防未成年人犯罪法》，这是第一部由犯罪学研究促成的预防犯罪的法律。

——2001 年 1 月，中央综治委成立了预防青少年违法犯罪工作领导小组。

——2003年，中国犯罪学研究会的犯罪学丛刊——《犯罪学论丛》第一卷出版。

——2005年，中国犯罪学研究会应邀参加了在美国宾夕法尼亚举行的第14届国际犯罪学大会。

——2005年，中国人民公安大学犯罪学系成立，开始招收犯罪学专业的本科学生，标志着中国犯罪学普通高校本科教育的开始。

——2009年，中国犯罪学学会组织编写了"中国犯罪学研究30年综述丛书"（共六本），分别对"中国犯罪学基础理论"、"中国刑事政策"、"中国犯罪被害人"、"中国犯罪心理学"、"中国青少年犯罪"和"中国少年司法"六个专题进行研究综述。

——2011年，公安学作为一级学科列入国务院学位委员会和教育部《学位授予和人才培养学科目录》，犯罪学作为公安学的二级学科得以确立。

——2012年，国务院学术委员会批准了公安学博士学位一级授权点，犯罪学作为二级学科（或研究方向）列入。

——2012年，教育部批准公安学为一级学科国家重点学科，犯罪学列为其二级学科（方向）之一。

（二）中国犯罪学学科制度化建设的标志

短短20多年间，新中国犯罪学从创立开始逐步走向了成熟。在学科建设方面，不仅发展了犯罪学，而且还建立了青少年法学、犯罪心理学、犯罪社会学、比较犯罪学以及被害人学等分支学科。不仅成立了以犯罪学为主导的院系，而且大部分大学的法学院系都开设了犯罪学方面的课程，并培养了一批犯罪学专业的硕士、博士研究生，为我国犯罪学的发展打下了良好的基础。具体而言，中国犯罪学学科制度化的标志表现在：

1. 犯罪学在大学里取得了一定的地位。在大学里，犯罪学研究在20世纪80年代初作为法学或者社会学的分支学科开始复苏。20世纪80~90年代期间，在主要大学法学院系中为本科学生开设了犯罪学课程，也纷纷成立犯罪学或青少年犯罪学研究机构，而且华东政法大学也设立犯罪学系，培养犯罪学专业的学生（后合并到刑事司法学院）。90 年代以后，北京大学、中国政法大学、上海大学、华东政法大学、武汉大学、吉林大学、中国人民公安大学等主要大学法学院系逐步设置了犯罪学方向的硕士点、博士点或博士后流动站（属于刑法学的一个研究方向）。一些大学如中国政法大学、华东政法大学成立了包括犯罪学专业的刑事司法学院。2005 年，中国人民公安大学成立了犯罪学系，并开始招收犯罪学专业的学生，这是我国第一个犯罪学的专业院系，标志着犯罪学院系开始在中国大学里的设立。在高等教育的学科管理中，犯罪学作为刑法学的一个方向在研究生教育中得以体现。2011 年，公安学作为一级学科列入国务院学位委员会和教育部《学位授予和人才培养学科目录》，犯罪学作为公安学的二级学科得以确立。其后，犯罪学作为二级学科（方向）列入硕士、博士学位授予序列。

2. 犯罪学专业期刊相继出版发行。目前，犯罪学研究的专业期刊主要有：《青少年犯罪研究》、《青少年与法》、《犯罪与改造研究》、《犯罪与对策》及《犯罪研究》等。另外，各类法学、社会学及其他各种社科杂志也都开辟了犯罪学或犯罪问题研究的专栏。2003 年，由现任中国犯罪学研究会会长王牧教授主编的《犯罪学论丛》创刊，由中国检察出版社出版，每年一卷，截至 2006 年 7 月已经出版了四卷，这份连续出版的论文集可以被看作是中国犯罪学研究会的刊物，它已成为犯罪学研究者发表犯罪学专业论文的阵地。但是我国仍缺乏权威的或者国际性的犯罪学刊物。

3. 各种犯罪学学术机构得以建立。1992 年，犯罪学专门的学术机构——中国犯罪学研究会成立，不仅标志着在我国犯罪学学术共同体的形成，犯罪学研究会的成立说明犯罪学研究已得到了政府部门和社会的认可，而且标志着中国犯罪学研究开始进入了一个有组织的发展阶段。中国犯罪学经过了 10 多年的发展，已经取得了辉煌的业绩，并形成了成熟的学术会议制度和期刊出版制度，并有供会员交流信息的《会员通讯》和网站（http://www.zgfzxyjh.com.cn），以刊载学会的各种活动动态和相关专业文论。截至2006年，中国犯罪学研究会已经召开了15届学术研讨会，研究会先后组织编写了《犯罪学通论》、《比较犯罪学》、《犯罪学大辞书》等教材和著作，并出版了多次研讨会的论文集；犯罪研究会分别于1993年、1995年、1998年、2005年应邀组团参加国际犯罪学大会；2002年，中国犯罪学研究会加入中国法学会。另外，中国犯罪学研究会还成立了7个辐射全国的专业委员会：中国犯罪学预防犯罪专业委员会（上海）、未成年人法制教育专业委员会（贵州）、犯罪对策专业委员会（乌鲁木齐）、犯罪社会学专业委员会（武汉）、罪犯矫正专业委员会（河北冀东监狱）、罪犯矫治心理专业委员会（北京）和职务犯罪预防专业委员会。

除中国犯罪学研究会外，其他一些与犯罪学相关的研究机构也相继成立，这些机构可以分为四类：①专门的研究机构，如中国青少年犯罪研究会、中国监狱学会；②大学的犯罪学研究机构，如中国政法大学的犯罪学研究中心、中国人民公安大学的当代犯罪问题研究所；③政府部门的智囊机构，如公安部公共安全研究所、司法部预防犯罪研究所等；④各地地方性的犯罪学研究机构和智囊机构。

另外，中国香港和台湾地区也成立了专门的研究机构。香港于1983年成立了香港犯罪学会（Hong Kong Society of Criminology），犯罪学会由香港大学犯罪学研究中心负责管理。台湾于1994年成立了台湾犯罪学研究会（Chinese Association of Criminology），并出版有《犯罪学杂志》。

4. 犯罪学知识体系相对比较成熟，并形成了犯罪学的学科群体系。中国犯罪学的知识体系主要表现为：由“犯罪现象——犯罪原因——犯罪对策——类型犯罪”这些基本范畴构成的逻辑关系体系。虽然有学者认为这一知识体系在对解释犯罪、范畴逻辑等方面存在一定的问题[①]，但是我们认为它仍代表了中国犯罪学学科知识体系及其基本范畴之间的逻辑关系。另外，我国犯罪学研究也形成了一个以犯罪学为母学科的犯罪学学科群研究体系。犯罪学作为一门跨学科的学科，研究者采用不同学科的理论和方法进行研究，就产生了相应的犯罪学的子学科，具体包括犯罪人类学、犯罪统计学、犯罪生物学、犯罪心理学、犯罪社会学、犯罪经济学、刑事政策学、监狱学等，这些学科是学科专业化的结果，也是社会科学发展的必然趋势，这些分支学科的研究使我们对犯罪规律的认识更深化，从整体上推动了犯罪学研究的专业化趋势。我们认为，从学科建设和学科管理制度及分支学科的成熟程度来说，可以把犯罪社会学、犯罪心理学、刑事政策学、罪犯矫治学、犯罪经济学、犯罪预防学等作为犯罪学的分支学科来进行建制。

（三）中国犯罪学学科制度化的特点

中国犯罪学起步较晚，发展时间不长，全部算下来也就是半个世纪的时间。经过中西犯罪学学科制度化过程的比较，我们发现中国犯罪学学科制度化建设具有以下特点：

1. 犯罪学学科地位未完全确立。虽然从纵向看我国的犯罪学科制度建设得到了充分的发展，实现了从无到有，从有到在大学里取得了一定地位，但是从横向来说，我国犯罪学学科制度化建设才刚刚起步，还处于蹒跚学步、牙牙学语的婴儿阶段。也就是说，中国犯罪学已经在大学里取得了一定的地位，但是地位还未完全确立，这主要表现在：（1）犯罪学课程虽然在主要大学里得以设置，但仅仅限于法学院系，而且由于不属于大学本科法学教育的主干课程，处于可有可无的状态，大学里犯罪学教师的职位也正由于课程少和收入少而逐步走向边缘化。虽然中国人民公安大学设置了犯罪学系，但也仅仅是基于警察行业的优势而为，还不能因此说犯罪学在我国大学里已取得了应有的地位。（2）在教育行政管理上，犯罪

① 白建军著：《关系犯罪学》，中国人民大学出版社 2005 年版，第 22 ~ 26 页。

学的学科地位还没有确立，还没有列入本科专业目录，在研究生教育中仅仅作为刑法学的一个方向而存在。(3) 一些法学院、社会学系还没有开设犯罪学课程，犯罪学还没有纳入法学和社会学人才培养的知识结构体系。(4) 犯罪学人才的培养缺乏科学性，犯罪学专业的人才缺乏行为科学和社会科学研究方法的训练。这一点我们可以从各大学犯罪学专业（方向）硕士和博士研究生入学考试的科目中看出（见表5.1），犯罪学专业人才的预选主要侧重被预选人的法学基础，不仅没有其他相关社会科学的课程，也没有关于研究方法的科目。而且犯罪学人才的培养方案受限于教育管理学科设置的影响，是根据刑法学的专业培养方案制定的，侧重于刑法学课程和法学训练。法学教育背景下的犯罪学人才就很难对犯罪现象进行科学的分析和研究。中国人民公安大学曾试图改变犯罪学专业的法学课程，但是实行两年后又回复到了刑法学的考试科目。

表5.1　犯罪学硕士、博士研究生入学专业课考试科目

学　校	硕士生入学考试科目	博士入学考试目录	备　注
北京大学	宪法与行政法学、刑法、刑诉法、国际公法；法理学、民法、民事诉讼法学、经济法、国际经济法	刑法学（中国刑法学和外国刑法学），犯罪学和监狱学	
清华大学	法理学、宪法学、刑法学、国际公法学；民法学、商法学、经济法学、民事诉讼法学。复试：刑法学		招生专业目录中没有列出犯罪学方向

（续表）

学　校	硕士生入学考试科目	博士入学考试目录	备　注
中国人民公安大学	公安学综合（公安学基础理论和公安管理学），法学综合二（宪法学和刑法学）	犯罪学理论，心理学综合	2004～2005 年硕士研究生入学专业课考试科目为：社会学、刑法学和犯罪心理学，复试：犯罪学。2006～2012 年硕士研究生入学专业课考试科目：刑法学、刑事诉讼法学、法理学和宪法学。复试：犯罪学
武汉大学	综合知识（含法理、宪法、行政法、民法、国际法），刑事法学（刑法学和刑事诉讼法学）	中国刑法学和外国刑法学，跨学科考生加试犯罪学和中国刑法学	
中国政法大学	法理学、宪法学，民法学、刑法学、诉讼法学（含刑诉、民诉）；复试：刑法学、犯罪学	刑法总则和犯罪学	

2. 犯罪学研究机构还欠成熟。与西方国家犯罪学学会相比，中国犯罪学研究机构已经确立，但是还不成熟，还需要进一步扶持和发展。因为一方面犯罪学学术研究机构是学科制度化的标志，另一方面犯罪学学科制度化建设需要犯罪学研究机构的积极推进。面对犯罪现象复杂的社会现实，全国各级的犯罪学研究机构应当有所作为，一方面为控制和预防犯罪献策献力，另一方面也为自己的发展和犯罪学学科制度化建设提供前进的动力。犯罪学学术机构是犯罪学学科共同体形成的一个舞台，而犯罪学学科共同体的形成是犯

罪学学科产生和成熟的标志。① 而中国犯罪学研究会也需要在专业期刊的出版、学会会议制度化和学科共同体的构建等方面进一步努力，不断地完善犯罪学研究会的组织建设。

3. 犯罪学理论和体系还欠完善。一个学科需要具有经得住验证的理论和完善的、具有逻辑关系的知识体系，否者就不能称之为一门学科。我们从犯罪学的发展可以看出，西方犯罪学理论不仅对犯罪现象作出科学的解释，揭示了犯罪现象的规律，而且指导着刑事立法、司法和犯罪预防的实践。这些科学的犯罪学理论形成了较为成熟的犯罪学知识体系，这个知识体系反映了犯罪现象的基本规律和人类治理犯罪的实践过程。相比而言，我国犯罪学一方面缺乏经得起验证的对犯罪解释的理论，犯罪学教材中的理论要么是照搬西方犯罪学的理论，要么是未经科学检验的主观臆断。这种状况就如台湾学者林山田所评论的："……所谓犯罪原因，大多并无实证研究为其基础，几乎任何人均可以靠着玄想功能，信手拈来就可列出一大堆犯罪原因，举凡在我们日常生活中，包括个人方面与社会方面，只要是在我们通常的价值判断中，可以当作负价的价值判断者，包括所有偏差现象、行为与事实，均可作为犯罪原因，如私生子、低智商、精神病、心理变态、出身于贫寒或破碎家庭、居住于贫民区中、父母离婚等。"② 另一方面，我国犯罪学知识体系还不完整。针对现在普遍接受的"三段论"式体系结构，有学者认为这种知识体系使犯罪问题的理解过于简单化，而且造成了有些基本范畴的缺位，还忽略了犯罪与周围事物的联系。③ 针对我国犯罪学知识体系的状况，王牧教授指出，我国犯罪学理论体系极不严整，理论内容不严密，至今仍然缺少有说服力的一般理论，当然也就不能

① 参见《学科发展与学科制度建设》，载《光明日报》，2002 年 6 月 4 日。

② （台）林山田、林东茂著：《犯罪学》，中国人民公安大学出版社 1990 年版，第 99 页。

③ 白建军著：《关系犯罪学》，中国人民大学出版社 2005 年版，第 24～27 页。

形成有内在逻辑力量的理论体系。①

4. 犯罪学还缺乏真正的科学研究。从研究成果来看，虽然我国犯罪学研究取得了一定的成就，并得到了长足的发展，但是整体上来看我国的犯罪学研究还处于比较低的层次，没有科学的理论，也没有运用科学的研究方法，大部分研究结论是一种简单的逻辑推断和重复。犯罪学研究空洞的思辨偏多，务实的调研较少，为了研究而研究，为了论文而论文，研究局限在盲目的演绎和推断，没有科学的调查和检验。方法论的实践告诉我们：没有量化，社会科学就只能停留在印象主义的臆想和未经证实的见解这样一种水平上。因而也就无法进行重复研究，确立因果关系和提供证实的通则。②因此，在犯罪学发展的今天，一方面我们要提倡真正的实证研究精神和方法，另一方面我们也要加强对经验研究的思辨研究，提升犯罪学的理论高度，完善犯罪学知识体系。

总之，经过 20 多年的发展，中国犯罪学取得了辉煌的成绩，并开始了其学科制度化建设，不仅学科地位开始在大学里得以确立，而且学术研究机构也初具规模，学科也形成了初步的知识体系。更重要的是，围绕着这些学术研究机构和大学院校，犯罪学学科的学科共同体也已经初步形成。在这个群体里，不仅有理论研究者，还有来自立法、司法、监狱、律师等实践部门的工作者；不仅有从法学、社会学、心理学等其他学科转入的犯罪学研究者，还有在犯罪学学位制度下接受过犯罪学专门训练的研究人员。在这个研究群体的努力下，犯罪学的研究规范、习惯、价值观念和信念正在逐步形成，虽然还不成熟，但是已经开始，“开弓没有回头箭”，中国犯罪学正逐步走向完善和成熟。

① 王牧：《学科建设与犯罪学的完善》，载《法学研究》1998 年第 5 期。

② ［英］哈拉兰博斯著：《社会学基础》，上海社会科学院出版社 1986 版，第 60 ~ 61 页。

第二节　中国犯罪学学科建设与发展的困境

刚刚起步的中国犯罪学更是步履维艰，困惑重重，发展面临着茫然和困境。这种困惑、茫然和困境表现在很多方面。例如，关于犯罪根源的争论、关于犯罪学研究对象的争论、关于犯罪学知识体系的争论、关于犯罪学研究方法的争论、关于刑法学与犯罪学关系的争论、关于犯罪学学科性质和地位的争论、关于刑事政策概念和理论的争论、关于犯罪学价值的争论等，这些都反映了中国犯罪学发展的困惑和困境。从根本上说，这些争论反映了中国犯罪学学科的尴尬地位：一方面犯罪学还没有完全被其他学科接纳，另一方面犯罪学的学科价值正受到质疑。

一、犯罪学学科的独立性受到质疑

与犯罪学产生之初一样，犯罪学继续受到刑法学等学科的排斥，甚至质疑犯罪学的学科独立性、现实功用性和存在的合理性。有年轻学者坦言：中国的犯罪学没有单独成立的必要，趁早被刑法学收编才是正理。①对于这种现象，王牧教授解释道，犯罪学的产生挑战了刑法学的垄断地位，其结果必然地遭到了刑法学家们的反对，甚至在犯罪学已经用自己的实践和理论证实了它的价值的今天，刑法学家们仍然坚持刑法学对犯罪学的主导地位。② 与王牧教授相比，宋浩波教授和皮艺军教授的措辞更严厉些，更充满着感情色彩。宋浩波教授指出：犯罪学在欧洲和北美的一些国家都很受重视，在学术界和教育界都具有举足轻重的地位，而犯罪学在我国则地位卑微，最高教育行政当局至今仍未将其列入与其价值与意义相

---

① 皮艺军：《犯罪学 Vs 刑法学——刑法学话语霸权之终结》，载《山东公安专科学校学报》2004 年第 3 期，第 82 页。

② 王牧：《犯罪学与刑法学的科际界限》，载《中国法学》2004 年第 1 期，第 130 页。

称级别的学科目录。原因何在？在于有些学者对犯罪学这门学科不甚了解，对犯罪学的学科性质和价值认识不清，墨守成规，持门户之见，认为犯罪学不是一门发展成熟的学科，没有独立建立学科门类的价值，犯罪学只能充当刑法学的配角，或者担心犯罪学学科的发展会挑战刑法学的权威和学科地位，进而威胁到自己所占据的学科领地的地位。同时最高教育行政部门也人云亦云，迷信一些旧有学科的学术权威，而沦为自觉不自觉地扼杀新兴学科发展的工具，使犯罪学学科迟迟登不上与其意义相称的学科殿堂。在这些学者看来，犯罪学如果升格为同其平起平坐的二级学科，对其简直是一种蔑视！如果要能升为一级学科，就更是一种不能令人容忍的威胁！这种思想实际上是对学术的亵渎，也是心胸狭窄的学霸作风的表现，它只会危害学术的繁荣，危害国家和社会的福祉。① 皮艺军教授指出了两个学科的发展路径：在美国，今日犯罪学借社会学之强势，上至总统委员会，下至刑事司法执法部门，无不器重；在德国马普研究所，犯罪学与刑法学不分仲伯，各占半壁江山。在欧洲和美洲，犯罪学作为刑事科学的基础已成定论。而在我国以法学为霸主的法学院系里，却形成了固执的集体无意识，对非法学的学科——犯罪学持排挤态度。因此，他奔走疾呼：刑法学的发展需要犯罪学外在动力的推动，因此，刑法学要宽容，要建立与外部世界进行能量交换的开放系统，犯罪学自身要发展，最终要实现犯罪学和刑法学的整合，实现两个学科的双赢。②

的确，从历史来看，促进犯罪学诞生和奠定犯罪学地位的大师们基本上都是学贯多门学科、兼犯罪学和刑法学为一身的大家，如龙勃罗梭、菲利、加罗法洛、李斯特等。从全球的犯罪学研究看来，对犯罪学的排斥现象好像仅仅在中国大陆比较严重，在世界范

① 宋浩波：《犯罪学学科论》，载《中国人民公安大学学报》2004 年第 6 期，第 44 页。

② 皮艺军：《犯罪学 Vs 刑法学——刑法学话语霸权之终结》，载《山东公安专科学校学报》2004 年第 3 期，第 82 页。

围内，犯罪学和其他学科之间尤其是与刑法学之间是兼容并包的，学科之间是联通的，犯罪学离不开刑法学，刑法学也离不开犯罪学，所以在内容上是相互渗透的。我们从其他国家和中国台湾地区的刑法学和犯罪学著述及研究者的学术领域可以管窥一二。经典的犯罪学教材都涉及刑法及刑法学内容，例如，美国威斯康星大学教授齐林（John Lewis Gillin）的《犯罪学及刑罚学》[①]、瑞根大学（Rutgers University）教授弗瑞德·阿德勒（Freda Adler）的《犯罪学》[②]、劳维尔大学（University of Lowell）西格尔教授的《犯罪学》[③]等；而那些经典的刑法学教材也都涉及犯罪学的内容，例如，德国李斯特的《德国刑法教科书》、耶赛克的《德国刑法教科书》，法国斯特法尼的《法国刑法总论精义》等。学贯犯罪学和刑法学的学者远如菲利、加罗法洛、李斯特，近如耶赛克、格拉玛蒂尔、安塞尔；中国台湾地区的如林山田、韩忠谟、蔡墩铭等；大陆的如杨春洗教授、储槐植教授、康树华教授、王牧教授、陈兴良教授、赵国玲教授等。实践证明，从学术著述上看，游刃于犯罪学和刑法学之间，或遨游于更广阔的学科海洋中的学者，无论是犯罪学还是刑法学的学者在本学科内的造诣更深一些，学科视野也更广阔一些。正如皮艺军教授所指出的：在刑法学界，那些把理论的触角伸及（除去法哲学）犯罪学、社会学和经济学领域的刑法学学者，其理论的锋芒非其他规范法学家所能企及，因为“域外”方法论的运用，使他们得到了一个与同行们不同的新视角，而这个新视角是他们的同行皓首穷经也难以寻得的。[④]

---

① ［美］约翰·列维斯·齐林著，查良鉴译：《犯罪学及刑罚学》，中国政法大学出版社2003年版。

② Freda Adler，Gerhard O. W. Mueller，William S. Laufer，Criminology，McGraw－Hill，Inc.，1996.

③ Larry J. Siegel“Criminology”（Third edition），West publishing company，1989.

④ 皮艺军：《犯罪学Vs刑法学——刑法学话语霸权之终结》，载《山东公安专科学校学报》2004年第3期，第82页。

关于犯罪学和刑法学的关系，美国宾夕法尼亚大学法学院三位教授——利奥·卡茨（Leo Katz）、迈克尔·穆尔（Michael S. Moore）和斯蒂芬·莫尔斯（Stephen Morse）在其合编的《刑法基础》（*Foundation of Criminal Law*）一书的导言里进行了深刻的阐述："如果刑法理论脱离了对犯罪行为最好的理论阐释和事实描述，它能彻底解决问题、得到有识之士的青睐吗？再者，犯罪问题绝不可能仅仅依赖刑法就能得到解决。我们仅期待刑法能用恰当的道德力量对抗和遏制犯罪，不至于让犯罪肆无忌惮地蔓延，而且依靠刑法还不至于让社会秩序更糟，如此而已。"① 因此，他们打破了传统刑法教科书的体系，在该教科书的首篇邀请国际著名的犯罪学专家如约翰·布鲁斯维特（John Braithwaite）、迈克尔·托尼（Michael Tony）、詹姆斯·威尔逊（James Q·Wilson）等五位介绍了犯罪学理论和美国犯罪的实际问题及对策。我国学者刘仁文博士在该书影印本的序言里进一步指出，正如编者所言，如果刑事立法在采纳某一条文或制定某项刑事政策时，与犯罪理论和犯罪事实相脱节，那怎么能有助于减少犯罪呢？因此，欲治刑法学，必先治犯罪学。②

为什么会产生犯罪学不被接受甚至受到排斥的现象呢？有学者认为是根深蒂固的历史原因或者现实原因。从历史看，从犯罪学产生那天起，刑法学和犯罪学的地位之争就是一件学案。③ 从现实看，犯罪学发展不成熟的状况影响了学科的地位，导致犯罪学得不到其他相关学科的认可。④ 换言之，由于犯罪学学科年轻还不成熟而不被接受乃至于被排斥。除此之外，学科利益和学科主体的学科视野

① ［美］卡茨，穆尔著：《刑法基础》，法律出版社 2005 年版（影印本），第 2 页。

② ［美］卡茨，穆尔著：《刑法基础》，法律出版社 2005 年版（影印本），《序》第 2 页。

③ 王牧：《犯罪学与刑法学的科际界限》，载《中国法学》2004 年第 1 期，第 130 页。

④ 王牧：《学科建设与犯罪学的完善》，载《法学研究》1998 年第 5 期，第 128 页。

也是形成这种现象的原因，这也是学科制度化过程中的必然现象。

学科的独立性和自然封闭性是科学知识专门化发展的必然结果，但是学科的这种独立性和封闭性容易导致“学科壁垒”现象，这种现象在社会科学之间表现尤为明显。[①] 这种现象的产生一方面与不同学科的学者的思维方式、行为特征有关，另一方面，也与研究者的研究态度和研究视野有关。当前，我国学科制度直接关系到学术资源的分配，进而关系到社会资源的配置。学科是否独立及学科地位的高低直接关系着该学科得到的学术资源及社会资源的多少，进而直接关系着研究机构和研究者利益的多寡。学科地位高，得到的项目资助、研究援助、教育资源也就越多，反之就越少，是故新学科往往不被接受甚至受到排斥。

这种学科排斥现象不是今天才有的，也不是仅仅体现在其他学科对犯罪学的排斥方面，而是科学界和学科制度过程中的一种普遍现象。社会科学家指出：学科分门划界有多种目的，当建立界限是保护某学科时，边界就标志着所有者的领土，外人不得擅入，以便跟其他学科划清界限。该学科的执业者往往定义自己学科为科学而其他学科不是科学，更重要的是阻止对手进入专业场所，譬如大学院系、科学学会和演讲厅；更戏剧性的是：当代科学家借着他们的认知权威兑换成丰厚的物质资源和权力。[②] 这也许能为犯罪学被排斥的现象找到注脚吧。从另一方面说，研究者受 19 世纪以来偏狭的学科分类的影响，基于对自己学科的偏好和自恃，专注于其基于教育背景的本学科的研究，毫无旁骛，也因此拒绝接受异域的知识和方法，专注于狭隘的专业化，这种精神固然可取，但是研究视野严重受限，研究成果也必然具有一定的局限性。

然而，当代学科发展的内在逻辑要求打破“学科壁垒”的自然

---

① 宋新涛：《学科壁垒、学科堡垒与高等学校学科建设》，载《江苏高教》2003 年第 2 期，第 81 页。

② ［美］华勒斯坦等著：《学科知识权力》，三联书店 1999 年版，第 22～24 页。

封闭性，遵从学科发展的客观规律，改变过去那种“孤军作战”或“单科独进”的教学和科研活动方式，代之以“协调作战”的方式。[①] 这是当代学科日趋交叉、融合的必然趋势，是学科群研究模式发展的结果。也许当前刑事法学各学科面临的困境就是各自为政的“单打独斗”。就刑法学而言，过分专注于注释刑法学的微观研究，而缺乏从整个社会科学角度进行的宏观刑法学研究，专注于犯罪论的挖掘，而难以拓展刑罚论的研究。因此，我们认为安塞尔提倡的人道主义的刑事政策运动，在方法论上对我们今天刑事科学的研究仍具有方法论的指导意义。

二、犯罪学的学科价值没有充分发挥

犯罪学面临的另外一个困境就是犯罪学的功能在现实社会中没有充分地体现出来，因此犯罪学学科的价值受到了质疑。在西方社会，虽然犯罪学已经向社会展示了它的社会价值和效果，但是事实正如法国学者乔治·比卡所说的，犯罪学从产生以来就没有受到政府部门的重视。[②] 在犯罪学的学科价值认可上，当前的状况是国家发达程度与犯罪学学科及其研究受重视程度成正比，越是发达国家对犯罪学研究的重视程度越高，犯罪学社会价值也越能够得以体现。

当前我国的犯罪学研究实际上处于一种“真空”的境地，即犯罪学研究与关于犯罪政策的实践处于互不联系的分离状态，一方面犯罪学研究得不到决策部门的重视，研究成果也很难在现实社会转化为社会效益；另一方面犯罪学研究者也在有意或无意地独自跳舞，这既是犯罪学研究欠发达、研究成果质量不高及其对现实决策

---

① 宋新涛：《学科壁垒、学科堡垒与高等学校学科建设》，载《江苏高教》2003 年第 2 期，第 83 页。

② ［法］乔治·比卡著，王立宪、徐德瑛译：《犯罪学的思考与展望》，中国人民公安大学出版社 1992 年版，第 20 页。

指导意义不大的结果，[①] 也与整个社会尤其是政府部门、司法部门的决策理念密切相关。虽然国家一直把“预防为主，打防结合”作为社会治安治理的基本指导思想，但是长期以来，以刑罚为工具的“打击主义”思想一直是治理犯罪的根深蒂固的理念，因为刑罚的打击可以达到社会治安短期好转的效果，尤其是在社会关系纷繁复杂，社会管理水平不高，需要多种力量参与的犯罪预防措施难以实施的现实面前，容易形成对刑罚措施的依赖。这种现实的选择必然导致刑法学在现实社会的话语权。“存在即合理”，有学者呼吁终结刑法学的话语霸权，我们认为，在今天的现实社会中，理想而已。犯罪学与其这样“临渊羡鱼”地叫屈和呼喊，不如“退而结网”地做些踏实的犯罪学研究，从我们现实的需要出发，切实做些应用犯罪学的研究，通过实现犯罪学的社会价值来证明犯罪学学科存在的价值和意义，通过完善犯罪学理论体系来证明犯罪学学科的成熟。正如胡适先生所说：少谈些主义，多做些实事。其最终结果就会：桃李不言，下自成蹊！

第三节　中国犯罪学学科建设和发展的方向

学科制度化建设包括外在与内在两个方面。外在建设主要是争取外部社会资源，如争取社会舆论的重视、政府的重视、投资者和慈善家的重视等。有了这些重视，就可以争取到硕士点和博士点，争取到更多的研究经费和出版经费，能够创办一些专业期刊等。所谓内在建设，主要是指各种各样学术标准和学术规则的建立，而且这些标准和规则只有成为人人心中的共识，才能成为一种精神层面上的制度，才能起到规范作用。学科制度建设应以内在建设为主，

① 笔者认为，这种研究状况可能与下列因素有关：（一）整个社会科学的研究处于浮躁状态，研究围绕国家学术成果评价体制而展开，为研究而研究，而出成果而出成果，不重视研究的现实意义和研究成果的自身的价值，犯罪学研究也难以跳出这种研究的大局面。（二）研究质量不高可能与研究者自身素质和研究资料难得有关。

以“内”定“外”，外在的制度创设应该大体符合学科的内在制度建设水平。有了强劲的内在制度建设，学科制度化才能水到渠成。①从整体上说，犯罪学学科制度化建设应当从内外两个方面下手，外在争取资源和支持，内在加强自身规范建设，通过内在的规范建设来推动外在的建设，完成其学科制度化建设。具体而言，我们可以通过加强犯罪学元研究、推进学科群研究、鼓励犯罪学应用研究和推进犯罪学职业化建设等几个方面来完成。

一、推进犯罪学元研究

元研究（Meta - study）是指以学科本身、学科研究状态及其发展规律为研究对象的一种研究。元研究是社会科学发展中自我反省意识发展的必然产物，具有反思性和批判性。一般来说，一门学科元研究的兴起，往往是学科发展面临危机或发展受阻的结果。当由于学科主题概念突然出现某种根本的转变，从而要求修改目前学科中所通行的科学研究逻辑和范式；或者当由于学科很久没有进展，似乎到了无路可走的地步，从而需要开辟新的研究路径时，元研究便出现。因此，元研究既是对学科理论和学科发展的反省和批判，又是学科进一步发展的动力。一般元研究包括元理论（Metatheory）研究、元方法（Metamethods）研究和元资料分析（Meta - data - analysis）三大领域：元理论研究是对既存的学科理论的研究；元方法研究是对既存的学科研究方法的研究；元资料分析则是对已有成果资料进行的整合分析研究。②

根据元研究的基本原理③和我国犯罪学发展状况，犯罪学元研

① 吴国盛：《学科发展与学科制度建设》，载《光明日报》，2002 年 6 月 4 日。

② Ritzer, G. , Sociological Metatheorizing and A Metatheoretical Schema for Analyzing Sociological Theory, in Ritzer, G. , Sociological Theory, New York: McGraw - Hill, 1996, p. 622.

③ 文军：《西方社会学的元研究及其元理论化趋势》，载黄长著、黄育馥主编《整合与拓展》，社会科学文献出版社 2005 年版，第 67 页。

究的具体内容大致包括下列问题：（1）犯罪学学科描述（术语、概念、命题等）的合规则性、合理性和有效性分析；（2）犯罪学的研究对象、功能、性质、理论结构、逻辑范畴、进步标准等方面的探讨；（3）犯罪学历史发展过程的考察；（4）探索犯罪学理论形成的过程及不同研究范式的发展变化状况，揭示隐匿于犯罪学理论内部的深层次结构；（5）分析在一定历史背景中社会文化条件对犯罪学理论与方法的产生和发展所起的作用；（6）对犯罪学研究共同体进行研究，辨识各种学术团体，分析这些团体及其相互间的联系和对犯罪学学科发展的影响；（7）归纳和分析犯罪学理论的现状，揭示犯罪学研究中面临的重大理论问题；（8）对译介或移植的犯罪学理论进行本土化的验证和改造；（9）犯罪学的进一步发展可选择的路径分析。

西方犯罪学元研究起始于菲利对犯罪人类学的总结和对犯罪社会学的界定与研究，20 世纪 30 年代达到了高潮，开始了大规模的对犯罪学学科的批判、反思和重建，一直持续到今天。犯罪学元研究是犯罪学家对犯罪学研究感到困惑，进而对奠基者当初提出的学科目标建设的可能性、方法的有效性和理论的恰当性等学科基础性问题提出质疑的结果。中国犯罪学研究亦然。新中国犯罪学研究经历了20 余年的发展之后，陷入了踯躅不前的状态，单纯地译介国外犯罪学理论和浅显地对犯罪原因进行阐述，进而发展出参考价值不大或者根本没有实践价值的犯罪学理论和对策的研究状态已经不能满足中国社会现实的需要，犯罪学面临着生存的危机，其存在的意义和价值不断地受到来自其他学科的质疑。

于是中国犯罪学研究者在 20 世纪 90 年代末开始了对犯罪学学科自身的元研究，21 世纪以来这种犯罪学元研究态势达到了高潮，讨论的问题涉及犯罪学学科本身的方方面面，例如，犯罪学应当研究什么，是研究犯罪原因抑或犯罪存在的规律，还是研究个体行为抑或群体行为？中国犯罪学在研究方法上是缺少实证研究，还是实证研究过多，还是实证研究质量不高？犯罪学该如何发挥它的社会价值？犯罪学的研究范式该怎么革命？中国犯罪学理论研究的状况是怎样的？中国犯罪学学科性和地位是怎样的，如何处理好它和刑法学的关系？等等。20 世纪 90 年代，储槐植教授提出“刑事一体化”的学科群研究理念，论证了刑事科学各学科的地位和功能，提出了刑法学研究的新思路。[①] 20 世纪 90 年代末至 21 世纪初，王牧教授先后发表了《学科建设与犯罪学的完善》、《根基性的错误：对犯罪学理论前提的质疑》、《犯罪学与刑法学的科际界限》等文章，对犯罪学理论和学科建设进行了总结，并提出新的路径。[②] 陈兴良教授发表了《刑事一体化视野中的犯罪学研究》一文，提出了大刑事法研究模式，从刑法学本位的立场出发说明了犯罪学的功能辅助性和学科独立性。[③] 皮艺军教授发表了《犯罪学 Vs 刑法学——刑法学话语霸权之终结》，对两个学科在现实社会之间的关系进行讨论，并提出了犯罪学发展的途径；[④] 宋浩波教授发表了《犯罪学学科论》，对当前犯罪学学科在学科管理中的地位问题提出了质疑。[⑤]

这些犯罪学学科的元研究在对犯罪学研究进行批判和反省的同时，也提供了进一步深度学科制度化建设的路径。这些路径主要体现在[⑥]：（1）加强犯罪学学科建设意识，明确犯罪学的学科任务

---

① 储槐植著：《刑事一体化》，法律出版社 2004 版。

② 王牧：《学科建设和犯罪学的完善》，载《法学研究》1998 年第 5 期，第 127 页；王牧：《根基性的错误：对犯罪学理论前提的质疑》，载《中国法学》2002 年第 5 期，第 118 页；王牧：《犯罪学与刑法学的科际界限》，载《中国法学》2004 年第 1 期，第 130 页。

③ 陈兴良：《刑事一体化视野中的犯罪学研究》，载《中国法学》1999 年第 6 期，第 113 页。

④ 皮艺军：《犯罪学 Vs 刑法学——刑法学话语霸权之终结》，载《山东公安专科学校学报》2004 年第 3 期，第 79 页。

⑤ 宋浩波：《犯罪学学科论》，载《中国人民公安大学学报》，2004 年第 6 期，第 44 页。

⑥ 本文仅在此列出代表性观点及提出该观点的研究者，有些观点本文已涉及，不再单独列出观点出处的文章或著作，请参见参考文献。

（王牧）；（2）鼓励犯罪学内部创设学派和理论流派，促进犯罪学本体理论建设（陈兴良）；（3）加强犯罪学学科管理，提升犯罪学的学科地位（王牧[①]、宋浩波）；（4）犯罪学研究范式的革命（白建军、张旭、张小虎）；（5）把对犯罪原因的追求转到对犯罪现象规律的认识（王牧）；（6）建立犯罪学的学科群体系（宋浩波）；（7）构建犯罪学本位的刑事科学的学科群研究模式（储槐植、陈兴良、靳高风）；（8）对刑法学和刑事政策展开批判性研究或法社会学的研究（李晓明、汪明亮、陈兴良、严励、靳高风、卢建平、许发民）；（9）改变实证研究的路径和模式（戴宜生、王牧、周路、杜雄柏[②]）；（10）展开犯罪学理论的比较研究（康树华、曹立群、吴宗宪、赵宝成）；（11）展开中国犯罪学的历史研究（赵国玲、兰全军）；（12）对学科性质进行界定（郝宏奎、张小虎、宋浩波、严励[③]）；（13）推进中国犯罪学学科制度化建设（王牧、靳高风）；（14）21世纪犯罪学的发展趋势（康树华）；（15）犯罪学学科体系构建（白建军）；（16）西方犯罪学史研究（吴宗宪）；（17）价值中立原则在犯罪学中的运用（皮艺军、卢建平）；（18）犯罪学与刑法学的关系（王牧、皮艺军、宋浩波、陈兴良、赵宝成）。这些元研究的指向对中国未来犯罪学的发展具有重大意义。

除了加强犯罪学元研究之外，我们还急需加强犯罪学学科的规范建设。学科研究规范是一种在研究者中形成共识的约束学科职业共同体和研究者的学术标准和学术规则。一方面新加入的专业成员逐渐被这个学科的标准和规范所同化，而先期进入的成员则以这些标准和规范作为评价工作业绩的准则。另一方面，这些专业性的标

---

① 王牧：《论犯罪学的学科定位及属性》，载《中国大学教学》2004年第8期，第36页。

② 杜雄柏：《困境与出路：关于我国犯罪学实证研究的思考》，载《吉林公安高等专科学校学报》2004年第4期，第36页。

③ 严励：《犯罪学研究的路径选择——兼论犯罪学的学科地位犯罪研究》，载《犯罪研究》2004年第4期，第8页。

准和规范不仅成为学科内各专业者相互评估的基础，同时它们也是“从业者内化”的内容，专业者将以这些标准和规范作为参照物，从而对自己的工作业绩采取“深刻反思的态度”。[①] 学科规范是一个学科赖以存在和区别于其他学科的标志。学科研究规范由学科共同体和学科研究机构的共同推进，学科规范建设需要通过制定学科的研究纲领和学科的制度创设来完成。学科规范建设还表现为一种精神层面的、内在的学术气质和信念的建设，这种学术气质和信念是一个学科实现学科独立和学科自由的标志。加强犯罪学学科规范建设应当从规范制度和学术精神两个方面着手，制度层面上包括学者的职业化、固定教席和培养计划的设置、学会组织和学术会议制度的建立和完善、专业期刊的创办等。学术精神层面上包括学术气质和学术信念的养成，发扬真正的实证研究精神，以犯罪学为业。

二、促进犯罪学学科地位的提升

根据1998年和1999年颁布的《我国普通高等学校本科专业目录》和《我国授予博士、硕士学位和培养研究生学科专业目录》，犯罪学还没有被列入高等教育的学科结构中，而是分别属于不同学科的学科方向。在大学本科教育中，根据本科专业目录和大学学科设置的实践，犯罪学有两种地位：一种是处于第五层次，亦即法学（学科门类）——法学（二级类）——法学（专业）——刑法学——犯罪学；第二种是处于第三层次，亦即法学（学科门类）——公安学类（二级类）——犯罪学专业。[②] 在研究生教育中，根据《我国授予博士、硕士学位和培养研究生学科专业目录》和教学实践，犯罪学处于第四位，亦即法学（学科门类）——法学（一级学

---

① ［美］罗伯·特古丁、汉斯·迪特尔·克林格曼：《政治科学新手册》，三联书店2006年版，第7页。

② 中华人民共和国教育部高教司：《普通高等学校本科专业目录和专业介绍》（1998年颁布），高等教育出版社1998年版，第185页。

科）——刑法学（二级学科）——犯罪学（学科方向）。[①]

根据犯罪学的研究对象和性质，在整个社会科学的结构中，犯罪学是社会科学的一个独立门类。通过犯罪学在科学总体和教育管理中学科地位的对比，我们可以发现犯罪学在我国高等教育中的学科地位与其应有的地位是极其不相称的。王牧教授认为，我国目前把犯罪学作为刑法学的一个研究方向对待。在教育管理上，刑法学是二级学科，犯罪学是三级学科；在理论上，实际是认为刑法学包括犯罪学，犯罪学是刑法学的下位（辅助）学科。犯罪学在现今仍应当以二级学科进行管理，这是因为，虽然犯罪学的理论框架和逻辑内容实际上使犯罪学处于一级学科地位，但目前我国犯罪学以二级学科管理较为合适，犯罪学作为二级学科在法学领域更合适。[②]北京大学法学院陈兴良教授认为犯罪学应属一级学科，刑法学研究要以犯罪学作为基础，而不是包含在刑法之内，应属于刑事法的范畴。[③] 北京大学张美英教授认为，刑事科学容纳不了犯罪学，从这方面来讲，应是一级学科，但现实情况下，应是二级学科，犯罪学学科建设要注重理论的研究，重视犯罪学的导向作用。[④] 很明显，学术界已经认识到了犯罪学在我国高等教育中学科地位的不合理性，因此，有必要进行学科结构调整，提高犯罪学的学科地位。确立犯罪学在高等教育体系中的学科地位一方面要根据犯罪学的学科性质和在科学总体学科结构中的地位，另一方面还要考虑我国犯罪学学科发展状况和学科制度化进程。无疑，把犯罪学作为刑法学的一个方向是不合适的，与犯罪学的学科性质、研究对象和学科任务都是不相匹配

---

① 国务院学位委员会办公室、教育部研究生工作办公室：《授予博士、硕士学位和培养研究生的学科专业简介》，高等教育出版社 1999 年版，第 190 页。

② 王晓佳：《校庆现场采访报道之三十四：犯罪学学科建设座谈会在京召开》，载中国政法大学网站，http://news. cupl. edu. cn/news/299_20041109080250. htm。

③ 王晓佳：《校庆现场采访报道之三十四：犯罪学学科建设座谈会在京召开》，载中国政法大学网站，http://news. cupl. edu. cn/news/299_20041109080250. htm. 。

④ 王晓佳：《校庆现场采访报道之三十四：犯罪学学科建设座谈会在京召开》，载中国政法大学网站，http://news. cupl. edu. cn/news/299_20041109080250. htm。

的。如果从犯罪学学科性质和学科地位来说，刑事法学甚至法学都是涵盖不住犯罪学的。正如王牧教授指出的：本质上说，犯罪学应当作为一级学科进行管理，因为犯罪学本身的发展表明它已经具备一级学科的资格和条件，一方面犯罪学已经作为一门学科独立存在一百多年，并且发挥着其独特的而且极其重要的社会作用，另一方面犯罪学既有自己独立的学科群，又有成熟的学科作为支撑它的基础理论学科。但是中国犯罪学的发展现状表明犯罪学还不适合以一级学科进行管理，一方面犯罪学学科发展还不是很成熟，学科制度化进程还处于初级阶段；另一方面，犯罪学作为一门学科在大学里还没有取得一定的地位，还缺乏在大学里的学术积淀和社会的认可。①

2011 年，随着公安学一级学科的设置，犯罪学作为其二级学科正在论证和申报之中见表 5. 2。根据教育部《学位授予和人才培养学科目录设置与管理办法》（学位〔2009〕10 号）的规定："二级学科是组成一级学科的基本单元。二级学科设置应符合以下基本条件：（一）与所属一级学科下的其他二级学科有相近的理论基础，或是所属一级学科研究对象的不同方面；（二）具有相对独立的专业知识体系，已形成若干明确的研究方向；（三）社会对该学科人才有一定规模的需求。"因此，犯罪学作为二级学科的设立，说明犯罪学在中国的学科制度化进程又前进了一步，也说明了犯罪学开始独立于刑法学成为一门独立的学科。但是，犯罪学还没有充分社会化，仅仅独立存在于公安学一级学科下，在一定程度上限制了犯罪学学科的发展，犯罪学虽然与公安教育密切相关，但是犯罪学在研究对象上远远超越于公安教育和公安业务的。因此，犯罪学作为公安学的二级学科虽然具有可喜可贺之处，但是也存在一定的问题和障碍，如犯罪学学科在其他高校中如何设置、授予何种学位就是目前面临的一个问题。

① 王牧：《论犯罪学的学科定位及属性》，载《中国大学教学》2004 年第 8 期，第 36 页。

表 5.2 犯罪学《学位授予和人才培养学科目录》中的地位（2011 年）①

学科门类	一级学科	二级学科
法学（03）	法学 0301	刑法学等
	政治学 0302	
	社会学 0303	
	民族学 0304	
	马克思主义理论 0305	
	公安学 0306	犯罪学等

总之，犯罪学作为公安学二级学科的设立，无疑对犯罪学的学科制度化是重要契机，同时也是挑战。机遇在于犯罪学作为公安学下的二级学科的设置，意味着犯罪学学科制度化进程又前进了一步，这一方面是犯罪学研究和应用发展的结果，另一方面也因为犯罪学学科与警察职业自身的密切关系。这将进一步推动犯罪学学科制度化的深入发展，有利于犯罪学科建设和发展。挑战在于犯罪学已完成的学科制度化过程是在社会学、法学等学科下完成的，虽然犯罪学与警察职业教育训练之间有着天然的联系，但是对于公安学而言，二者之间的关系仍然不足以直接的对接。一方面犯罪学学科制度化过程中与警察职业和公安学联系太少，另一方面犯罪学已有学科知识没有充分体现与警察职业、公安学科相关的内容，因此，在公安学学科下的犯罪学学科制度化是犯罪学学科的二次制度化过程，在这个过程中，需要建立犯罪学与警察教育训练、公安学学科的联系，包括专业设置、学位制度、课程体系、培养方案、实践应用等方面都需要重新制度化建设。

在当前公安学一级学科得以确立的契机之下，研究如何在公安

① 该表根据 2011 年 3 月国务院学位委员会和教育部颁布的新修订的《学位授予和人才培养学科目录》整理而成。

学学科下实现犯罪学学科制度化，具有重要的理论和实践意义：（1）完善公安学一级学科的需要：公安学作为一门刚刚确立的一级学科，正处在确立其自身学科框架，完善研究内容的重要阶段，探讨和实现犯罪学学科如何在公安学学科之下实现学科制度化是完善公安学一级学科的必然要求和现实需要。（2）促进犯罪学学科建设向纵深发展的需要：学科的良性和可持续发展必须以学科制度化为前提和基础，研究犯罪学学科制度化是犯罪学学科自身向纵深发展的必然需要。（3）有利于完善犯罪学专业的培养方案：公安学作为社会学范畴下一门极具应用性的交叉学科，可以通过设立犯罪学二级学科的方式，使犯罪学专业的人才培养不再囿于教育管理上学科设置的限制，为犯罪学专业的培养方案改革和人才培养方式改革提供保障。（4）促进犯罪学专业课程体系和内容的改革：公安学一级学科设立后，犯罪学可以通过对公安学学科下犯罪学学科的制度化实现犯罪学专业教育中课程体系和内容的改革，满足教学研究需求。（5）将犯罪学学科融入公安学学科中，不仅是实现犯罪学学科发展的需要，也是满足公安机关治理犯罪的现实需求。（6）通过犯罪学教育有助于建立科学的思维模式、有助于树立正确的犯罪防控观、有助于警察的专业教育和人文关怀培养。

当前公安学一级学科下犯罪学学科建设首先应当研究犯罪学在公安学一级学科结构中的地位和作用，具体包括：犯罪学在公安学一级学科中的地位；犯罪学在公安学一级学科中的作用。其次，应当研究公安学科下犯罪学的学科制度化目标，具体包括：学科体系；研究对象；学位制度；专业设置；课程体系；培养方案；实践应用。最后，公安学学科下犯罪学的学科制度化路径和措施。

从犯罪学学科价值、学科性质和地位、我国犯罪学的发展状况、社会对犯罪学学科的认知程度和人才培养的角度来说，我国犯罪学适合作为法学下的一个学科或专业。因此，我们建议分别在《我国普通高等学校本科专业目录》和《我国授予博士、硕士学位和培养研究生学科专业目录》中增设犯罪学专业或学科。

对于本科教育而言，把犯罪学置于本科专业目录第三个层次的位置比较合适，亦即法学（学科门类）——法学类（二级类）——犯罪学（专业），处于与小法学专业相并列的位置（见表5.3）。原因在于一方面犯罪学学科对法律科学而言是一门基础性学科，是法学教育必不可少的内容；另一方面适合中国人才培养和职业分类的社会状况，在社会对犯罪学学科认知度不高的情况下，拓宽犯罪学专业学生的就业途径。对于研究生教育而言，犯罪学可以作为一级学科进行管理，亦即法学（学科门类）——犯罪学（一级学科），是与小法学并列的一级学科，可以下设犯罪社会学、犯罪心理学、犯罪矫治学、刑事政策学、刑罚学等相对比较成熟的二级学科。

表5.3　犯罪学拟《学位授予和人才培养学科目录》中的地位

学科门类	一级学科	二级学科
法学（03）	法学0301	刑法学等
	政治学0302	
	社会学0303	
	民族学0304	
	马克思主义理论0305	
	公安学0306	
	犯罪学	犯罪社会学、犯罪心理学、犯罪矫治学、刑事政策学、刑罚学

三、培养犯罪学专业人才

要解决我国目前犯罪学学科发展踯躅不前的境状，推进我国犯罪学学科制度化建设，一方面需要通过建立学系或者设置专业来确立犯罪学在大学里的地位，另一方面需要加强犯罪学专业人才梯队建设和专业人才的培养。

学系是一个学科赖于存在的基础，是一门学科制度化的标志，也是知识生产和人才培养的摇篮，因此，建立犯罪学系或设置犯罪学专业是建立犯罪学的知识生产基地和人才培养基地的最主要途径，是生产犯罪学产品的工厂。

建设一流学科必须有一支一流的教学和科研队伍，而且学科带头人是这支队伍的核心和统帅，因此在大学犯罪学学系或专业里实行学科梯队优化是学科建设的关键。培养犯罪学专业人才一方面为了传承犯罪学知识，另一方面在于加强犯罪学知识的运用，把犯罪学推向社会。

目前我们犯罪学的专业队伍可以说还是一个“杂牌军”，缺乏专业训练、学科习惯和学科的价值——信念系统。对目前犯罪学的专业队伍有学者总结到：在中国大陆，大多数声称犯罪学家的人，都没有接受过行为科学的训练；大多数人获得的是法律学位，他们在与法律相关的职业中从事教学或实务工作；那些少数从事与美国学者类似研究工作的人并不认为自己是犯罪学家，他们认同传统的学科，更愿意被称为社会学学家、心理学家和政治科学家。① 因此，关于犯罪学学科建设，我们要一方面争取设置犯罪学院系或专业，另一方面实行学科队伍的优化，形成以学科带头人为中心的研究群体，然后进行犯罪学人才的培养，进行犯罪学的职业化和专业化建设。

犯罪学院系的建立，一方面是研究现实社会犯罪现象的需要，以有组织地生产社会急需的犯罪学知识，并提供可行的犯罪对策；另一方面是培养刑事立法司法专业人员的需要，我们社会亟须培养专业的犯罪学人才来从事刑事立法、司法及社会管理工作，让犯罪学知识贯穿整个刑事立法司法过程，让每一个刑事工作人员具有犯罪学的素质，只有这样，真正的法治社会才能够建立，不仅使社会更有秩序，而且更有对人的尊重。所以，拉德布鲁赫指出：为保持法律学准绳的垂直，必须增加刑事立法、刑事司法人员关于人和生

---

① Cao liqun, “The State of Criminology in China”, 4 Criminologist (2004), pp. 1 ~ 5.

命的知识。①

四、加强犯罪学的应用研究

从犯罪学的发展历史来看，犯罪问题严重的时期或国家，犯罪学就比较发达。而且，犯罪问题越严重，国家越重视，应用研究越多，犯罪学也就越发达。美国就是明证。因此，布鲁斯维特指出：世界上最有影响的犯罪学家中，至少有一半是美国人，因为美国比其他工业化社会有更严重的犯罪问题，因为美国在犯罪学上投入比较大，因为它相信为了减少犯罪，国家必须付出努力。② 美国从20世纪30年代“芝加哥学派”开始，一直侧重于刑事司法制度改革和犯罪对策的应用研究，60年代以后为解决日益严重的街头犯罪问题，更重视应用犯罪学研究。美国一些有代表性的教科书如萨瑟兰的《犯罪学原理》、沃尔德的《理论犯罪学》等都把犯罪对策列为其主要内容之一，反映了这一重视应用研究的趋势。在世界范围内，无论欧洲的犯罪学研究，还是美国的犯罪学研究，都表现出了重视犯罪对策或刑事司法制度的趋势。这种应用研究也推动了理论犯罪学的发展。有学者指出：大约从50年代开始，世界犯罪学研究呈现出以犯罪对策研究为中心的应用犯罪学和以犯罪原因研究为中心的理论犯罪学并重的局面。③

当前中国正处于特殊的现代化进程中，现代化也带来了特殊的犯罪现象，因此中国犯罪学既面临着很大的机遇，也面临着很大的挑战。机遇在于犯罪学研究可以通过研究现实的犯罪现象而得以突飞猛进的发展，历史证明，无论是犯罪学的产生，还是犯罪学的发展都是社会现实面临严重犯罪问题时的一种选择。挑战在于目前还

---

① ［德］拉德布鲁赫著：《法学导论》（中译本），中国大百科全书出版社2003年版，第98页。

② John Braithwait, Crime, Shame and Reintegration, Cambridge University Press, 1989, p. 4.

③ 吴宗宪著：《西方犯罪学史》，警官教育出版社1997年版，第315页。

不是很成熟的犯罪学是否能够实现其治理犯罪的功能。当代中国犯罪学欲实现其价值，大力发展以刑事政策、犯罪预防、刑事立法和刑事司法研究为中心的应用犯罪学研究是一条路径，借鉴其他国家经验，通过对现实犯罪问题的应用研究，进一步归纳和发展相关的科学“中矩理论”，最终达到进一步发展理论犯罪学和完善犯罪学知识体系的目的。

中国犯罪严重的社会现实和犯罪现象的多变为犯罪学的应用研究提供了发展的机会和空间。大量的关于犯罪问题的课题等待着犯罪学的应用研究，例如犯罪现象存在和变化的规律、有效犯罪对策的制定、刑事司法制度的改革及刑事立法和司法的批判等，都是目前中国急需研究的课题。因此，中国犯罪学要想取得突破，必须顺应当前社会发展的形势，首要发展犯罪学的应用研究，一方面通过应用犯罪学的发展逐步取得社会的认可和稳定的学术地位，另一方面促进理论犯罪学的突破和发展，在犯罪学理论研究方面取得长足的进步，进而推动犯罪学学科的发展。

五、促进犯罪学和刑法学的协同发展

目前我国犯罪学和刑法学都面临着困境，几乎处于停滞状态，我们认为，这种局面的产生与学术界对这两门学科的学科任务和研究对象认识不清以及学科分化所造成的学术壁垒有很大的关系。

就犯罪学而言，一方面，犯罪学学科还不是很成熟。正如王牧教授所指出的：犯罪学学科发展很不成熟，表现为理论体系不严肃、理论内容不严密、缺少必要的范畴及理论抽象不够等方面。①另一方面，后起的、不成熟的犯罪学处于被边缘化状态，边缘化显像于学科制度化过程的缓慢而又缺乏社会和政府的推动，学术研究为社会和学术界接受程度不高等方面。就刑法学而言，刑法学的研

① 王牧：《学科建设与犯罪学的完善》，载《法学研究》1998 年第 5 期，第 128 ~ 131 页。

究滞后于社会的发展，而且研究视野受限。因此我国青年刑法学学者李海东由衷地感叹道：刑法学的发展是不尽如人意的，当前我国刑法学研究的理论基础、理论结构和认识框架等都已不能适应时代的要求，已经失去了它存在和发展的实践和理论基础，特别是刑法学总是滞后于社会发展，没有给立法者和司法者系统地提出可供选择的任何理论方案，亟待进行深刻的革新。[①]

（一）犯罪学基础学科功能的发挥

我国犯罪学研究欠成熟欠发达一方面与我国犯罪学学科制度建设开始较晚有关，另一方面也与犯罪学研究欠深入及相关学科间存在的学科分化和学科壁垒有关。

我国目前的犯罪学研究仅仅囿于简单的犯罪原因的描述和泛泛的犯罪防控对策的分析，这样的研究状况是很难深化的，也很难发展出对现实社会真正有用的知识和对策，这也是当前我国犯罪学举步维艰的原因。犯罪学这种学科价值的缺失必然导致其功能为其他相关的学科所代替。针对犯罪学在现实中功能缺失的这种现象，美国犯罪学家曾指出：当犯罪学家反思犯罪学的发展时，发现犯罪学的失败之处在于犯罪学知识的不充分，因此犯罪学知识就难以满足社会现实的需要；在这种背景下，社会学家就扩展他们的领域，不断地思考人类行为的复杂性及其应对措施。[②] 我国犯罪学研究也一样面临着这种状况，一方面关于犯罪的立法、司法，甚至刑事政策的制定，为日渐成熟的刑事法学所占领；另一方面往往由于犯罪学的研究与刑事立法、司法、刑事政策的制定和执行呈阻断状态，而导致研究成果转化为现实社会效益较难，一些泛泛的犯罪预防的对策也因缺乏可操作性而仅仅保持在纸上谈兵的状态。

因此，目前我国犯罪学的发展除了在理论上运用整个自然科学

---

① 李海东：《我们这个时代的人与刑法理论——代自序》，载《刑法原理入门》（犯罪论基础），法律出版社1998年版，第2~17页。

② John H. Laub, "The life course of criminology in the United States: the American Society of Criminology 2003 presidental address", 42 Criminology (2004), 1.

和社会科学的理论和方法深入发展外，要把研究与现实社会的刑事立法、司法和刑事政策的制定和执行密切联系起来，也就是说短期内犯罪学课题的研究要强调与当前社会的立法、司法和政策制定的充分联系，把为立法、司法和政策制定提供理论参考和指导作为课题研究的直接落脚点，借以提高犯罪学的现实价值和学科作用，进而逐步实现犯罪学预防和控制犯罪的终极目标。反过来说，刑事立法、司法及刑事政策的决策者、刑事法学的研究者也应当具有更广阔的视野，力求立法、司法及决策的更科学、更适合社会及取得更好的社会效益，要达到这一目的就必须借助犯罪学等基础学科的研究成果和方法。

当前我国刑事立法、司法及刑事政策的制定与执行在很大程度上具有一定的盲目性，决策时缺乏对犯罪现象清晰的、准确的认识，同时对法律的实施和政策的执行也缺乏真正的评估，不了解法律或政策的实施效果及效益。我们社会倚重刑事法律控制社会的文化理念，不管其社会效果和效益如何，把大量的行为犯罪化，这一方面我们从一些关于犯罪化的议案可以窥见一二，如“包二奶”现象、使用假文凭假证行为、拖欠民工工资行为、非法鉴定胎儿性别行为、性贿赂等都有人大代表提议犯罪化；另一方面我们的刑法也正在把大量违反社会管理的行为，尤其是违反经济管理的行为犯罪化。这种“泛犯罪化”倾向必然会导致“刑法膨胀”或“刑法肥大症”的现象，这样不仅导致司法资源的紧张，司法成本过高，不能使有限的司法资源运用到控制严重犯罪行为上来，而且可能会导致刑法权威性下降，过分干涉人们生活的自由，最终不仅没起到维系社会良性运行的结果，还可能造成更大的社会混乱，于是，法就变成了“恶法”，以维系较小的社会利益而牺牲了较大的社会利益。一种行为的社会危害程度到底有多大，是否有必要犯罪化，其他的手段是否已经难以控制，对诸如此类的犯罪化前提问题立法者一般很少进行研究，如此决策的社会效果也就难以知晓了。所以，立法、司法及其刑事政策的决策应当首先运用犯罪学的理论和方法正确认识犯罪现象，否则可能会造成缘木求鱼、南辕北辙的后果。

（二）刑法学的困境和方向

当前我国犯罪学学科还不成熟，发展滞后，而同时当前刑法学等其他相关学科的发展也陷入了一定的困境和危机。这种危机和困境的出现实际上是刑法学只在刑法之内进行研究、没有跳出注释法学研究范式的结果。早在20世纪90年代储槐植教授就指出：80年代以来我国刑法学研究呈现出一种视野狭窄、方法陈旧、缺乏创新、低水平重复的状况，为了突破刑法学这种踯躅不前的局面，要进行刑事一体化的研究，突破单向、片面、孤立和静态思维模式，确立由刑法之中研究刑法、在刑法之外研究刑法和在刑法之上研究刑法的多方位的、立体的思维研究模式。①

实际上，当前刑法学研究的诸多问题，如刑事立法问题，刑法的适用和解释问题，刑罚执行的效果问题，死刑问题，等等，并不是刑法学的问题，而是犯罪学、社会学或者其他社会科学需要研究的问题，因为这些问题严格来说不是一个法律问题，而是社会问题或者人类行为的问题，仅仅在刑法学的视野中或在法律的范围内进行研究是难以得到正确的答案的。如我国有学者在回顾新中国成立以来刑法学历史展望未来时指出："是不是遏制和预防犯罪就一定要用重刑？有没有比用重刑更有效地预防犯罪的途径，是刑法学者们应当反复思考和充分论证的一个问题。"② 众所周知，刑罚对预防犯罪固然有效，但是效果是有限的，如何通过社会预防等非刑罚的手段进行犯罪预防才是治理犯罪的根本。刑法学家应当考虑如何运用刑罚手段达到最佳的效果，而犯罪学家应当考虑如何运用各种手段达到犯罪控制和预防的结果。

学科专业化的目的在于充分发挥学科人力和财力等各种资源推

① 储槐植：《刑法研究的思路》，载《中外法学》1991年第1期，第62页。

② 张智辉：《回首新中国刑法学研究五十年》，载《国家检察官学院学报》2003年第5期，第19页。

动学科的纵深发展，而目前我国刑法学的研究似乎脱离了其学科专业化的轨道。张明楷教授指出：目前刑法学研究的根本问题在于走错了方向，刑法学应当研究刑法的实然，研究刑法规范现实的形式合理性，而不是追求刑法规范理想的实质合理性。① 刑法学的这种研究已经超出了刑法学的研究范围，对刑法的实质合理性的批判应当是犯罪学（法社会学）研究者的任务，从犯罪学理论的研究来看，塞林的文化冲突论、批判犯罪学派的研究属于这一类研究的范畴。各学科有各学科的研究对象、方法、习惯和规范，进入其他学科研究领域，误入歧途，不仅浪费在自己专业内发展的机会，浪费精力，而且也可能产生不了预期的效果，甚至是危险的。李海东博士指出：当前刑法理论研究中在方法论上基本上背离了规范科学，这将会危害到刑法秩序，为刑法脱离自身的规范性和作任意出入罪的需要性解释提供了广泛的理论基础。用口号、原则来代替法律学中的规范定量研究是目前刑法研究形式上繁荣、以数量代质量和刑法理论与司法实践脱节的一个根本原因，是中国刑法理论发展的重大障碍。如果这些口号、原则性东西可以代替规范的论证，那么刑法学者就应该退出这一讲坛，而让位于哲学家、政治家或经济学家，因为他们对于这些问题的掌握要比我们高明得多。②

总的说来，当前刑法学研究的困境在于两个方面：一是脱离了自己学科专业化的轨道而另寻他途，二是缺乏对其他相关基础学科研究成果的吸收。这两个方面的问题是相互联系的，刑法学研究者深感刑法学研究的困境而欲突破，于是便需求其他学科的路径来发展刑法学，但是这样往往又力之不逮，最终导致画虎类猫的结果。实际上，术业有专攻，各学科各司其职是学科向纵深发展的保障，这也是社会分工和学科分化的必然要求。但是，我们也不主张闭门

① 张明楷著：《刑法的基本立场》，中国法制出版社2002年版，第53～55页。

② 李海东：《我们这个时代的人与刑法理论——代自序》，载《刑法原理入门（犯罪论基础）》，法律出版社1998年版，第2～17页。

造车、不涉猎其他学科的单打独斗，我们主张跨学科的研究，犯罪学也好，刑法学也好，刑事诉讼法学也好……都应当具有学科群的研究意识，各学科的研究者以学科群的视野，进行以自己学科为本位的研究。我国法社会学家苏力教授批判了当前我国法学研究普遍存在的缺乏社会科学方法和学科群视角的现象，指出："中国法学研究的方法相当落后，一个重大的弱点是缺乏社会科学指导的研究，缺少经验的研究"；[①] "法学学者习惯于从未来命题到未来命题，既缺乏对社会的其他学科的了解，也缺乏对支撑法学研究发展的理论的研究和包容，缺乏对司法问题的综合研究，而往往从某个部门法出发把活生生的案件简单地归纳为民法案件或刑法案件"。[②]这种现象导致了我们当前的刑法学研究"走进对策法学的桎梏"、"影响了研究的深度"和"刑法理论中的数个偏安之隅"。

因此，刑法学研究突破困境的希望在于研究视野、研究观念、研究方法和研究内容的改变，储槐植教授主张的刑事法一体化理念、陈兴良教授提出的刑法学本位的大刑事法研究模式[③]、卢建平教授主张的多点"非专业主义"研究[④]和王牧教授提出的宏观刑法学研究理念等在某种程度上为我们提供了一定的努力方向。

（三）犯罪学和刑法学的独立和联合

学科分化和专业化是社会科学发展的规律和必然趋势，但是学科的分化和专业化并不意味着就形成学科壁垒。从本质上说，关于犯罪现象的各学科是关于犯罪现象的多个方面的反映，只不过是社会分工的不同而导致了各学科的分立状态，但是要真正解决犯罪问

---

① 苏力：《〈波斯纳文丛〉总译序》，载波斯纳著，苏力译：《法理学问题》，中国政法大学出版社 2002 年版，第 3 页。

② 苏力：《什么是你的贡献?》，载《法治及其本土资源》，中国政法大学出版社 1996 年版，第 8 ~ 10 页。

③ 陈兴良：《主编絮语》，载陈兴良主编：《刑事法评论》（第二卷），中国政法大学出版社 1998 年版，第 2 页。

④ 卢建平：《非专业主义与刑法学的发展》，载《人大法律评论》2001 年第 1 辑，中国人民大学出版社 2001 年版，第 409 ~ 416 页。

题还是需要各学科的共同努力，需要从各个角度认识犯罪现象，需要各学科的共同研究。目前，关于犯罪的各个学科的研究者缺乏学科群意识，缺乏社会科学的方法，心无旁骛，囿于本学科内部为了研究而研究，是故各学科的研究都造成了表面上泡沫经济式的繁荣，而实质上仍处于一种低水平重复与徘徊的境状。①

当前我国犯罪学和刑法学都应该明确自己的学科任务和发展方向，在刑事一体化的理念下以本学科为本位进行研究。每个学科都是开放的，这种开放是“万涓成水终究汇流成河”的开放，而不是逆向的“海纳百川”式的包容式研究。对于刑法学而言，以其他相关学科尤其是犯罪学和刑事政策学研究的成果为基础进行刑法学规范性研究和刑法改革，在研究方法和理论基础上应当是“思想自由，兼容并蓄”式向其他刑事学科拓展，在刑法学理论研究和刑法的运用上应当是“心无旁骛，专心致志”式执著；否则，把其他学科研究的内容纳入自己的研究范围，无边际地拓展自己的学科疆域，最后的结果像“猴子掰玉米”一样，成果寥寥，延误学科的发展。对于犯罪学而言，在研究方法和理论上向其他社会科学拓展，在学科研究上把刑法学批判和刑法背后的社会性研究纳入自己的研究范围，一方面承担刑法社会学分析的任务，从社会科学和社会的角度反观刑法及其适用效果，为社会变迁中的刑法改革和变化提供理论基础；另一方面在刑罚之外积极寻求犯罪治理的理论和对策。这就要求犯罪学的快速成长，有能力承担起这些重任，否则，刑法学只好越俎代庖，勉为其难地进行着犯罪学基础理论的研究和犯罪对策的探索。

如果我们意识不到犯罪学对刑法学发展的作用，对犯罪学不理不睬，那么刑法学的研究是茫然的，就是一个“瞎子”。

犯罪学研究对刑法学的影响主要体现在对刑事立法和刑事司法

① 陈兴良：《学术功底、文体意识、研究方法》，载《刑事法理论研究文丛》，中国政法大学出版社 1999 年版。

的指导上。法国学者卡斯东·斯特法尼等在《法国刑法总论精义》中指出：犯罪学的影响首先表现为对立法者的影响。犯罪学对犯罪的原因以及对孕育犯罪的过程所做的阐述，对立法者进行各种改革起着指导作用。[①] 立法是一个社会学的问题，而不是一个法律问题。因此，刑事立法主要应该是社会学家和犯罪学家的任务，而不是法学家的使命。因为法律是以社会为基础，而非社会以法律为基础。掌握法律技术的法学家进行立法就会可能使法律失去社会基础性和社会适应性，这正如美国法哲学家博登海默所说的："一个地地道道的法学家，是一个地地道道的大傻瓜！"我国的刑事立法一般由刑法学家进行，缺乏对社会的深入了解，缺乏犯罪化和非犯罪化的实证研究。正如我国刑法学学者所指出的，1997 年修订《刑法》之后，刑法修正案一个接一个地颁行，可能会带来不少的问题。频繁地修订刑法，使人们质疑立法的预见性和立法能力，使理论坚守的罪行法定的堡垒部分地丧失了意义，也使理论上对于某些犯罪的解释变得不正确，对于理论发展没有多少益处。[②] 刑事立法这种局面的产生与立法者缺乏对犯罪及其产生的社会背景的了解不无关系。犯罪学为刑事立法提供了认识犯罪及其产生的社会背景的视野。德国犯罪学家施奈德指出，犯罪学更着重研究社会前提条件，刑法的立法过程以及刑法的作用。一项刑法的立法是否公正，这取决于一种应该被解释成犯罪行为是否危害到社会的重要经济和社会生活的重大利益。[③] 我国刑法学家陈兴良教授更明确地指出，一种犯罪现象在社会上出现，总是首先进入犯罪学家的视野，只有经过犯罪学的研究，这种犯罪现象才能在刑事立法中得以确认，成为法

---

① ［法］卡斯东·斯特法尼等著，罗结珍译：《法国刑法总论精义》，中国政法大学出版社 1998 年版，第 55 页。

② 陈兴良、周光权著：《刑法学的现代展开》，中国人民大学 2006 年版，第 10 页。

③ ［德］汉斯·约阿希姆·施奈德著：《犯罪学》，中国人民公安大学出版社 1990 年版，第 870 页。

定化的犯罪。[①]

犯罪化和非犯罪化是犯罪学的基本任务之一。犯罪学为犯罪化和非犯罪化提供理论基础，并对某些“具有危险”的行为进行干预，以便惩处那些严重的反社会行为的一般先兆，从而减少实行犯罪的手段。[②] 非犯罪化是当前世界范围内轻刑化的手段之一，是“轻轻”刑事政策的体现。而同时，在犯罪化方面，“刑法肥大症”是世界刑法普遍出现的问题，是泛犯罪化的结果，我国的刑事立法也在所难免，这是社会对刑罚依赖和民众惩罚犯罪情绪的结果。当前我国刑法缺乏一定的稳定性，刑法处于不断的变动之中，一方面刑法修正案和司法解释频繁出台，另一方面修改刑法的提案不断出现，这在一定程度上是社会关系复杂、社会管理水平不足及过分相信刑罚和依赖刑罚的结果，也是刑事立法缺乏预见性、立法技术水平较低的表现，这一点在刑法修正案多是涉及经济管理和社会管理问题方面可以得到证明。犯罪学研究和历史发展证明，刑罚的功能是有限的，成本是高昂的，即使是社会关系复杂、社会矛盾凸显时期，也尽量避免泛犯罪化倾向。我们知道，刑事法律是保护社会的最后一道屏障。由于刑事法律的运用往往涉及人的自由和权利，因此对一些越轨行为、经济行为及民事行为等犯罪化必须谨慎，必须符合犯罪化的谦抑性原则，即符合必要性、补充性、宽容性和经济性原则。非到了道德、民事法律和行政法律不能维持的程度，尽量不动用刑事法律来维持社会的运行。因此，固然刑罚手段能够起到预防和威慑犯罪的作用，但是动用刑罚手段来治理犯罪、管理社会时，一定要慎之又慎。

犯罪学影响着刑事政策的制定和刑事司法制度建设。斯特法尼总结了犯罪学对刑事司法制度的影响：犯罪学研究扩大了社会预防

① 陈兴良：《刑事一体化视野中的犯罪学研究》，载《刑事法学》1999 年第 6 期，第 118 页。

② ［法］卡斯东·斯特法尼等著译，罗结珍：《法国刑法总论精义》，中国政法大学出版社 1998 年版，第 56 页。

的一般措施（同社会弊病做斗争、保护儿童、对青年运动给予帮助），更多地依据犯罪人的性格，而不是更多地依靠犯罪人所实施的行为，来分别确定了刑罚和保安处分；犯罪科学所取得的进展，引导着立法者对未成年人犯罪制定了特别的处罚制度，修改了现在得到承认的有关刑事责任的原则，修改了有关预审与判决阶段的诉讼程序规则，推动了既能保护社会又能促使犯罪人迅速牢靠地回归社会的措施的实施，改革了制裁的性质与制裁的组织。①

当前我国犯罪学研究对刑事立法、刑事司法制度和刑事政策的影响还很小，犯罪学研究还没有在刑事领域发挥其应有的功能。可喜的是，我国已经开始注重犯罪学的研究，并把犯罪学的研究成果和理念运用到刑事政策和刑事司法制度中。2003 年开始实行了促使罪犯回归社会的非监禁刑罚执行活动——社区矫正，开始引入旨在恢复被犯罪破坏的社会关系与秩序的司法理念——恢复性司法，开始了少年司法制度建设，提出并开始执行“宽严相济”的刑事政策，开始完善刑事被害人救助制度，开始从构建和谐社会的视角进行刑事政策的制定和刑事司法制度建设。在构建和谐社会的刑事政策和刑事司法制度的过程中，犯罪学研究应当充分发挥其理论指导作用，一方面加强犯罪控制和预防的理论和应有研究，把犯罪学研究切实运用到治理犯罪和构建和谐社会的实践中去；另一方面加强西方犯罪学理论和实践经验的移植和本土化研究，把联合国和一些国家建立在犯罪学研究基础之上的实践经验和理念引进我国，并进行本土化的适应性改造和转化，促进犯罪控制与预防，推动和谐社会的建设。

六、构建以犯罪现象研究为中心的学科群研究模式

中国犯罪学无疑也是开放的犯罪学，是跨学科的犯罪学，犯罪

---

① ［法］卡斯东·斯特法尼等著，罗结珍译：《法国刑法总论精义》，中国政法大学出版社 1998 年版，第 55～58 页。

学研究必须建立在多学科整合性研究的基础之上，在进行犯罪学内部理论整合创新的同时，加强科际整合的力度，在自然科学和社会科学两大门类之间寻求研究犯罪现象的最佳途径。中国犯罪学研究应当秉承开放的理念，构建犯罪学学科群的研究模式。

学科群是适应社会科学与技术高速发展对高层次人才需求和科学研究向多学科、综合方向发展而形成的学科建设模式，是学科之间有机、动态的组合。犯罪学研究对象的独特性决定了犯罪学研究必须进行学科群模式的研究，即通过构建犯罪学学科群推进犯罪学的综合研究。犯罪学学科群的研究模式包括三个层面：一是从外到内的跨学科研究，运用自然科学、社会科学各学科对犯罪现象进行研究，这一模式实现途径也就开放了犯罪学研究的实现途径；二是推进以犯罪现象为中心的刑事一体化研究；三是组合犯罪学分支学科开展犯罪学下的分支学科群研究。[①] 在当前的犯罪学研究中，我们特别强调要构建以犯罪现象研究为中心的刑事一体化的研究理念和模式。

刑事一体化是指为达到控制和预防犯罪的目的，整合关于犯罪研究的各个学科研究犯罪现象。刑事一体化是一种学科群的研究的理念和模式，即对犯罪进行多角度的研究，发展关于犯罪的综合性对策，刑事一体化研究实质上具有方法论的意义。刑事一体化是我国学者储槐植教授在李斯特“整体刑法学”基础上提出来的。李斯特主张整合所有研究犯罪现象、犯罪行为、犯罪控制、刑事政策和犯罪预防的学科来研究犯罪问题，进而通过刑罚个别化来消除犯罪人身上产生犯罪的个体因素，通过改善社会政策来消除社会存在的促使犯罪产生的社会因素，最终达到预防犯罪的目的。“整体刑法学”理念的提出推动了对犯罪的全面化和立体化研究，为运用各个刑事学科的理论和知识发展犯罪预防理论提供了平台和方法论。[②]

---

① 宋浩波：《犯罪学学科论》，载《中国人民公安大学学报》，2004 年第 6 期，第 44 页。

② 靳高风：《刑事学学科构建刍议》，载王牧主编：《犯罪学论丛》（第三卷），中国检察出版社 2005 年版，第 37 ~ 48 页。

储槐植教授所谓的刑事一体化一方面是以犯罪研究为逻辑起点、以刑法学研究为中心的相关学科的有机统一体，另一方面又是犯罪研究的方法论。简言之，刑法学研究一方面要结合或者融合其他相关的刑事学科，另一方面要把刑法学的研究放在整个刑事学科群的里面、整个社会背景下进行研究。“刑事一体化主张一种大刑法的观念，倡导在刑法之上研究刑法、在刑法之外研究刑法，提升刑法研究的学术品格和思想蕴含。”① 储槐植教授同时也是刑事一体化的躬身力行者，研究领域横跨刑法学、犯罪学、刑事政策学及监狱学等刑事科学的相关领域。

刑事一体化的思想仍囿于刑法学的研究范畴，只不过是刑法学研究视野、研究角度的变革，实际上是刑法学研究方法论的革命，其虽然也强调其他相关学科的研究，但是其他学科相对于刑法学而言是辅助性的、第二位的。也就是说现在的刑事一体化并不是以社会存在的犯罪现象为核心全方位地研究犯罪的方方面面，而是以刑法学的研究为核心而展开的研究。而且这种研究仍然是各自为政的研究，缺乏整合性和综合性，缺乏控制和预防犯罪的终极目的性。我们应当深化刑事一体化研究，把刑事一体化研究的理念现实化，在刑事一体化的视野下进行犯罪现象的研究（而不是刑法研究），并促使各相关学科的研究按照各自的学科分工朝着犯罪控制和预防的终极目的而展开，其中包括犯罪学的研究。所谓的真正刑事一体化研究，就是要深化现在的刑事一体化研究，改变当前刑事一体化研究以刑法学研究为本位、缺乏整合性研究的局面，实现以控制预防犯罪为目的、以犯罪现象研究为中心、各相关学科整合性研究犯罪现象的刑事一体化研究，把刑事一体化的研究理念转化为现实的刑事一体化研究。

构建刑事一体化研究模式在于打破目前关于犯罪现象的各学科

① 陈兴良：《主编絮语》，载陈兴良主编：《刑事法评论》（第二卷），中国政法大学出版社 1998 年版，第 2 页。

孤军作战的局面，呼吁各专业要在刑事学科的视野下逐步深化。在课题研究上，要打通各专业间的壁垒，联合从犯罪事实、犯罪规范、犯罪惩罚、犯罪治疗、犯罪预防、法律效果等方方面面研究犯罪现象，从整个犯罪现象和社会背景出发，发展整体性的、综合性的犯罪控制和预防方案，避免那种单方面的、片面性的犯罪治理措施。在教育方面，要打破当前片面强调某一学科专业化的局面，改变当前专业分化过细的局面，从更宏观上培养刑事科学人才，力求使我们培养出来的刑事人才兼通各规范性学科和事实性学科的理论和方法。具体而言，在大学或者法学院，无论是刑法学、刑事诉讼法学、刑事执行法学，还是监狱学、犯罪学、侦查学等专业的学生的培养，要打破各自专业的限制，向综合的刑事科学发展。拉德布鲁赫曾指出：未来刑事法官的培训将不局限于纯法律教育，必须扩展到刑侦技术、犯罪心理学、监狱学，尤其是劳教场所各种实践经历等方面。不仅刑事法官，我们所有从事刑事工作的执法者和社会服务者都应当接受刑事学的系统教育，不仅要知悉刑事法，更应当研究犯罪事实。① 这种整合性的教育不仅有利于我们人才的培养，而且为我们未来的刑事学科发展奠定了基础。

因此，未来犯罪学研究首先必须具有刑事一体化的视野，认清自己学科在刑事学学科群中的地位和作用，短期研究以刑事立法、司法及刑事政策的制定和实施为落脚点，借以提升自己的学术价值和地位，进而逐步实现自己减少犯罪的终极目的。刑事学科群中的各学科要取得发展和突破，也必须拓展自己的视野，把自己放入整个刑事学科中寻求发展的空间。这也是社会科学发展的趋势，正如社会科学家指出的：今天的学科都“欣然吸收相邻的知识领域的概念和方法”。②

---

① ［德］拉德布鲁赫著：《法学导论》（中译本），中国大百科全书出版社 2003 年版，第 98 页。

② Becher, Tony, “Academic Tribes and Territories: Intellectual Enquiry and the Culture of Discplines”, in Milton Keynes ed., Society for Research into High Education, Open University Press, 1989, p. 37.

第六章 结 论

犯罪学作为科学认识犯罪现象的一个领域和一种专门化的知识形态，其形成和产生是 19 世纪中后期社会现实需要、科学发展及龙勃罗梭、菲利、加罗法洛等学术精英推动的结果。犯罪学研究对象、研究方法及学科名称的确立，其基本范畴和知识体系的逐步成熟，学科社会价值的实现，标志着犯罪学已经作为一门独立的社会科学纳入了科学总体的结构之中。犯罪学的产生促使了刑事立法、刑事司法及犯罪对策的变革，并使刑法学及其他刑事科学获得了新生的机会。

犯罪学是关于犯罪现象的知识体系，是一门寻求犯罪现象的规律性、因果关系及社会对其反应方式的社会科学。犯罪学像政治学、经济学、历史学、社会学、心理学、法学等其他社会科学一样是一门寻求社会现象规律的社会科学，犯罪学的产生和存在既是社会分工和社会科学学科制度化的必然结果，也是犯罪学研究对象的独特性和不可替代性的要求。从犯罪学的研究对象和研究方法来看，犯罪学是一门跨学科的社会科学，其联合包括生物学、心理学、社会学、教育学、法学、政治学、历史学等所有自然科学和社会科学各学科研究犯罪现象，发展科学的关于犯罪现象的理论、知识体系及有效治理犯罪的对策。犯罪学和其他学科一样，已经形成了反映其本质属性和普遍联系的基本范畴，具体包括：犯罪行为、群体犯罪现象、犯罪原因、刑罚、保安处分、刑事政策及犯罪预防等，这些基本范畴的逻辑运动便形成了犯罪学的基本理论和知识体系。多元化是犯罪学理论的主要特征之一。犯罪学理论大致可以分为三类：以个体特质为分析中心的微观理论、以社会特质为分析中心的宏观理论及对个人体质理论和社会特质进行整合的理论。这些理论源于实践，同时又影响着对犯罪反应的刑事政策的制定和刑事司法制度的变革。犯罪学的知识体系包括两个密切联系的子体系，即犯罪行为的知识体系和群体犯罪现象的知识体系。

在西方社会，犯罪学作为一门跨学科的学科已经基本完成了其学科制度化建设，其主要标志有：（1）学科地位在大学里得以确立；（2）学位制度和课程体系完备；（3）成立了多层次的犯罪学研究机构；（4）出版了各种专业期刊和研究著述，而且图书分类制度已经建立；（5）形成了较为稳定的学术共同体；（6）学科价值在社会中得到了充分的体现。

中国相对于西方犯罪学起步较晚，中国犯罪学的发展大致分为四个时期：20 世纪 20 年代的开始时期、建国初期的零星研究时期、20 世纪六七十年代的停滞时期和 20 世纪 70 年代末至今的繁荣时期。犯罪学不同发展阶段及其特征是与其所处的社会时代背景、政治制度及犯罪现象紧密相关的。新中国犯罪学是随着改革开放后犯罪问题尤其是青少年犯罪问题日益严重而出现的。从这一时期开始，犯罪学开始了其作为一门学科在中国制度化的进程。经过对中西犯罪学学科制度化建设的比较，我们发现：中国犯罪学才刚刚起步，学科制度化还需要一个漫长的过程。通过对新中国犯罪学学科制度化建设情况的分析，我们发现中国犯罪学学科制度化建设具有以下特点：（1）犯罪学学科已经开始在大学里和教育管理的学科制度出现，但是学科地位还未完全确立；（2）犯罪学专业学术机构已经成立，且学术共同体也逐步形成，但是学术研究机构还不成熟，犯罪学专业人员还严重不足；（3）犯罪学知识体系已经确立，但是还需完善；（4）犯罪学的学科价值还没有得到充分体现，还缺乏真正的科学研究。

20 世纪 30 年代以来，犯罪学在取得长足发展的同时，其研究对象、学科地位、知识体系、学科价值及理论的科学性等基本问题还不断地受到批判和争论。这些批判和争论使犯罪学的发展陷入一定的危机之中，这种危机既是挑战，也是犯罪学学科发展的机遇。在21世纪构建开放的社会科学的大趋势下，犯罪学也应该是开放的犯罪学，应当构建犯罪学研究的开放模式。在研究方法上，未来犯罪学应当向深度的综合化和专业化发展，应当扩大犯罪学的研究领域，应当开展犯罪现象和犯罪学的横纵比较研究。在理论研究上，未来犯罪学一方面应当在更宽广的多学科的理论框架内进行理论整合创新，发展关于犯罪的“总体理论”和更完善的知识体系；另一方面，应当加强犯罪学的应用研究，发展关于犯罪的“中矩理论”，促进理论犯罪学的发展。同时，犯罪学研究必须在犯罪控制和法治之间作出平衡的选择，成为法治背景下的犯罪学，既控制和预防犯罪，又注重人权的保障。

中国犯罪学学科制度化建设和发展既具有普遍性也有特殊性，应当在西方犯罪学学科建设经验和本土发展现状的基础上从内、外两个方面着手，一方面内部加强学术规范建设，另一方面外部争取社会资源和支持，并通过内在的规范建设来促进外在建设的发展。具体而言，中国犯罪学的发展应当：（1）推进犯罪学元研究，强化学科规范建设；（2）建立犯罪学学系，培养专业人才；（3）加强犯罪学的应用研究，促进理论犯罪学的发展；（4）充分发挥犯罪学基础学科的功能，促进犯罪学和刑法学的共同发展；（5）构建犯罪学学科群研究模式，推进以犯罪现象为中心的刑事一体化研究模式；（6）提升犯罪学学科结构中的地位，推进犯罪学教育事业的发展。

参考文献

一、著作类

1. 白建军著：《关系犯罪学》，北京：中国人民大学出版社 2005 年版。

2. 吴宗宪著：《西方犯罪学》，北京：法律出版社 1999 年版。

3. （台）林山田、林东茂著：《犯罪学》，北京：中国人民公安大学出版社 1990 年版。

4. （台）林纪东著：《刑事政策学》，北京：国立编译馆出版 1968 年版。

5. （台）林山田著：《犯罪问题与刑事司法》，北京：商务印书馆 1976 年版。

6. 《中国大百科全书》（哲学 I），北京：中国大百科全书出版社 1987 年版。

7. 储槐植著：《刑事一体化》，北京：法律出版社 2004 年版。

8. 陈兴良主编：《刑事法评论》（第 1 ~ 30 卷），中国政法大学出版社。

9. 何勤华著：《20 世纪日本法学》，商务印书馆 2003 年版。

10. （台）韩忠谟著：《刑法原理》，中国政法大学出版社 2002 年版。

11. （台）林山田著：《刑法通论》（上），台湾大学图书馆 2001 年版。

12. 李海东著：《刑法原理入门》（犯罪论基础），法律出版社 1998 年版。

13. 苏力：《法治及其本土资源》，中国政法大学出版社 1997 年版。

14. 许久生编著：《德国犯罪学研究探要》，中国人民公安大学出版社 1995 年版。

15. 郑杭生主编：《社会学概论新编》，中国人民大学出版社 1999 年版。

16. 邱国梁著：《马克思主义犯罪学》，上海社会科学出版社 1999 年版。

17. 荆轲著：《峰谷探迷——中国犯罪问题的数量分析与预测》，中国人民公安大学出版社 2000 年版。

18. 王智民 黄京平主编：《经济发展与犯罪变化》，中国人民大学出版社 1990 年版。

19. 施奈德著：《犯罪学》，中国人民公安大学出版社 1990 年版。

20. 宋浩波主编：《犯罪学理论研究综述》，群众出版社 1998 年版。

21. 舒炜光主编：《科学认识论》第 3 卷，吉林人民出版社 1990 年版。

22. 孙国华主编：《马克思主义法理学研究——关于法的概念和本质的原理》，群众出版社 1996 年版。

23. 张文显著：《法学基本范畴研究》，中国政法大学出版社 1993 年版。

24. 张晋藩等：《中国刑法史新论》，人民法院出版社 1992 年版。

25. 张明楷著：《外国刑法纲要》，清华大学出版社 1999 年版。

26. 王牧著：《犯罪学》，吉林大学出版社 1992 年版。

27. 麻国安著：《被害人援助论》，上海财经大学出版社 2002 年版。

28. 郭建安：《美国犯罪学的几个基本问题》，中国人民公安大学出版社 1992 年版。

29. 吴宗宪著：《西方犯罪学史》，警官教育出版社 1997 年版。

30. 王牧主编：《新犯罪学》，高等教育出版社 2005 年版。

31. 高铭暄、赵秉志主编：《新中国刑法学 50 年》，中国方正出版社 2000 年版。

32. 张明楷著：《刑法的基本立场》，中国法制出版社 2002 年版。

33. 甘雨沛著：《比较刑法学大全》（上册），北京大学出版社 1997 年版。

34. 张明楷著：《刑法格言的展开》，法律出版社 1999 年版。

35. 莫家豪著：《社会学与社会分析》，中国社会科学出版社 2000 年版。

36. 马克昌主编：《近代西方刑法学说史略》，中国检察出版社 1996 年版。

37. 康树华主编：《犯罪学通论》，北京大学出版社 1992 年版。

38. 李铁君主编：《大学学科建设与发展论纲》，中国社会科学出版社 2004 年版。

39. 王牧主编：《犯罪学论丛》（第一卷），中国检察出版社 2003 年版。

40. 康树华主编：《比较犯罪学》，北京大学出版社 1994 年版。

41. 曲兴久著：《刑法的精神与范畴》，中国政法大学出版社 2003 年版。

二、论文类

1. 陈兴良：《刑事一体化视野中的犯罪学研究》，载《中国法学》1999 年第 6 期。

2. 王牧：《根基性的错误：对犯罪学理论前提的质疑》，载《中国法学》2002 年第 5 期。

3. 王牧：《犯罪学与刑法学的科际界限》，载《中国法学》

2004 年第 1 期。

4. 皮艺军：《犯罪学 Vs 刑法学——刑法学话语霸权之终结》，载《山东公安专科学校学报》2004 年第 3 期。

5. 宋浩波：《犯罪学学科论》，载《中国人民公安大学学报》2004 年第 6 期。

6. 王牧：《学科建设与犯罪学的完善》，载《法学研究》1998 年第 5 期。

7. 储槐植：《刑法学研究的思路》，载《中外法学》1991 年第 1 期。

8. 张文、马家福：《我国刑事科学的学科结构研究》，载《北京大学学报（哲学社会科学版）》2003 年第 5 期。

9. 高维俭：《刑事一体化视野下的刑事学科群及其结构》，载《刑事法评论》（第 15 卷），中国政法大学出版社 2004 年版。

10. 路甬祥：《中国近现代科学的回顾与展望》，载《自然辩证法研究》2002 年第 8 期。

11. 靳高风：《论犯罪学的发展与建设——以社会科学发展和西方犯罪学发展为视角》，载《中国人民公安大学学报》2006 年第 1 期。

12. 张莉鑫：《论恩里．科菲利的犯罪学思想》，载陈兴良主编《刑事法评论》（第 16 卷），中国政法大学出版社 2005 年版。

13. 张小虎：《论犯罪学研究的基本问题》，载《河南省政法管理干部学院学报》2001 年第 6 期。

14. 邱光隆：《刑罚报应论》，载陈兴良主编：《刑事法评论》（第 6 卷）。

15. 靳高风：《犯罪学的界定：从实然到应然》，载《刑事法评论》（2005 年第 17 卷），中国政法大学出版社 2006 年版。

16. 蔡道通：《后现代思潮与中国的刑事法治建设》，载《刑事法评论》（第 7 卷），中国政法大学出版社 2006 年版。

17. 陈兴良：《学术功底、文体意识、研究方法》，载《刑事法理论研究文丛》，中国政法大学出版社 1999 年版。

18. 张智辉：《回首新中国刑法学研究五十年》，载《国家检察官学院学报》2003 年第 4 期。

19. 卢建平：《非专业主义与刑法学的发展》，载《人大法律评论》2001 年第 1 辑，中国人民大学出版社 2001 年版。

20. 陈瑞华：《徘徊于问题与主义之间》，载《读书》2004 年第 1 期。

21. 苏力：《〈波斯纳文丛〉总译序》，载波斯纳著，苏力译：《法理学问题》，中国政法大学出版社 2002 年版。

22. 苏力：《什么是你的贡献?》，载《法治及其本土资源》，中国政法大学出版社 1996 年版。

23. 李海东：《我们这个时代的人与刑法理论——代自序》，载《刑法原理入门（犯罪论基础）》，法律出版社 1998 年版。

24. 宋浩波：《西方犯罪学研究发展历程评述》，载《江西公安专科学校学报》1999 年第 6 期。

25. 康树华：《美国最新犯罪学派——现代古典犯罪学派》，载《犯罪与改造研究》1996 年第 2 期。

26. 周晓虹：《社会学经验研究传统的形成与确立》，载《中国社会学网》。

27. 梁根林：《解读刑事政策》，载《刑事法评论》（第 11 卷），中国政法大学出版社 2003 版。

28. 张文、马家福：《我国刑事科学的学科结构研究》，载《北京大学学报》（哲学社会科学版）2003 年第 5 期。

三、译作类

1. [法] 乔治·比卡著，王立宪、徐德瑛译：《犯罪学的思考与展望》，中国人民公安大学出版社 1992 年版。

2. [美] 理查德·昆尼等著，陈兴良等译：《新犯罪学》，中国国际广播出版社 1988 年版。

3. ［意］恩里科·菲利著，郭建安译：《实证派犯罪学》，中国人民公安大学出版社 2004 年版。

4. ［意］加罗法洛著，耿伟、王新译：《犯罪学》，中国大百科全书出版社 1996 年版。

5. ［美］华勒斯坦等著：《开放的社会科学》，三联书店 1997 年版。

6. ［德］汉斯·约阿希姆·施奈德著，吴鑫涛、马君玉译：《犯罪学》，中国人民公安大学出版社 1990 年版。

7. ［美］华勒斯坦等著：《学科知识权力》，三联书店 1999 年版。

8. ［意］恩里科·菲利著，郭建安译：《犯罪社会学》，中国人民公安大学出版社 2004 年版。

9. ［意］切萨雷·龙勃罗梭著，黄风译：《犯罪人论》，中国法制出版社 2000 年版。

10. ［法］卡斯东·斯特法尼等著，罗结珍译：《法国刑法总论精义》，中国政法大学出版社 1998 年版。

11. ［瑞士］让·皮亚杰：《人文科学认识论》（中译本），中央编译出版社 1999 年版。

12. ［波兰］布·霍维斯特著，冯树梁等译，《犯罪学的基本问题》，国际文化出版公司 1989 年版。

13. ［美］梯利著，伍德增补：《西方哲学史》，商务印书馆 2004 年版。

14. ［美］爱因斯坦著：《爱因斯坦文集》（第 1 卷）（中译本），商务印书馆 1976 年版。

15. ［英］哈拉兰博斯著：《社会学基础》，上海社会科学院出版社 1986 年版。

16. ［法］马克·安塞尔著，卢建平译：《新刑法理论》，香港天地图书有限公司 1990 年版。

17. ［美］詹姆斯·B. 鲁尔著：《社会科学理论及其发展进

步》（中译本），辽宁教育出版社 2004 年版。

18. ［德］耶赛克等著，许久生译：《德国刑法教科书》，中国法制出版社 2001 年版。

19. ［美］约翰·列维斯·齐林著，查良鉴译：《犯罪学及刑罚学》，中国政法大学出版社 2003 年版。

20. ［美］弗朗兹博厄斯著：《人类学与现代生活》，华夏出版社 1999 年版。

21. ［日］森本益之等著，戴波等译：《刑事政策学》，中国人民公安大学出版社 2000 年版。

22. ［日］大谷实著，黎宏译：《刑事政策学》，法律出版社 2000 年版。

23. ［德］拉德布鲁赫著：《法学导论》（中译本），中国大百科全书出版社 2003 年版。

24. ［意］贝卡利亚著，黄风译：《论犯罪与刑罚》，中国大百科全书出版社 1993 年版。

25. ［美］伊曼纽尔·沃勒斯坦著，冯炳坤译：《所知世界的终结——二十一世纪的社会科学》，社会科学文献出版社 2002 年版。

26. ［英］韦恩·莫里森著，刘仁文等译：《理论犯罪学——从现代到后现代》，法律出版社 2004 年版。

27.《马克思恩格斯全集》，中文版，第 1 卷。

28. ［英］马林诺夫斯基著，原江译：《原始社会的犯罪与习俗》，云南人民出版社 2002 年版。

29. ［美］塞缪尔·亨廷顿：《变动社会的政治秩序》，上海译文出版社 1989 年版。

30. ［美］路易斯·谢利：《犯罪与现代化——工业化与城市化对犯罪的影响》，群众出版社 1986 年版。

31. ［美］路易斯·谢利：《犯罪与现代化》，北京，中信出版社 2002 年版。

32. ［英］边沁著，孙力等译：《立法理论——刑法典原理》，中国人民公安大学出版社 2003 年版。

33. ［日］福田平、大冢仁主编：《日本刑法总论讲义》，辽宁人民出版社 1986 年版。

34. ［德］兰茨·冯·李斯特：《德国刑法教科书》（中译本），法律出版社 2000 年版。

35. ［美］G. D. 道格拉斯和 F. C. 瓦克斯勒：《越轨社会学概论》，1987 年版。

36. ［英］Ronald Blackburn，吴宗宪等译：《犯罪行为心理学——理论、研究和实践》，中国轻工业出版社 2000 年版。

37. ［美］夏皮尔著，褚平译：《理由和求知》，上海译文出版社 1990 年版。

38. ［法］E. 迪尔凯姆著，狄玉明译：《社会学方法的准则》，商务印书馆 1995 年版。

39. 《简明不列颠百科全书》（中文版）第 3 卷，中国大百科全书出版社 1985 年版。

40. ［英］吉尔德·德兰逖著，张茂元译：《社会科学——超越建构论和实在论》，吉林人民出版社 2005 年版。

41. ［英］托马斯·莫尔著，戴镏龄译：《乌托邦》，商务印书馆 1982 年版。

42. ［美］斯塔夫理阿诺斯著，吴象婴、梁赤民译：《全球通史》，上海社会科学出版社 1992 年版。

43. ［法］加布里埃尔·塔尔德：《传播与社会影响》（中译本），中国人民大学出版社 2005 年版。

44. ［法］浦吉兰著，李玉平、苏启运译：《犯罪致富——毒品走私、洗钱与冷战后的金融危机》，社会科学文献出版社 2002 年版。

四、外文类

1. Larry J. Siegel, *Criminology* (3rd), West publishing company, 1989.

2. Freedman & Maurice, *Sociology in and of China*, In British Journal of Sociology, 13 (1962).

3. Cao liqun, *The state of criminology in china*, In Criminologist, 4 (2004).

4. Freda Adler, *Criminology*, McGraw – Hill Inc, 1996.

5. Hans Jurgen, *The Globe Growth of Criminalogy*, International Annals of Criminalogy, 1998.

6. Clarence. Ray Jeffery, *Criminology: an interdisciplinary approach*, Englewood Cliffs, NJ: pretice – hall, 1990.

7. George B. Vold & Thomas J. Bemard, *Theoretical Criminology*, 4th Edition, Oxford University Press, 1989.

8. Sutherland, Edwin H. and Cressey, Donald. Principles of Criminology. 11th ed. Lanham, Md. : AltaMira Press, 1992.

9. Mannheim, *Pioneers in criminology*, 2nd ed. , Montclair, NJ: Patterson Smith, 1972.

10. Stephen, *Theories in Criminology: Past and Present Philosophies of the Crime Problem*, New York: Random House, 1969.

11. De Quiro. C. B. , *Modern Theories of Crime*, Boston: Little Brown, 1911.

12. Hermanus Bianchi, *Position and subject – matter of criminology: Inquiry concerning theoretical criminology*, Amsterdam: North Holland Publishing, 1956.

13. Ezzat A. Fattah. , Criminology: Past, Present and Future: A Critical Overview, ST. Martin's Press, New York, 1997.

14. Edwin H. Sutherland, *Principles of Criminology*, 4th. ed. , J.

B. Philadelphia: Lippincoss, 1947.

15. Thorsten Sellin, *Culture and Conflict and Crime*, Social Science Research Council, 1938

16. Stan Cohen, *Against Criminology*, New Brunswick: Transation Books, 1985.

17. Hermann Mannheim, *Comparative Criminology: A Text Book*, 2vols, London: Routledge & Kegan, 1965.

18. James Q. Wilson, *Thinking About Crime*, New York: Basic books, 1975.

19. Ronald V. Clarke, *Situational Crime Prevention: Successful Case Studies*, Harrow and Heston: New York, 1997.

20. D . Garland, *The Criminal and his Science*, British Journal of Criminology, 25: 2, 1985.

21. Michael Gottfredson & Travis Hirschi, *Positive Criminology*, California: Sage publications, Ine, 1987.

22. Young, *The Failure of Criminology: The need for a radical realism*, In R. Matthews&J. Young (eds), Confronting Crime, London: Sage, 1988.

23. Steven Box, *Recession, Crime and Punishment*, London: Macmillan, 1987.

24. John Braithwaite, *The State of Criminology: Theoretical Decay or Renaissance*? In Australian and New Zealand Journal of Criminology, 22: 3, 1989.

25. David Nelken (ed.), *The Futures of Criminology*, Sage Publications Ltd, 1994.

后　记

从2013年暑假第一天开始我就全身心地投入到了这个书稿的修改和校订，至今已近两周矣。每天当太阳升起的时候，我来到办公室，摊开书稿逐字逐句地琢磨和修改，直至太阳落山才拖着疲惫的身躯回到家中。当竟稿之时，虽眼酸、腰疼，但仍有掩不住的喜悦。虽然我对该稿仍不十分满意，甚至在学者们看来可能还很浅显，但是她是我十年来关注犯罪学学科建设的成果，其中不仅蕴含着我十年来的辛苦，而且渗透着很多尊长、同辈的汗水和期望。

说这本书是十年辛苦的成果，是因为她开始于2003年，掐指算来已整十年矣。当时有幸得到王牧教授的厚爱，进入中国政法大学随其攻读博士学位。犯罪学学科建设与发展问题一直是王牧教授不懈探讨的课题，从1998年开始其先后发表了《学科建设与犯罪学的完善》（载《法学研究》第5期）等一系列关于犯罪学学科建设的文章，引起了学术界对犯罪学和刑法学学科建设的高度关注。王牧先生的研究引起了我对犯罪学学科建设问题的兴趣，后来我就把这个问题作为了博士论文的选题，题目为“犯罪学的发展与中国犯罪学学科建设”。2006年春天，完成了该文的写作，该文试图从社会科学发展历史和学科制度化的视角分析犯罪学的过去、现在和未来。王牧老师审阅后，觉得这个题目作为学位论文有些偏宽泛，建议在此稿基础上对犯罪学的基本问题进行梳理和研究。于是，2007年春天我完成了博士论文《犯罪学的基本问题》，并通过了答辩。该书实际上是在我论文初稿和博士论文的基础上形成的。因此，在此稿最终杀青之际，在此衷心感谢先生王牧教授，不仅感谢先生领进门之情，还要感谢先生的谆谆教诲，老师对我关于人生发展和治学从业的良言至今仍时时萦绕于耳际。同时，也感谢康淑华教授、赵国玲教授、薛瑞林教授、王平教授、曲新久教授、吴宗宪教授及我的同门师兄弟郭立新、周志荣、王振峰、于国旦、王宏玉、唐大宇、苏明月、房绪兴、张晟等为我博士论文和求学付出的辛苦和努力。

在此我还要感谢乐山市公安局的一些良师益友和陈兴良教授，我关于犯罪学学科建设前期成果的取得与他们的努力是分不开的。2005 年，根据工作需要在余平兄的安排下我到四川省乐山市公安局治安支队参加公安业务实践。当工作不忙时，他们就让我专心进行博士论文的写作，并主动提供犯罪学的实践素材。就在这一年，我完成了分别长达 3 万字的《犯罪学的界定：实然和应然》和《思考与展望：未来犯罪学发展的路径选择》两篇文章。后来，把稿件投给了陈兴良教授主编的《刑事法评论》，文章得到了陈兴良教授的高度评价，并分别在《刑事法评论》第 17 卷和第 22 卷上发表。陈兴良教授虽为我国著名的刑法学家，但对犯罪学学科建设问题极为关注，早在 1999 年就撰文《刑事一体化视野中的犯罪学研究》（载《中国法学》1999 年第 6 期）阐述犯罪学的地位和发展方向。陈兴良教授关于刑事法一体化和刑法知识形态的研究对推动我国刑法学、犯罪学学科建设与发展具有极其重大的价值。因此，我对乐山市公安局的余平、纪兵、徐王山、邓建明、邹永强等同志和北京大学的陈兴良教授表示深情的谢意。

在该书的写作过程中，正值中国人民公安大学申办犯罪学本科专业、制订本科培养方案和筹办犯罪学系之际，这为我犯罪学学科建设的研究提供了用武之地和实践检验的机会。根据研究基础，我和原犯罪学系主任马亚雄副教授（现为中国人民公安大学国际警务执法学院院长）、李明琪副教授、李春雷副教授、李伟副教授、王宏玉副教授、张学超副教授、胡隽副教授、任士英教授、王淑合教授、李玫瑾教授、王大伟教授、张纯琍教授、曹虹博士、郝英兵博士等先后申报了两个与犯罪学学科与专业建设相关的教学改革研究项目，并积极把研究成果运用到学校本科生、硕士研究生和博士研究生的培养中去，同时也丰富了这本书的内容。李春雷副教授是我研究犯罪预防的合作伙伴，举止言谈之间总有真知灼见，该书的写作和出版多次得到他的鼓励和支持。2013 年春天，经公安部批准，中国人民公安大学犯罪学系更名为犯罪学学院，这也是中国犯罪学学科制度化进程中的主要标志之一。借此机会，一方面感谢犯罪学院各位老师多年来对我的培养和帮助，另一方面祝愿这个中国唯一的犯罪学学院能够走向世界，成为中国犯罪学研究和专业教育的代表。我在此也要感谢中国人民公安大学，首先感谢学校对我的培养和支持，其次感谢学校设立后期资助研究项目资助该书的出版，感谢科研处仇加勉处长、刘阿芳老师、何秋莲老师等为此付出的辛苦劳动。另外，对犯罪学学界经常给予帮助和支持的康树华教授、赵可研究员、赵国玲教授、薛瑞麟教授、张旭教授、皮艺军教授、莫洪宪教授、吴宗宪教授、王大为教授、张凌教授、严励教授、卢建平教授、赵宝成教授、张荆教授、郭立新教授等深表感谢，并感谢王振峰、周志荣、于国旦、蔡明达、唐大宇、房绪兴、丁英华、苏明月、徐静磊等师兄师弟们的帮助和关怀。

中国人民公安大学出版社的编辑王艳荣老师不仅对该书稿高度认真负责，而且从专业角度提出了一些具体的修改建议。正是基于王艳荣老师的建议，我趁暑期重新对书稿进行了一次全面的修订，最大可能地保证了该书的质量和专业品质。在此，一方面表达对王艳荣老师专业精神的钦佩，另一方面对其为本书付出的辛勤劳动表示由衷的感谢。

感谢养育我、培养我的父母和师长。中国人民公安大学的宋浩波教授是我的硕士生导师，在犯罪学学科建设方面卓有建树。其治学态度严谨认真，至今七十有余仍笔耕不辍，是我一生学习的榜样和尊敬的师长。同时感谢孙铣教授、李世棣教授、郝宏奎教授、王大为教授、李记松老师、徐艳红老师、孙燕老师、王新民老师、王刚老师等师长的栽培。

我的妻子为了我的工作承担了全部的家务，无怨无悔，虽然对我没完没了的加班加点偶有埋怨之声，但默默无闻的支持让我感觉到情深意切。岳父大人退休后放弃了其远足的兴趣爱好，承担了为我们照看孩子的全部任务，并充分发挥了其技术出身的优势，事无巨细，保障孩子的健康快乐成长。我3岁有余的女儿风娃常有惊人之语，偶尔模仿妈妈埋怨我"何时忙到头?"的嗔怪之语不禁令人笑逐颜开，一如夏日凉风拂面，吹散了我一天又一天的疲倦。

感谢帮助我的一届又一届的学生们，教学相长促使了我的进步，他们的辛苦促进了我的研究。在此向以安宁、武亚彬、李冠东、王瑜、李觅、赵伟、张晓松、崔倩倩、简思达、杨磐、董哲、孟凡亮、陈政耀、解希红、吴敏洁、张钰等为代表的研究生和本科生表示感谢。

由于本人的水平和能力有限，该书稿还可能存在这样或那样的问题，不妥之处，还请各位读者海涵，我会再接再厉，继续进行犯罪学学科建设这一主题的研究，以弥补不足。

靳高风

2013年7月25日于木樨地